Nueva edición
3

Claudia Fernández
Florencia Genta
Javier Lahuerta
Ivonne Lerner
Cristina Moreno
Juana Ruiz
Juana Sanmartín

Primera edición, 2018
Tercera edición, 2021

Produce: SGEL Libros
Avda. Valdelaparra, 29
28108 Alcobendas (Madrid)

© Claudia Fernández (coordinadora pedagógica), Florencia Genta, Javier Lahuerta,
   Ivonne Lerner, Cristina Moreno, Juana Ruiz, Juana Sanmartín
© SGEL Libros
   Avda. Valdelaparra, 29, 28108 Alcobendas (Madrid)

Director editorial: Javier Lahuerta
Coordinación editorial: Jaime Corpas
Edición: Mise García
Redacción: Patricia Coronado
Corrección: Sheila Lastra
Diseño de cubierta: Thomas Hoermann
Diseño de interior: Julio Sánchez
Fotografía de cubierta: Lux Blue / Shutterstock.com
Maquetación: Leticia Delgado
Ilustraciones: Pablo Torrecilla

Audio: CARGO MUSIC

ISBN: 978-84-9778-991-2
Depósito legal: M-13543-2018
Printed in Spain – Impreso en España
Impresión: Gómez Aparicio Grupo Gráfico

Cualquier forma de reproducción, distribución, comunicación pública o transformación de esta obra solo puede ser realizada con la autorización de sus titulares, salvo excepción prevista por la ley. Diríjase a CEDRO (Centro Español de Derechos Reprográficos) si necesita fotocopiar o escanear algún fragmento de esta obra (www.conlicencia.com; 91 702 19 70 / 93 272 04 47).

Agencia ELE es un manual de español dirigido a jóvenes y adultos que propone un **aprendizaje centrado en la acción**, con el que el estudiante adquiere sus competencias pragmática, lingüística y sociolingüística.

Las ideas que han orientado a los autores en la realización de este manual son:

Se adopta un enfoque orientado a la acción:

- Un enfoque orientado a la acción supone que los estudiantes y profesores utilizan el lenguaje en el aula para comunicar y para aprender.
- El profesor es guía y estímulo del aprendizaje de los alumnos.
- El estudiante participa activamente en su aprendizaje y asume responsabilidades.
- El aula es un entorno real y natural de comunicación y aprendizaje.

Plantea actividades que contemplan las distintas destrezas orales y escritas y los ámbitos personal, público, profesional y académico:

- Establece una secuencia de trabajo que favorece la resolución de acciones globales.
- Ofrece modelos de lengua y pautas de trabajo claras.
- Prima el trabajo interactivo y colaborativo.
- Incluye una tarea integradora para aplicar los conocimientos aprendidos en la unidad en una situación comunicativa.
- Contribuye a aumentar la seguridad y fluidez en el uso del idioma.
- Concede especial atención al conocimiento estratégico e intercultural.

Tiene en cuenta los documentos de la Unión Europea y del Instituto Cervantes:

- Adopta las premisas del *Marco común europeo de referencia*, que dice que los hablantes somos seres sociales y necesitamos comunicarnos.
- Incluye los saberes del MCER: *saber, saber hacer, saber ser* y *saber aprender*.

Agencia ELE propone:

- Un aprendizaje centrado en el alumno.
- Un aprendizaje centrado en el significado.
- Un aprendizaje entendido como un proceso.

Con el uso de este manual, los autores esperamos que tus experiencias de enseñanza y aprendizaje sean ricas, significativas y entretenidas.

¿Cómo es *Agencia ELE 3*?

Agencia ELE 3 consta de **12 UNIDADES** divididas en tres secciones: **OBSERVA**, **PRACTICA** y **AMPLÍA**, un **ANEXO**, un **LIBRO DIGITAL** y **VÍDEOS**.

OBSERVA

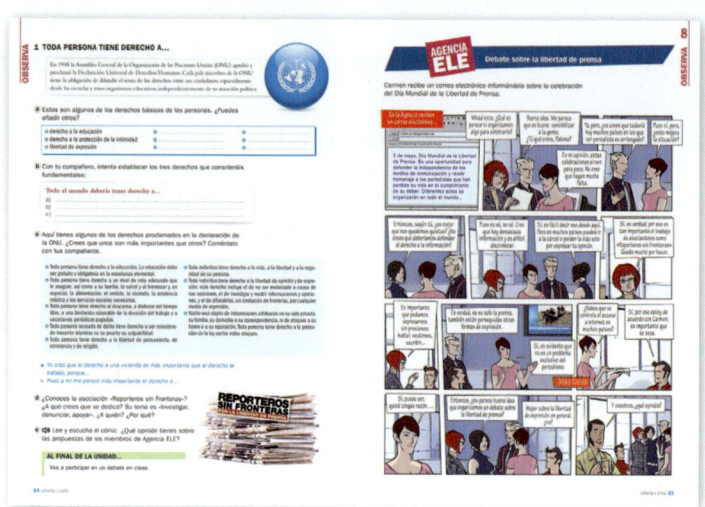

Activación de conocimientos previos y preparación y sensibilización de los nuevos contenidos. Presentación del vocabulario nuevo.

Inclusión de un **cómic** protagonizado por los periodistas de la Agencia ELE en el que encontramos muestras ilustrativas de los contenidos en un entorno verosímil.

PRACTICA

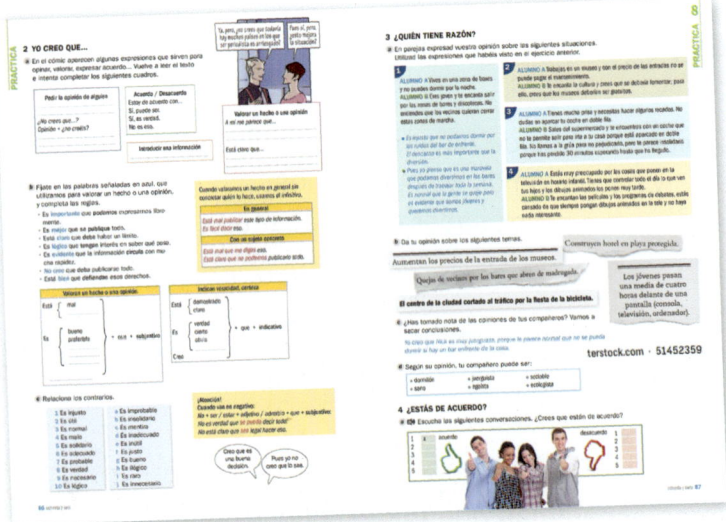

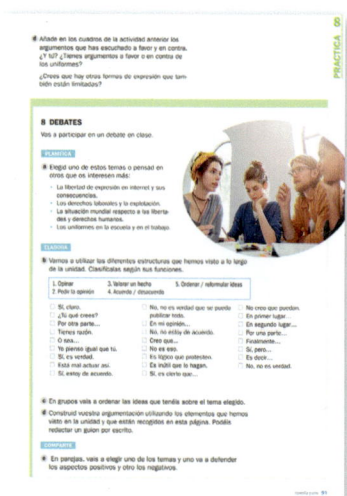

Actividades tanto para facilitar la comprensión de la gramática y del léxico, como para realizar prácticas significativas a través de las diferentes actividades de la lengua: comprensión, expresión e interacción.

Cierra la sesión una **tarea** integradora que aplica los conocimientos aprendidos en la unidad en una situación comunicativa

AMPLÍA

Amplía los conocimientos de la unidad y presta atención al componente sociocultural y al desarrollo de estrategias de aprendizaje para la adquisición de un nivel B1 de la lengua española.

ANEXO

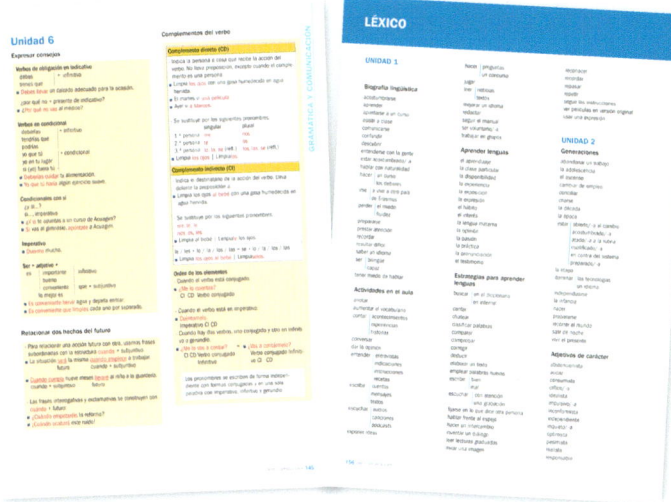

Contiene cuatro secciones: Gramática y comunicación, Tabla de verbos, Léxico y Transcripciones.

Agencia ELE 3 ofrece una secuencia de trabajo lineal, que progresa en dificultad, con propuestas de trabajo siempre realizables con los conocimientos adquiridos y la práctica previa.

LIBRO DIGITAL

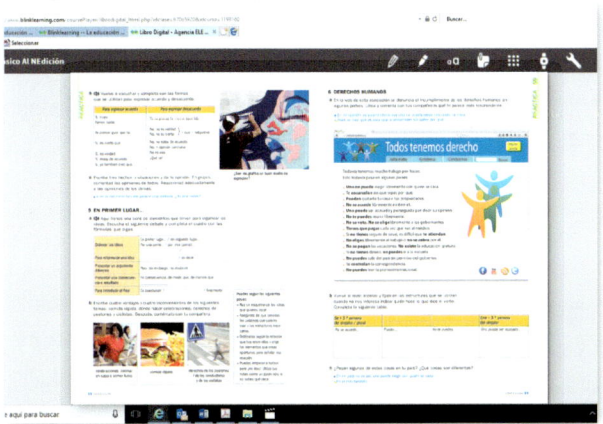

Este libro ofrece una licencia digital de un año de duración con actividades interactivas y audios.

VÍDEOS

El manual se complementa con vídeos gratuitos en nuestro canal YouTube (SGEL ELE Español para extranjeros).

CONTENIDOS

UNIDAD 1 — p. 9
VIVIR EN BABEL

Contenidos funcionales
- Intercambiar opiniones sobre hábitos y experiencias de aprendizaje.
- Hablar de hábitos en el pasado.
- Redactar una biografía lingüística.
- Elegir estrategias de aprendizaje.

Gramática
- Presente de indicativo.
- Pretérito imperfecto.
- Adverbios y expresiones de cantidad.

Léxico
- Biografía lingüística.
- Actividades en el aula.
- Aprender lenguas.
- Estrategias para aprender lenguas.

Tipología textual
- Testimonios orales y escritos de personas sobre su aprendizaje de lenguas.
- Entrevistas orales.

Cultura y aprendizaje
- Estrategias para aprender idiomas.

Tarea
- Escribir una biografía lingüística.

UNIDAD 2 — p. 19
TRABAJAR PARA VIVIR

Contenidos funcionales
- Hablar de la experiencia generacional y del mundo del trabajo.
- Expresar preferencias y deseos.
- Redactar un informe y expresar porcentajes.
- Desarrollar estrategias para recordar vocabulario.

Gramática
- Perífrasis verbales: *seguir* + gerundio y *dejar de* + infinitivo.
- El gerundio.
- Presente de subjuntivo.
- Conectores: *pero, sin embargo, ahora bien, si bien, no obstante*.

Léxico
- Generaciones.
- Adjetivos de carácter.
- Empleo.

Tipología textual
- Artículo periodístico.
- Informe.
- Currículum.
- Presentación oral.

Cultura y aprendizaje
- Desarrollo de estrategias para aprender y recordar vocabulario.

Tarea
- Elaborar un informe sobre el trabajo ideal de los compañeros.

UNIDAD 3 — p. 29
ME VA DE CINE

Contenidos funcionales
- Contar curiosidades e historias de cine.
- Describir situaciones en el pasado.
- Contar anécdotas personales.
- Desarrollar estrategias para mejorar la fluidez en la expresión oral.

Gramática
- *Cuál, quién* y *qué*.
- Verbos *gustar, preferir*.
- Tiempos del pasado: pretérito perfecto, pretérito imperfecto, pretérito indefinido.
- Pronombres relativos.

Léxico
- Cine.
- Géneros de cine.
- La expresión oral.

Tipología textual
- Sinopsis de películas y series.
- Entrevista escrita.
- Foro.
- Blog.
- Curiosidades y anécdotas orales.

Cultura y aprendizaje
- Técnicas para mejorar la fluidez en la expresión oral.

Tarea
- Preparar un festival de cine.

UNIDAD 4 — p. 41
CIUDADES PARA EL FUTURO

Contenidos funcionales
- Intercambiar opiniones sobre la vida en las ciudades y los Juegos Olímpicos.
- Expresar situaciones futuras.
- Realizar una presentación oral.
- Reflexionar sobre las diferencias culturales.

Gramática
- Presente con valor de futuro.
- Perífrasis *ir a* + infinitivo.
- Futuro simple: verbos regulares e irregulares.

Léxico
- Urbanismo.
- Prensa.
- Juegos Olímpicos.
- Diferencias culturales.

Tipología textual
- Titulares de prensa.
- Reportaje periodístico.
- Candidatura.
- Presentación oral argumentativa.
- Artículo periodístico.

Cultura y aprendizaje
- Atender a las diferencias culturales.

Tarea
- Defender la candidatura de una ciudad a las Olimpiadas.

Carmen
Jefa de la agencia. Tiene dos hijos, Juan e Inés, y un perro que se llama Tocho. Le gusta escuchar música e ir al gimnasio.

Paloma
Fotógrafa. Es argentina, de padre español, y consiguió el trabajo por un anuncio en el periódico. Le gusta correr todos los días y juega al tenis.

Luis
Redactor de cultura. Es madrileño y le gusta el cine fantástico y jugar al golf.

UNIDAD 5 — p. 51
¿VIAJAMOS?

Contenidos funcionales
- Planificar las vacaciones y hablar sobre preferencias de viajes.
- Expresar planes, hipótesis y condiciones.
- Escribir cartas formales e informales.
- Conocer las diferencias entre *tú*, *vos* y *usted* en España y América Latina.

Gramática
- Condicional simple.
- Oraciones condicionales.
- Conectores: *sin embargo, pero, aunque, por eso, además*.

Léxico
- Vacaciones.
- Problemas y soluciones para el futuro.
- Lugares.
- Relacionarse.

Tipología textual
- Cuestionario.
- Entrevista oral.
- Folleto informativo.
- Foro.
- Correos electrónicos formales e informales.

Cultura y aprendizaje
- *Tú*, *vos* y *usted*.

Tarea
- Organizar unas vacaciones.

UNIDAD 6 — p. 63
YO EN TU LUGAR...

Contenidos funcionales
- Dar y recibir consejos de forma oral y escrita.
- Describir personas y objetos.
- Relacionar hechos del futuro.
- Conocer el valor de los consejos en las culturas hispanoamericanas.

Gramática
- *Cuando* + subjuntivo.
- Imperativo afirmativo.
- Complementos del verbo: complemento directo y complemento indirecto.

Léxico
- Tener hijos.
- Consejos.
- Acontecimientos de la vida.
- Ser feliz.
- La casa.

Tipología textual
- Testimonios.
- Artículo periodístico.
- Foro.

Cultura y aprendizaje
- La cultura del consejo en Hispanoamérica.

Tarea
- Elaborar una lista de problemas para pedir y dar consejos.

UNIDAD 7 — p. 73
¿ME HACES UN FAVOR?

Contenidos funcionales
- Expresar, aceptar o rechazar una petición.
- Transmitir las palabras de otro.
- Conocer distintas estrategias para hacer peticiones.

Gramática
- Estilo indirecto.
- Perífrasis verbales: *empezar a* + infinitivo; *seguir* + gerundio; *dejar de* + infinitivo; *estar a punto de* + infinitivo; *volver a* + infinitivo; *llegar a* + infinitivo.

Léxico
- Salud.
- Trabajo y relaciones.

Tipología textual
- Test.
- Peticiones orales.
- Artículo periodístico.

Cultura y aprendizaje
- Conocer fórmulas de cortesía para dirigirnos a una persona.

Tarea
- Pedir un favor y aceptar o rechazar una petición.

UNIDAD 8 — p. 83
YO CREO QUE...

Contenidos funcionales
- Intercambiar opiniones sobre la libertad de prensa y otros derechos.
- Expresar opiniones, acuerdo y desacuerdo.
- Organizar un debate.
- Reflexionar sobre la forma de participar en un debate en las culturas hispanoamericanas.

Gramática
- *Ser / Estar* + adjetivo / adverbio + infinitivo / + *que* + verbo en indicativo / subjuntivo.
- *Creo* + *que* + verbo en indicativo.
- *No creo* + *que* + verbo en subjuntivo.
- Impersonalidad: *se* + 3.ª persona del singular / plural; 2.ª persona singular; 3.ª persona plural; *uno* + 3.ª persona singular.

Léxico
- Derechos humanos.
- Discriminación e igualdad.
- Opinar.

Tipología textual
- Página web.
- Artículo de opinión.
- Debate oral.

Cultura y aprendizaje
- Aprender a intervenir en una conversación en español.

Tarea
- Participar en un debate en clase.

Iñaki
Administrativo. Está casado con Ana y quieren adoptar un niño. Le gusta jugar al tenis.

Miquel
Cámara. Es catalán. Colecciona películas en blanco y negro y tiene un gato. Le gustan los deportes de montaña.

Sergio
Reportero. Tiene 30 años y está soltero. Suele hacer reportajes con Paloma.

UNIDAD 9   p. 93
¿ME EXPLICAS CÓMO SE HACE?

Contenidos funcionales
- Dar y comprender instrucciones escritas y orales.
- Expresar finalidad y posesión.
- Describir objetos y su funcionamiento.
- Hablar de formas alternativas de viajar.
- Reflexionar sobre la forma de dar órdenes e instrucciones.

Gramática
- Imperativo; *deber/tener que* + infinitivo.
- *Para* + infinitivo; *para que* + subjuntivo.
- Posesivos / artículo determinado. Casos específicos.

Léxico
- Ofertas de empleo.
- Instrucciones.
- Aparatos.
- Convivencia.

Tipología textual
- Solicitudes de empleo.
- Ofertas de empleo.
- Instrucciones.
- Artículo periodístico.
- Testimonios orales.
- Página web.
- Correo electrónico.

Cultura y aprendizaje
- Conocer las diferencias entre órdenes e instrucciones.

Tarea
- Participar en un programa de intercambio de familias.

UNIDAD 10   p. 105
NO ME CUENTES CUENTOS

Contenidos funcionales
- Contar y escribir cuentos.
- Narrar y describir personas y lugares en el pasado.
- Comparar.
- Desarrollar estrategias para narrar cuentos.

Gramática
- Contraste pretérito imperfecto / pretérito indefinido.
- Pretérito pluscuamperfecto.
- Estructuras comparativas y superlativos.

Léxico
- Cuentos.
- Adjetivos de carácter.

Tipología textual
- Cuentos orales y escritos.
- Artículo periodístico.

Cultura y aprendizaje
- Aprender a narrar un cuento.

Tarea
- Escribir un cuento.

UNIDAD 11   p. 115
PERSONAS CON CARÁCTER

Contenidos funcionales
- Describir el carácter de las personas.
- Hablar de relaciones sociales.
- Disculparse y responder a las disculpas.
- Opinar sobre aspectos culturales.

Gramática
- Adjetivos de carácter.
- *Ser/parecer* + adjetivo.
- *Tener* + sustantivo / + *un/una* + sustantivo + adjetivo.
- *Llevarse bien/mal*.
- *Ser* y *estar*.

Léxico
- Cambios.
- Carácter.
- Discutir.
- Relaciones.
- Disculpas.

Tipología textual
- Artículo periodístico.
- Correo electrónico.
- Entrevista oral.
- Blog.
- Presentación oral.

Cultura y aprendizaje
- Conocer el carácter de los hispanohablantes.

Tarea
- Describir la familia a un amigo o la clase de español a un familiar.

UNIDAD 12   p. 127
¡FIESTA!

Contenidos funcionales
- Expresar deseos.
- Invitar y hacer propuestas.
- Pedir y dar permiso.
- Expresar cortesía.
- Reflexionar sobre las justificaciones en español.

Gramática
- Imperfecto de subjuntivo.
- Expresar deseos: *Me encantaría* + infinitivo + *que* + subjuntivo.
- *Ojalá* + imperfecto de subjuntivo.

Léxico
- Celebraciones.
- Invitaciones.

Tipología textual
- Testimonios orales y escritos.
- Invitaciones.
- Página web.

Cultura y aprendizaje
- Saber cómo se justifican los hispanohablantes.

Tarea
- Organizar la fiesta de fin de curso.

ANEXO

Gramática y comunicación	140
Verbos	151
Léxico	156
Transcripciones	164

Rocío
Redactora de sociedad. Es malagueña. Va a ser mamá. Su marido se llama Mateo.

Carlos
Becario. Es un nuevo colaborador de la agencia.

Mario
Becario. Es brasileño. Su abuelo es un investigador famoso.

1 VIVIR EN BABEL

En esta unidad vamos a aprender:

- A intercambiar opiniones sobre hábitos y experiencias de aprendizaje.
- A hablar de hábitos en el pasado.
- A redactar una biografía lingüística.
- A elegir estrategias de aprendizaje.

1. ¿Qué es para ti una clase de idiomas?
2. ¿Cómo te sientes el primer día de clase cuando empiezas un curso?
3. ¿Cuándo estudiaste un idioma por primera vez?
4. ¿Para qué estudias español?

1 MIS CURSOS DE ESPAÑOL

Es el primer día de clase: preséntate a tu compañero, da tus datos personales y explica por qué estudias español, dónde has estudiado y durante cuánto tiempo.

> **Al presentarte vas a utilizar:**
> - **Verbos en presente:** tus datos personales, profesionales, etc.
> - **Verbos en pretérito perfecto o indefinido:** tu formación y tus estudios de español.

Me llamo André, tengo 28 años. Trabajo en una empresa de publicidad, soy diseñador. Estudio español porque me gusta la publicidad que se hace en español. He estudiado 6 meses aquí en España, primero hice un curso intensivo de un mes y ahora hago el curso de dos veces por semana porque ya hablo un poco, puedo comunicarme... y porque tengo mucho trabajo. El curso intensivo me ha gustado porque hemos aprendido muchísimo en muy poco tiempo, aunque tenía muchos deberes para casa, sobre todo de huecos, y era muy cansado tener clase todos los días.

2 LA BIOGRAFÍA LINGÜÍSTICA DE TANIA

a 🔊 Lee y escucha el cómic. Parece que Paloma no sabe qué es una biografía lingüística. Elige la mejor definición.

1. Historia de una lengua, desde sus orígenes hasta la actualidad.
2. Historia del aprendizaje de lenguas en un lugar o una época.
3. Escrito donde una persona habla de las lenguas que sabe y de cómo las ha aprendido.

b Lee la biografía lingüística de Tania y contesta a las preguntas.

1. ¿Por qué empezó Tania a estudiar español?
2. ¿Qué hizo para aprender español? ¿Qué acción te parece más eficaz?
3. ¿Has hecho cosas similares para aprender español? Escríbelas.

Me llamo Tania, soy de Moscú. Soy bailarina clásica y, cuando me jubilé, busqué un baile sin límite de edad. ¡Y así descubrí el tango!
Al principio, cantaba los tangos mientras bailaba, sabía las letras de memoria pero no entendía nada. Por suerte, una vecina uruguaya me ayudaba a traducir las canciones. Poco a poco, con ella y con ayuda de un diccionario, empecé a entender las letras de los tangos. Tres años después, viajé a Buenos Aires y viví allí un año: por las mañanas asistía a los cursos para extranjeros de la universidad y por las noches bailaba tango. Allí aprendí todo lo que sé del español y del tango. Ahora hago casi lo mismo en mi ciudad: asisto a clases de español dos veces por semana, bailo todas las noches y, las tardes que tengo libres, busco algún tango nuevo y lo escucho hasta que me lo aprendo (busco las palabras que no conozco, le pregunto a mi profesor, a mis amigos...). Así me preparo para volver, algún día, a Buenos Aires y a las milongas.

> **AL FINAL DE LA UNIDAD...**
> Vas a redactar tu biografía lingüística: vas a contar cómo empezaste a estudiar lenguas y cómo lo has hecho.

AGENCIA ELE

Mi biografía lingüística

OBSERVA 1

Paloma y Sergio viajan a Sevilla para cubrir el Tercer Congreso Internacional de Estudiantes de Español.

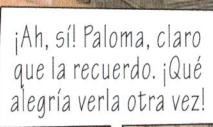

PRACTICA

3 TE PRESENTO A...

a Lee de nuevo el cómic y subraya con un color las presentaciones formales y con otro, las informales.

b Imaginad que estáis en la recepción del Tercer Congreso Internacional de Estudiantes de Español. En grupos de cuatro, cada uno elige un personaje. Os saludáis y hacéis las presentaciones.

- ¡Angela! ¡Qué sorpresa!
- ¡Marie! ¡Hola! ¿Qué tal? ¡Qué alegría verte! ¿Conoces a Hans? Coincidimos hace dos años en un curso de español.

Presentación formal
- Mire, le presento a la señora García Robles.
- Mucho gusto. / Encantado de conocerla.

Presentación informal
- Mira, este es José, un compañero de la oficina.
- ¡Hola! ¿Qué tal?

PETER BROOKS
Inglés, 32 años.
Acompañas a Marie.

MARIE DUCHAMP
Francesa, 48 años. Acompañas a Peter y eres amiga de Angela.

HANS WALD
Alemán, 60 años.
Acompañas a Angela.

ANGELA DE SOUZA
Brasileña, 30 años. Acompañas a Hans y eres amiga de Marie.

Expresiones que usan dos personas cuando se reencuentran
¿Te acuerdas de mí? / ¿Se acuerda de mí?
¡Qué alegría verte/-lo/-la otra vez / de nuevo!
¡Cuánto / Tanto tiempo sin verte/-lo/-la!
¡Qué sorpresa!
¡Qué casualidad!
¿Eres Juan? / ¿Es usted la señora Gómez?

4 MIS OBJETIVOS PARA ESTE CURSO

a ¿Qué te gustaría hacer en este curso? Selecciona tres objetivos de la lista y añade dos más.

1. Trabajar en grupos y poder dar mi opinión, exponer ideas... ☐
2. Aumentar mi vocabulario para hablar de mis intereses, gustos, opiniones... ☐
3. Poder hacer preguntas a los demás sobre sus vidas, sus gustos, sus opiniones... ☐
4. Mejorar mi forma de aprender español. ☐
5. Contar historias, experiencias y acontecimientos de manera interesante y fluida. ☐
6. Leer y entender instrucciones, recetas, indicaciones para hacer algo... ☐
7. Entender entrevistas en la radio y en la televisión. ☐
8. Mejorar mi expresión escrita. ☐

b Comenta con tu compañero los objetivos que habéis elegido cada uno y cómo queréis practicar en clase.

0 = nada interesante; 1 = poco interesante; 2 = algo interesante; 3 = bastante interesante; 4 = interesante; 5 = muy interesante

¿Cómo prefiero aprender?	0	1	2	3	4	5
1 Comprensión escrita: leyendo textos, noticias...						
2 Comprensión oral: escuchando audios, canciones, radio, *podcasts*...						
3 Expresión escrita: escribiendo textos, cuentos, mensajes, etc.						
4 Expresión oral: hablando solo (exposiciones), con el profesor o con los compañeros.						
5 Siguiendo principalmente el manual de clase.						
6 Con juegos y concursos.						
7 Con fotos, vídeos, cortos, películas, presentaciones, material audiovisual, etc.						
8 Con actividades y temas actuales, vivencias propias, materiales modernos y creativos...						
9 Con actividades de gramática más tradicionales.						
10 Con prácticas de fonética para mejorar la pronunciación.						
11 Solo o toda la clase a la vez.						
12 En parejas / grupos.						

c ¿Qué disponibilidad tienes para estudiar español? ¿Cómo piensas alcanzar tus objetivos? Escribe algunas ideas.

5 ¿QUÉ HACÍAS PARA APRENDER ESPAÑOL?

a Vas a leer el testimonio de Juliette Blanché, una estudiante de español. Presta atención a las cosas que hacía para practicar y mejorar el idioma.

Nombre: *Juliette Blanché*
Edad: *27 años*
Nacionalidad: *belga*
Profesión: *profesora de escuela primaria en Bruselas*

Antes pensaba que pasar todo un verano descansando era una pérdida de tiempo. Iba a ir de vacaciones de aventura cuando me enteré de las vacaciones solidarias y me dije: «Esto es lo que estabas buscando». No dudé ni un minuto, y como mi pasión es el español y las culturas latinoamericanas, elegí un país hispanohablante.

Mi destino fue una escuela en Puno, un pueblo peruano a orillas del Lago Tititaca. El día de mi llegada, estaba paseando por el pueblo y me encontré con el organizador, que me presentó a todos. Éramos cinco voluntarios y teníamos que reconstruir y ampliar el edificio. Pintábamos aulas, arreglábamos techos, reparábamos muebles..., hacíamos de todo. Los otros voluntarios eran peruanos, así que yo les hacía preguntas para saber el nombre de las herramientas que usábamos o de las cosas que hacíamos. Yo anotaba todo en una libreta llamada «Escuela». Al día siguiente intentaba usar las palabras nuevas, para ver si las pronunciaba bien o si las decía en la situación adecuada. Si tomábamos algo, me hacían pedir a mí, y con miedo decía: "Buenos días, queríamos tomar...".

Vivía con una pareja que tenía cinco hijos. El padre tenía una lancha y llevaba a los turistas a la isla de Taquile. La madre tejía jerséis, bufandas, gorros y ponchos que llevaba el sábado al mercado para venderlos. Los niños iban con ella y yo los acompañaba; al principio solo escuchaba, pero poco tiempo después ya podía vender y regatear el precio. En la casa tenía otra libreta, llamada «Casa», y ahí anotaba todas las palabras que aprendía relacionadas con la vida cotidiana. Mi libreta favorita era la llamada «Comida», donde escribía los nombres de los utensilios de cocina y las recetas de los platos peruanos que cocinaba mi «madre».

Las tardes que tenía libres iba a clases particulares con un maestro de la escuela y le hacía todas las preguntas que los otros no sabían responderme.

¿Sabes cómo me llamaban mis compañeros peruanos?: «Juliette Tengo-una-pregunta».

b Haz una lista de los hábitos de Juliette relacionados con el aprendizaje de la lengua, es decir, qué hacía Juliette para mejorar su español.

c 🔊 Vas a escuchar el testimonio de Bernard Tuts. Presta atención a las cosas que hacía para practicar y mejorar el español. Puedes tomar notas.

Nombre: *Bernard Tuts*
Edad: *20 años*
Nacionalidad: *belga*
Profesión: *estudiante*

d ¿Tienes cosas en común con Juliette y Bernard? Coméntalo con tu compañero.

trece **13**

PRACTICA

6 UNA CUESTIÓN DE ESTRATEGIAS

a La **estrategia** es el «arte de planificar y dirigir operaciones militares». Pero en la vida cotidiana, también hablamos de estrategias. ¿Puedes poner un ejemplo? ¿Y en el aprendizaje de idiomas?

Estrategias en la vida cotidiana
Cuando tengo una entrevista de trabajo pienso en las preguntas que me pueden hacer.

Estrategias para aprender un idioma
Leo un mismo texto varias veces en voz alta para mejorar mi pronunciación.

b ¿Qué estrategias de la siguiente lista utilizas dentro y fuera del aula para aprender mejor español? Márcalas. ¿Conoces otras? Piensa en lo que hacen Juliette y Bernard.

- ☐ Me fijo mucho en lo que dice otra persona y uso las mismas expresiones.
- ☐ Busco en el diccionario las palabras más importantes.
- ☐ Escucho canciones.
- ☐ Clasifico las palabras nuevas por orden alfabético.
- ☐ Hago los deberes.
- ☐ Pido que me repitan o expliquen lo que no entiendo.
- ☐ Chateo en español.
- ☐ Clasifico las palabras nuevas por tema.
- ☐ Copio una palabra nueva muchas veces.
- ☐ Veo películas en versión original.
- ☐ Leo lecturas graduadas.
- ☐ Hago un intercambio con un nativo.
- ☐ Escucho varias veces una grabación para entender un poco más cada vez.
- ☐ ....
- ☐ ....

c ¿Qué ocurre en nuestra clase? En grupos, responded a las preguntas y hablad sobre las estrategias que más y menos se usan en clase.

1. ¿Quién escribe correos electrónicos en español?
2. ¿Quién lee el periódico en español?
3. ¿A quién le gusta hablar frente al espejo en español?
4. ¿Quién usa mucho el diccionario en clase?
5. ¿A quién le aburre practicar las conjugaciones de los verbos?
6. ¿Quién relaciona palabras en español con otras de los idiomas que sabe?
7. ¿A quién le cuesta emplear palabras nuevas?

d Informe final: analiza toda la información y saca tus conclusiones. Puedes usar:

todos/-as	algunos/-as
la (gran) mayoría de	pocos/-as
muchísimos/-as	una minoría de
muchos/-as	poquísimos/-as
bastantes	casi nadie

Casi todos los estudiantes chatean en español y muchos estudiantes escuchan canciones en español, pero casi nadie hace los deberes.

14 catorce

7 ESTUDIABA POCO

a Recordemos la conjugación del pretérito imperfecto.

VERBOS REGULARES

enseñar	aprender
enseñaba	aprendía
enseñabas	aprendías
enseñaba	aprendía
enseñábamos	aprendíamos
enseñabais	aprendíais
enseñaban	aprendían

VERBOS IRREGULARES

¡Hay solo tres!

ir	ser	ver
iba	era	veía
ibas	eras	veías
iba	era	veía
íbamos	éramos	veíamos
ibais	erais	veíais
iban	eran	veían

¿Puedes completar tú la conjugación de *escribir*? Es igual a la de *aprender*.

escribir

Recuerda los usos más frecuentes del pretérito imperfecto:

1. Describir personas, lugares y objetos en el pasado:
   Los otros voluntarios eran peruanos.

2. Referirse a acciones habituales en el pasado:
   Pintábamos aulas, arreglábamos techos, reparábamos muebles..., hacíamos de todo.

3. Contrastar el pasado con el presente:
   Antes pensaba que pasar todo un verano descansando era una pérdida de tiempo.

4. Hacer una petición de manera más educada:
   Si tomábamos algo, me hacían pedir a mí, y con miedo decía: "Buenos días, queríamos tomar..."

5. Expresar una acción que no llega a realizarse:
   Iba a ir de vacaciones de aventura cuando me enteré de las vacaciones solidarias.

6. Presentar dos acciones que suceden en el mismo momento:
   Mientras ellos descansaban, yo anotaba todo en una libreta llamada «Escuela».

7. Describir una acción en desarrollo que se ve interrumpida por otra acción (verbo en indefinido):
   Estaba paseando y me encontré con el organizador, que me presentó a todos.

b Escribe una pequeña historia como las de Juliette y Bernard sobre tu experiencia estudiando español y coméntala con tu compañero. Puedes usar los siguientes verbos.

- estudiar
- preguntar
- escribir
- oír
- avanzar
- escuchar
- comunicarse
- hacer
- enseñar
- aprender

c En grupos de cuatro, cada uno elige uno de los siguientes personajes que hicieron un curso de español el año pasado. Explica a los demás cómo era tu curso.

Alumnos	Horas por semana	Número de profesores	Actividades en clase	Actividades extraescolares
Paul	20	2	Canciones y textos	Clases de cocina
Gertrude	25	3	Textos literarios	Paseos y museos
Gianni	10	1	Ejercicios de gramática y dictados	Clases de historia
Tania	15	1	Juegos y audiciones	Clases de baile

Había dos profesores y teníamos veinte horas de clase...

d ¿Cuál pensáis que era el curso más interesante? ¿Por qué?

PRACTICA

8 EL TURISMO IDIOMÁTICO

a ¿Puedes escribir una definición de «turismo idiomático»? Compara tu definición con la de tus compañeros.

b 🔊 Escucha ahora unas entrevistas a alumnos extranjeros que están haciendo cursos de idiomas en España. Completa el siguiente cuadro.

	Yamila	Marcos	Gianni
Origen			
Idioma que estudia			
Duración del curso			
Razones para estudiar			
Estrategias de aprendizaje			

c 🔊 Vuelve a escuchar las entrevistas y contesta a las preguntas.

1 ¿Cuál de los tres estudiantes usa estrategias más útiles o eficaces para aprender?
2 ¿Con qué estudiante te identificas? ¿Por qué?
3 ¿Has hecho alguna vez turismo idiomático? ¿Te ha dado buenos resultados?

d Ahora retoma la actividad **8a** y mejora la definición de «turismo idiomático». ¿Crees que es una buena idea para mejorar el nivel de la lengua extranjera? ¿Por qué?

9 BIOGRAFÍA LINGÜÍSTICA DE IÑAKI

a El siguiente gráfico muestra el dominio que tiene Iñaki de las lenguas que conoce. Lee su biografía lingüística y escribe el nombre de las lenguas en el gráfico.

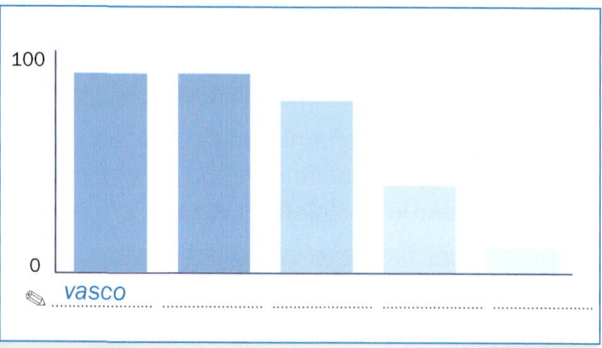

Mi historia lingüística comienza en el momento en que nací, en Bilbao. Mi madre es castellana, de Salamanca, y mi padre es vasco; cada uno me hablaba en su lengua y por eso soy bilingüe desde niño y, actualmente, hablo el español y el vasco con mucha naturalidad.

Cuando tenía 10 años nos fuimos a vivir a Inglaterra por el trabajo de mi padre, que era periodista. Recuerdo que fue el momento más duro de mi infancia porque mi hermana y yo no sabíamos mucho inglés: apenas conocíamos algunas palabras o frases sueltas, pero no nos servían para entendernos con la gente. En la escuela nos pasamos los primeros seis meses sentados en la última fila, estábamos todo el tiempo juntos, no nos separábamos, teníamos miedo de hablar, realmente no entendíamos nada.

Pero los malos momentos pasaron. Conocimos a unos chicos que vivían cerca de nuestra casa e iban al mismo colegio; poco a poco, jugando con ellos, perdimos el miedo y aprendimos a hablar inglés.

Vivimos allí casi diez años. Yo volví justo para empezar la universidad en Madrid. Como ya sabía muy bien inglés, me apunté a los cursos de alemán y en el segundo año de carrera me fui un año de Erasmus a Hamburgo, con 20 años. Como el alemán y el inglés se parecen bastante, no me resultó difícil aprender palabras o verbos. Al principio confundía las dos lenguas, pero a los tres meses ya estaba acostumbrado al acento alemán. Después de ese año no lo he vuelto a usar habitualmente y he perdido bastante fluidez.

Hace seis meses, y por motivos profesionales, empecé un curso de chino y todavía no puedo decir nada. Sé que me llevará un poco de tiempo acostumbrarme a los sonidos y la música de esta lengua tan diferente y tan fascinante, pero estoy seguro de que voy a hablar chino en el futuro.

b Organiza la información sobre las lenguas y los hechos de la vida de Iñaki.

Lengua	¿Cómo aprendió?	¿Por qué?
vasco		
español		
inglés		
alemán	En la universidad y en Alemania con una beca Erasmus,	Porque ya sabía muy bien inglés.
chino	En una academia, en España.	

10 TU BIOGRAFÍA LINGÜÍSTICA

Teniendo en cuenta todo lo que has leído, escuchado y comentado con tus compañeros, ya puedes ponerte a escribir tu biografía lingüística.

PLANIFICA

a Haz un borrador y piensa en los siguientes aspectos:

- tu lengua materna
- las otras lenguas que sabes
- cómo las has aprendido
- tu nivel en esas lenguas
- qué eres capaz de hacer en cada una
- los contactos que tienes o has tenido con hablantes de las lenguas que sabes
- qué tipo de estudiante de lenguas eres
- qué estrategias o trucos te sirven cuando estudias una lengua
- tus motivaciones
- qué objetivos te has planteado en el estudio del español (u otra lengua)
- cómo piensas lograr esos objetivos

ELABORA

b Puedes empezar tu biografía lingüística como lo hace Iñaki:

Mi biografía lingüística comienza...

COMPARTE

c Haz una presentación en la pizarra para tus compañeros. Entre todos, comentad qué es lo que más os ha sorprendido. ¿Cuál os ha parecido la biografía más interesante?

11 ESTRATEGIAS DE APRENDIZAJE

Elige una de las estrategias que ofrece el texto y ponla en práctica. En la próxima sesión, expondrás tu estrategia y su nivel de utilidad al resto de la clase.

Estrategias para aprender idiomas

Cuando estudiamos una lengua extranjera, aprendemos a hablar y a comprender lo que nos dicen, a leer y a escribir. La gramática y el vocabulario forman parte de estas cuatro habilidades. Cada una de ellas exige distintas estrategias para recordar y poner en práctica lo que hemos aprendido.

Estrategias de expresión oral

- Imagina una situación e inventa un diálogo. Por ejemplo: hacer la compra en un supermercado, hablar con un amigo por teléfono, etc. Repasa los diálogos del libro y trata de inventar otros. Es mucho mejor si practicas con un compañero de clase.
- Graba el diálogo que has inventado y escúchalo con atención: observa si repites mucho una palabra, si hay palabras que no recuerdas, las palabras que mejor utilizas, etc.
- Canta canciones en un karaoke (también te servirá para comparar tu pronunciación con el original). Es mucho más divertido si practicas con tus compañeros de clase.

Estrategias de comprensión auditiva

- Busca en internet algún vídeo donde se den instrucciones (una receta de cocina, ejercicios de gimnasia, etc.) y escúchalo mirando las imágenes. Verás que relacionarás muy rápidamente la palabra con la instrucción. Luego busca un vídeo similar, pero no mires las imágenes, y trata de seguir las instrucciones.
- Ve un telediario en tu idioma y luego en el idioma que estudias: te va a ayudar a reconocer más vocabulario, ya que sabes cuál es el tema que trata.

Estrategias de lectura

- Busca una noticia internacional en un periódico en tu idioma y luego busca la misma noticia en un periódico en español. Ambas noticias tendrán vocabulario en común, que te servirá para deducir el texto en español.
- Busca información que ya conozcas sobre un país, un/-a actor/actriz, un/-a músico/-a, etc. en Wikipedia en español. Como tienes información previa, te será más fácil deducir las palabras en español. Luego busca esta misma información en Wikipedia en tu idioma para comprobar el vocabulario.

Estrategias de escritura

Si no tienes a alguien que corrija tus textos, es un poco más complicado comprobar si lo que has escrito es correcto, pero hay algunos trucos.

- Primero, piensa qué tipo de textos quieres elaborar. No es lo mismo escribir una carta a un periódico que una carta a un amigo. Cada texto tendrá un vocabulario y una estructura más o menos formales.
- Si quieres comprobar si has escrito bien una frase (no muy larga) puedes ponerla en el buscador de Google (en español) y fijarte en si ha sido usada por hablantes nativos. Este método no es infalible, pero ayuda bastante.
- Una vez que has escrito el texto, puedes utilizar el procesador de textos en español para comprobar si hay errores. Esto tampoco es 100 % seguro, ya que hay correcciones que el programa no hace, pero puede ayudar.

2 TRABAJAR PARA VIVIR

En esta unidad vamos a aprender:

- A hablar de la experiencia generacional y del mundo del trabajo.
- A expresar preferencias y deseos.
- A redactar un informe y a expresar porcentajes.
- A desarrollar estrategias para recordar vocabulario.

1. ¿Qué es para ti trabajar?
2. ¿Crees que el concepto varía según el país?
3. ¿Cuál es para ti el mejor / peor trabajo del mundo?
4. ¿Qué es más importante para ti: la experiencia, la formación, la motivación o la disponibilidad?

diecinueve 19

1 MI GENERACIÓN

OBSERVA

a ¿Sabes a qué se refieren estas expresiones? ¿Con qué personas de las fotos las relacionas?

> Generación X   Generación Y   Generación Z

b Lee la información sobre las generaciones. ¿A qué generación perteneces? ¿Te sientes identificado con ella? ¿Por qué? Coméntalo con tu compañero.

GENERACIÓN X
El espíritu rebelde

Son las personas nacidas en los años 70 e incluso a finales de los años 60 que han vivido su adolescencia entre 1980 y principios de los años 90. Son la primera generación que se crio con la ruptura del hogar tradicional, en una época en la que los divorcios aumentaban vertiginosamente. Han vivido también el avance del proceso tecnológico de las últimas décadas: parten de una infancia con televisión de dos canales, a menudo en blanco y negro.

Son críticos, inconformistas y están en contra del sistema, pero son realistas, moderadamente optimistas y se han convertido en la generación más abstencionista de nuestro país. Están mucho más cualificados que sus jefes, saben idiomas y dominan las tecnologías; son los llamados JSP (Jóvenes Sobradamente Preparados), aunque no siempre consiguen los trabajos para los que se han preparado.

GENERACIÓN Y
El espíritu inquieto

Sucede a la generación X e incluye a las personas nacidas entre 1982 y 1993 aproximadamente. Son jóvenes audaces, con sólidos conocimientos de tecnología, que están acostumbrados a la inmediatez de internet, a la enorme rapidez de los cambios y a vivir el presente.

Son mucho más inquietos que sus antecesores y son capaces de abandonar sus trabajos para recorrer el mundo, de cambiar de empleo cuando aparece el aburrimiento o cuando la empresa no ofrece un ágil camino de ascenso: retenerlos es un desafío. Están siempre abiertos al cambio y nada atados a la rutina. Además, prefieren empleos que permitan conciliar mejor la vida personal y laboral.

GENERACION Z
Los nativos digitales

Son los nacidos entre 1993 y los años 2000. Generalmente, sus padres nacieron entre 1960 y 1980. Hoy en día, la generación Z representa casi el 18 % de la población del mundo.

La generación Z también se le llama «la generación silenciosa», «iGeneration» y «la generación llena de entretenimientos». Han conocido desde muy pequeños tecnologías como el DVD, internet, los mensajes instantáneos o SMS, la comunicación por teléfono móvil, los reproductores de MP3 y el famoso YouTube, y por ello se los conoce como «nativos digitales». Es una generación consumista y pesimista, desconfía del gobierno y es impulsiva.

2 ¿ESTUDIAS O TRABAJAS?

a Aquí tienes tres palabras que van a aparecer en el cómic: *el paro, precario/-a, un empleo / trabajo* ¿Conoces su significado? Combina esas palabras con las siguientes:

1. *un empleo* a tiempo completo
2. situación ....
3. recibir ....
4. .... inestable
5. cobrar ....
6. .... mal remunerado
7. estar en ....
8. unas condiciones ....
9. .... estable
10. .... para toda la vida
11. un trabajo ....
12. .... a tiempo parcial

b 🔊 Lee y escucha el cómic y contesta a las preguntas.

1. ¿A qué generación crees que pertenecen los jóvenes entrevistados? ¿Por qué?
2. ¿Cuál de ellos tiene mejor situación laboral? ¿Cuál es tu situación laboral ideal?
3. Y tú, ¿prefieres un contrato indefinido o ser trabajador autónomo? ¿Por qué?

> **AL FINAL DE LA UNIDAD...**
>
> Vas a realizar un informe sobre el trabajo ideal de tus compañeros.

20 veinte

AGENCIA ELE
El empleo juvenil

Luis y Paloma tienen que recoger información sobre el empleo juvenil. Es viernes por la noche y van a un restaurante para entrevistar a algunas personas.

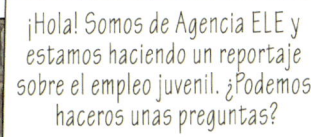

3 ¿HAS DEJADO DE VIVIR AQUÍ O SIGUES HACIÉNDOLO?

a Ana se encuentra con un amigo a quien no ve desde hace tiempo. Lee el siguiente diálogo.

- ¡Cuánto tiempo, Ana! ¿Sigues viviendo aquí?
- ¡Hombre, Juan! Sí, sigo trabajando a tiempo parcial, así que sigo viviendo con mis padres aquí, en el barrio. ¿Y tú, sigues trabajando en esa empresa?
- Sí, sigo haciendo proyectos allí.
- ¡Qué bien! Pues a ver si no perdemos el contacto.

(…)

Pues **sigo viviendo** con mis padres a los 30 años, pero no me gusta que me mantengan. Quiero ser independiente, claro.

El gerundio

Regulares

Terminación -ar: hablando   Terminación -er, -ir: comiendo, viviendo

Aquí tienes la formación de algunos gerundios irregulares. Fíjate que son solo del grupo -er, -ir.

decir	diciendo
dormir	durmiendo
ir	yendo
leer	leyendo

venir	viniendo
seguir	siguiendo
elegir	eligiendo
preferir	prefiriendo

Seguir + **gerundio**: indica una acción o un hábito que continúa en el tiempo.
Sigo viviendo en casa de mis padres.

b Lee la continuación del diálogo anterior y fíjate en la diferencia de significado de las expresiones destacadas.

(…)
- Perfecto, dejé de usar las redes sociales un tiempo porque estoy muy liado, pero te llamo un día.
- Deja de decir que me llamas…, ¡al final, nunca lo haces!
- Sigues siendo igual de simpática…

Dejar + *de* + **infinitivo**: indica una acción o un hábito que se interrumpe y ya no se realiza.
Dejé de comer carne, ahora soy vegetariano.

c 🔊 Rocío entrevista al escritor Carlos Moyano y le pregunta sobre los jóvenes de la década de los 60 y los de ahora. Escucha su opinión y señala las cosas que los jóvenes de ahora *siguen haciendo* (S) o *han dejado de hacer* (D).

1. Salir de noche ☐
2. Ser románticos ☐
3. Gustarles estar con sus amigos ☐
4. Pasar mucho tiempo fuera de casa ☐
5. Preocuparse por la gente pobre ☐
6. Interesarles los temas sociales ☐
7. Leer ☐
8. Ser idealistas ☐

- *A los jóvenes de ahora les sigue gustando salir de noche.*
- *Estoy de acuerdo. A todos los jóvenes les gusta divertirse.*

d ¿Estás de acuerdo con la opinión que Carlos Moyano tiene de los jóvenes? ¿Crees que sus intereses coinciden con los de los jóvenes de tu país?

e Piensa en una etapa pasada de tu vida y cuéntale a tu compañero qué sigues haciendo y qué has dejado de hacer.

- *Sigo leyendo mucho, como a los 18 años, pero he dejado de ir a conciertos de rock, no me gusta estar entre tanta gente.*
- *Yo antes comía muchos dulces, pero he dejado de hacerlo.*

4 TRABAJOS PARA TODOS LOS GUSTOS

a En el cómic los personajes…

> **1** Expresan deseos.
> a Quiero *ser* independiente.
> b Espero que algún día me *den* un buen papel.
> c Ojalá *tengas* suerte.
>
> **2** Expresan preferencias.
> a Prefiero *elegir*.
> b Prefiero que me *paguen*.
>
> • ¿Qué tienen en común los ejemplos **1a** y **2a**? ¿Puedes escribir la regla?
> Quiero / Prefiero + ...
> En estos dos ejemplos la persona (yo) expresa deseos y preferencias para sí misma. Por eso, el segundo verbo va en infinitivo.
>
> • Observa ahora los ejemplos **1b** y **2b**. ¿Qué tienen en común? ¿Puedes completar la fórmula?
> (yo) Espero / Prefiero + ... +
> (otro sujeto) presente de subjuntivo
> Cuando una persona expresa deseos o preferencias con respecto a otra, el segundo verbo va en presente de subjuntivo.

> La palabra **ojalá** siempre va con subjuntivo.
> *Ojalá puedas* venir a la fiesta.
> *Ojalá haga* buen tiempo.

b Conjugación regular del presente de subjuntivo. El grupo *-ir* es como el grupo *-er*. ¿Puedes completarlo tú?

	trabajar > e	leer > a	vivir > a
yo	trabaje	lea	
tú	trabajes	leas	
él/ella/usted	trabaje	lea	
nosotros/-as	trabajemos	leamos	
vosotros/-as	trabajéis	leáis	
ellos/ellas/ustedes	trabajen	lean	

c Observa los siguientes verbos irregulares en presente de subjuntivo.

- Verbos que no se parecen en presente de indicativo y de subjuntivo.

ser	saber	ir
sea	sepa	vaya
seas	sepas	vayas
sea	sepa	vaya
seamos	sepamos	vayamos
seáis	sepáis	vayáis
sean	sepan	vayan

- Verbos con diptongo en las personas *yo, tú, él, ellos.*

pensar	poder	querer	preferir
piense	pueda	quiera	prefiera
pienses	puedas	quieras	prefieras
piense	pueda	quiera	prefiera
pensemos	podamos	queramos	prefiramos
penséis	podáis	queráis	prefiráis
piensen	puedan	quieran	prefieran

> En estos verbos las irregularidades son las mismas que en presente de indicativo.

d Los verbos irregulares en presente de indicativo como *tener* y *elegir* también lo son en presente de subjuntivo. ¿Puedes conjugarlos?

5 QUIERO / PREFIERO...

a Descubre qué deseos tienen estos cuatro jóvenes con respecto al trabajo. Completa los textos con el presente de subjuntivo o con el infinitivo.

◀ Carlos, 29 años, fontanero

Me gusta _trabajar_ (trabajar) solo. Prefiero _____ (ser) mi propio jefe, _____ (tener) mi propia empresa y _____ (tomar) todas las decisiones. Soy responsable: quiero que los clientes _____ (estar) contentos con mi trabajo y me gusta que lo _____ (valorar).

Ana, 36 años, fotógrafa ▶

Quiero _____ (tener) un trabajo fijo, estable, pero quiero un trabajo que no _____ (ser) rutinario. Me gusta _____ (viajar) y _____ (conocer) gente. En la empresa, quiero que _____ (haber) un buen ambiente de trabajo y que mi jefe _____ (valorar) el esfuerzo de los trabajadores. Dejé de trabajar en mi anterior empresa porque el ambiente era malo.

◀ Ricardo, 26 años, arquitecto

Prefiero _____ (ser) autónomo y _____ (trabajar) en diferentes proyectos. Me gusta que todo el equipo _____ (analizar) un trabajo y decida la mejor manera de hacerlo. No me gusta que los jefes me _____ (dar) órdenes sin tener en cuenta lo que opinan los subordinados. En el futuro, quiero _____ (tener) mi estudio de arquitectura y _____ (trabajar) en proyectos propios.

Paula, 30 años, maestra ▶

Me encanta _____ (ser) maestra y quiero _____ (seguir + trabajando) con niños pequeños. Pero también quiero que el director me _____ (subir) el sueldo y que los padres _____ (respetar) mi trabajo.

b Imagina los deseos de las siguientes personas. Comenta tus hipótesis con tu compañero.

1 Andrés, 10 años
Es Navidad.

2 Ernesto, 55 años
Su hijo se independiza.

3 Javier, 34 años
Entrevista de nuevo trabajo.

4 Nieves, 34 años
Se casa el viernes.

5 Marta, 58 años
Bodas de plata, 2.ª luna de miel.

6 Ana, 65 años
Profesora, se jubila.

7 Tú, tu momento actual
¿Qué quieres?

6 EL MERCADO LABORAL

a Mira la infografía sobre las características de las personas que buscan empleo en España por grupos de edad. Señala de qué aspectos informa.

- ☐ experiencia laboral
- ☐ nivel de estudios
- ☐ sueldo medio
- ☐ disposición para mudarse
- ☐ tipos de empleo
- ☐ capacidades y carácter
- ☐ jornada preferida

CARACTERÍSTICAS DE LOS CANDIDATOS A UN EMPLEO

16 a 25 años
- 59 % Sin **experiencia** laboral.
- 50 % Cambiaría de **residencia** y **viajaría** solo dependiendo de las condiciones.
- 35,6 % El tipo de **jornada** le es **indiferente**.
- 19,2 % Nivel de estudios: **Secundaria**.

26 a 35 años
- .... % ....
- 49,5 % Cambiaría de **residencia** solo dependiendo de las condiciones.
- .... % Tiene buena disposición para **viajar**.
- .... % ....
- .... % El tipo de **jornada** le es **indiferente**,

36 a 45 años
- .... % ....
- .... % ....
- .... % Tiene estudios secundarios.
- .... % ....

>46 años
- 84 % Tiene más de **10 años** de **experiencia**.
- 49 % Cambiaría de **residencia** solo dependiendo de las condiciones.
- 45 % Tiene **estudios secundarios**.
- 34,5 % Desea **jornada completa**.

b 🔊 Escucha y completa en el dibujo anterior los grupos de edad «26 a 35 años» y «36 a 45 años».

c ¿Eres capaz de formar frases con porcentajes y decimales? Busca datos del empleo en tu país.

El 59 % de los jóvenes entre 16 y 25 años no tiene experiencia laboral.

> **Expresar porcentajes y decimales**
> Los porcentajes concuerdan con el verbo en singular:
> *El 59 % de los jóvenes no tiene experiencia.*
> - 0,5 se dice normalmente «y medio»
>   *49,5 → cuarenta y nueve y medio*
> - 0,2 se dice normalmente «con dos» o «coma dos»
>   *2,2 → dos con dos, dos coma dos*

7 CURRÍCULUM

a Observa el currículum de Alicia y complétalo con las siguientes palabras:

- grado
- bachillerato
- camarera
- voluntaria
- enfermera
- carné
- lengua materna
- prácticas

b Escribe tu currículum. Puedes utilizar como modelo el de Alicia o buscar en internet plantillas de CV.

DATOS PERSONALES

Nombre y apellidos: Alicia Romero Casas
Lugar y fecha de nacimiento: Teruel, 5 de junio de 1995
Dirección: C/Libertad 15, Zaragoza
Teléfono: 668 90 43 23
Correo electrónico: aliciaromeca@gomail.es

FORMACIÓN ACADÉMICA

2011-2012: (1) _____ en IES Luis Buñuel
2012-2016: Universidad de Zaragoza. (2) _____ en Enfermería

EXPERIENCIA LABORAL

2013-2014 (julio-agosto): (3) _____ en restaurante El Zierzo (Zaragoza)
2015: (4) _____ en Hospital General San Jorge (Huesca)
2017-actualidad: (5) _____ en Hospital Royo Villanova (Zaragoza)

IDIOMAS:

Español: (6) _____ Inglés: nivel avanzado

OTROS DATOS DE INTERÉS:

(7) _____ de conducir. (8) _____ en Cruz Roja

8 JÓVENES Y TRABAJO EN MÉXICO

a Lee el informe basado en una encuesta que realizó la Universidad Nacional Autónoma de México (UNAM) sobre la situación de los jóvenes y el trabajo en México. El texto está incompleto; con ayuda de tu compañero, inserta los párrafos en el lugar correspondiente.

UNIVERSIDAD NACIONAL AUTÓNOMA DE MÉXICO

El promedio de edad en el que se obtiene el primer trabajo se concentra entre los 17 y los 18 años. Sin embargo, el inicio de la vida laboral se lleva a cabo antes. ____1____

Aunque el 42.4 %* acepta empleos de media jornada que les permitirían continuar sus estudios, la mayoría (56 %) se incorpora a trabajos de tiempo completo.

Ahora bien, ¿cómo consiguen el primer trabajo? ____2____. De hecho, siete de cada diez obtienen el primer trabajo gracias a un amigo, por la contratación directa de un familiar o mediante sus gestiones.

A primera vista resultan alentadoras las estadísticas sobre el tiempo que tardan los jóvenes en conseguir su primer empleo. ____3____. No obstante, cuando se revisan los datos correspondientes a las condiciones en que desempeñan dichas actividades y el beneficio económico que reciben, el optimismo comienza a desvanecerse.

El 58.3 % de los encuestados no tiene un contrato laboral que garantice las prestaciones sociales. Entre aquellos que desempeñaban su primer empleo la cifra aumenta a 71.8 %.

Si bien podemos sentirnos orgullosos de la capacidad de trabajo de nuestros jóvenes, habría que pensar en las consecuencias que su ingreso al mercado laboral, en plena edad formativa, podría tener en su educación. ____4____. Si estas no pueden solventar el gasto, los jóvenes cuentan con pocas alternativas para continuar con su formación escolar: solo uno de cada cien logra sostener su educación por su propio esfuerzo, y menos de tres lo consiguen gracias a las becas.

____5____ Si al cuestionamiento le cambiamos la palabra "familia" por la de "nación", el problema sigue siendo esencialmente el mismo y de difícil solución. Por ese motivo muchos jóvenes se ven obligados a salir del país y a emigrar a otros países en busca de un futuro mejor.

_____

* En México, los decimales se indican con punto: *42.4 %*

a Según nos informa la encuesta, la posibilidad de estudiar depende de los deseos y las posibilidades de la familia.

b Este estudio muestra que las redes sociales facilitan la inserción en el mercado laboral.

c Aquí habría que preguntarse: ¿quién apoya a la familia para que pueda mejorar su situación de vida a través de la preparación de sus nuevas generaciones?

d Casi la mitad de los entrevistados tardó entre uno y tres meses. Una cuarta parte lo logró en menos de un mes.

e De todos los encuestados que alguna vez han trabajado, la mitad comenzó entre los 13 y los 16 años de edad, periodo en el que deberían estar dedicados a concluir su instrucción básica.

b El informe presenta aspectos positivos y negativos. Reléelo y completa el cuadro. Los conectores subrayados en el texto van a ayudarte a ordenar las ideas.

El trabajo y los jóvenes en México		
Aspectos positivos ☺		**Aspectos negativos** ☹
La media de edad de los que encuentran empleo está entre los 17 y los 18 años.	**PERO**	La mitad comienza a trabajar en edad escolar.

> **Conectores**
> *Pero, sin embargo, ahora bien, si bien, no obstante* y *aunque* son conectores que contrastan una idea anterior o la matizan.
> *El trabajo me gusta, pero me pagan poco.*

9 INFORME SOBRE EL PRIMER EMPLEO

Vas a hacer un breve informe sobre la primera experiencia en el mundo laboral de gente que conoces y vas a presentárselo a tus compañeros.

PLANIFICA

a Vas a hacer una encuesta a tus compañeros para averiguar cuál es su trabajo ideal. Elabora las distintas preguntas.

- Tipo de trabajo
- Tipo de contrato
- Remuneración
- Horario
- Conciliación
- Estudios

b Ahora recoge la información. Puedes hacer la encuesta de forma oral o escrita. Entrevista al menos a seis compañeros.

ELABORA

c Escribe un texto breve con los resultados de la investigación. Acompaña tu texto con gráficos y porcentajes.

La mayoría de mis compañeros...
El 50 % de los encuestados...
Muy pocos...

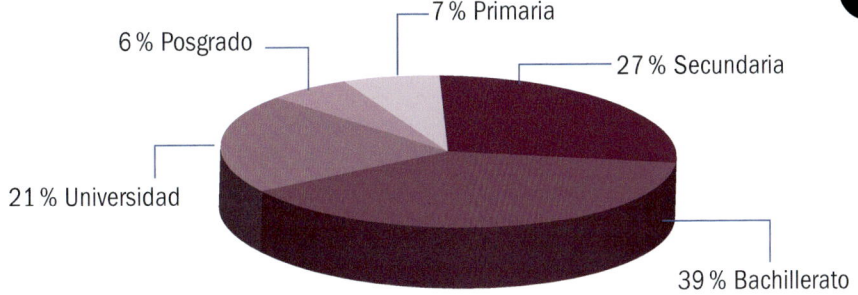

7 % Primaria
6 % Posgrado
27 % Secundaria
21 % Universidad
39 % Bachillerato

COMPARTE

d Presenta tu trabajo a tus compañeros.

e Elegid la mejor presentación. Comentad por qué os ha gustado: ideas, claridad de exposición, corrección del español, ritmo y entonación...

AMPLÍA

10 DESARROLLAR ESTRATEGIAS

Aprender y utilizar adecuadamente el vocabulario es una de mis preocupaciones mayores al aprender una lengua. Afortunadamente, he desarrollado muchas habilidades para hacerlo. Hay personas que son muy visuales y recuerdan leyendo y escribiendo palabras, otros tienen más «oreja» y aprenden más escuchando. Yo tengo un poco de los dos tipos: me sirve hacer tarjetas y dibujos, pero también me resulta útil escuchar canciones, ver películas, etc. Creo que lo más importante es que te DIVIERTAS cuando estudias, esa es la mejor forma de aprender. Estos son algunos de los trucos que uso para recordar palabras:

CARTELES Y TARJETAS
Hacía cartelitos en alemán y los pegaba en el apartamento que compartía en Hamburgo con mis amigos alemanes: *mantel, vaso, plato, silla, mesa*, etc.

OPUESTOS
Estudiaba una palabra y su contrario: *subir-bajar, alto-flaco*. Después buscaba alguna frase en periódicos o revistas y trataba de decir lo contrario: «subió el precio de los tomates», «bajó el precio de los tomates».

subir – bajar   beneficio - perjuicio

MAPAS DE PALABRAS
Yo soy periodista y es muy importante conocer palabras relacionadas con mi profesión, para eso hago un dibujo y las asocio: *economía, inflación, alza de precios*, etc.

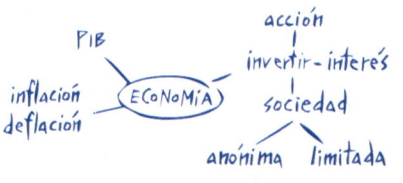

ASOCIACIONES
Creo asociaciones o imágenes mentales entre dos palabras a partir de sonidos parecidos. Cuando aprendía inglés lo hacía a menudo. Por ejemplo: *book* se parece al sonido de *buque* (barco) y yo imaginaba un libro navegando en el mar.

BUSCO OPORTUNIDADES
Siempre escribo las palabras más útiles de las unidades nuevas y las uso en todos los ejercicios de clase que puedo.

palabras útiles unidad 5:
¿sabes?, por cierto, fascinar, glaciar, atravesar, colonial

GRAMÁTICA
Para aprender la gramática, se pueden utilizar colores, por ejemplo, para el género. Es muy útil.

el problema
la moto

RIMAS Y VERSOS
Una profesora en la escuela nos enseñaba palabras con **versos**.
«Soraya es uruguaya y toma el sol en la playa con una camisa a rayas».
Las rimas son divertidas, no te olvidas más de las palabras.

PALABRAS RELACIONADAS
Hago pequeñas listas con nuevas palabras y otras nuevas y viejas que están relacionadas por la morfología.

beneficio: beneficioso/a (adj.), benéfico (adj.), benefactor/a (nombre); beneficiar (verbo)

DICCIONARIO PERSONAL
Uso pequeñas tarjetas con la palabra en un lado y la definición y ejemplos en el otro. Me ayuda mucho para leer.

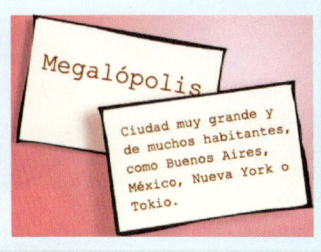

1. ¿Tú usas algunas de las estrategias de Iñaki para recordar palabras?
2. ¿Recuerdas más con imágenes o con sonidos?
   Piensa en otras estrategias que utilizas para recordar palabras y compártelas con el grupo.
3. Escribe tres cosas que harás en las próximas unidades para recordar y reutilizar el vocabulario.

3 ME VA DE CINE

En esta unidad vamos a aprender:

- A contar curiosidades e historias de cine.
- A describir situaciones en el pasado.
- A contar anécdotas personales.
- A desarrollar estrategias para mejorar la fluidez en la expresión oral.

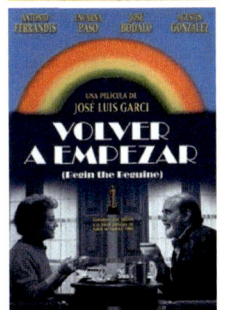

1 ¿Conoces alguna de estas películas?
2 ¿Qué crees que tienen en común todas ellas?
3 ¿Has visto películas hispanas? ¿Te gustan?
4 ¿Conoces algún director/actor hispano?
5 ¿Qué diferencias encuentras entre el cine hispano y el de tu país?

veintinueve 29

OBSERVA

1 ¡BIENVENIDO, MISTER MARSHALL!

a ¿Conoces la película *¡Bienvenido, Mister Marshall!*? Se estrenó en 1953 y está considerada como una de las obras maestras del cine español. Aquí tienes una breve sinopsis de su argumento.

Cine ▶ películas ▶ sinopsis

¡Bienvenido, Mister Marshall!

Director: **Luis García Berlanga**   Año: **1953**
Guion: **Luis García Berlanga, Juan Antonio Bardem, Miguel Mihura**
Actores: **José Isbert, Lolita Sevilla, Manolo Morán, Alberto Romea**

En Villar del Río, un pequeño pueblo de la sierra de Madrid, los habitantes reciben la noticia de que los políticos americanos del Plan Marshall van a pasar por el pueblo. El alcalde, ayudado por un empresario y una cantante, convence a los vecinos de las ventajas de las ayudas americanas. Los habitantes de Villar del Río imaginan que los americanos pueden ayudarles con mucho dinero y comienzan a soñar con ello. Para causar una buena impresión y conseguir la ayuda, transforman el pueblo en una localidad andaluza: cambian las fachadas de las casas y la forma de vestir... hasta reciben lecciones de cómo hablar con acento andaluz. Pero sus esfuerzos no tendrán el efecto esperado...

b ¿Qué tipo de película crees que es: drama, comedia, *western*, musical...? ¿Por qué?

c ¿Sabes qué significan estas palabras y expresiones? Si no las conoces, pregunta a tu compañero o busca en el diccionario.

- provocar un conflicto
- quedar fuera
- burla
- promocionar
- repartir
- protestar

d 🔊 Escucha las anécdotas que cuentan sobre el estreno de la película y contesta a las preguntas:

1 ¿Quién se quejó?
   ☐ El Gobierno español.
   ☐ La diplomacia estadounidense.
   ☐ El Festival de Cannes.

2 ¿Por qué?
   ☐ Por criticar al Gobierno.
   ☐ Por hacer dinero falso.
   ☐ Por provocar un escándalo.
   ☐ Por dar dinero a la gente.
   ☐ Por criticar el Plan Marshall y a los Estados Unidos.

2 NOCHE DE REESTRENO

a 🔊 En el 50º aniversario de *¡Bienvenido, Mister Marshall!* la película volvió a proyectarse en Guadalix de la Sierra, donde se rodó. Agencia ELE estuvo allí. Lee y escucha el cómic y señala las opiniones que hay sobre la película y sobre el cine en general.

Una señora dice que le gusta mucho esta película y todas las musicales.

b ¿A quién le ha gustado más la película y a quién menos? ¿Por qué?

> **AL FINAL DE LA UNIDAD...**
>
> Vamos a hacer un festival de cine.

Agencia ELE
Homenaje de película

Los reporteros de Agencia ELE acuden a un homenaje a Berlanga.

3 ME GUSTA EL CINE

a Lee los siguientes ejemplos del cómic.

b Contesta a las preguntas.

1. ¿Qué películas te gustan más? De dibujos animados, bélicas, de acción, de ciencia ficción…
2. ¿Cuál es tu película favorita?
3. ¿Cuál es tu actor-actriz preferido/-a?
4. ¿Cuál ha sido la última película que has visto? ¿Te gustó?
5. ¿Qué película…?
   a te encanta / te gusta muchísimo
   ....
   b te gusta / está muy bien ....
   c no está mal / no te gusta mucho ....
   d no te gusta nada / te parece horrible
   ....

c Con tu compañero, prepara más preguntas para saber los gustos del grupo respecto al cine: preferencias cinematográficas, frecuencia con la que se va al cine, lugar donde se ven normalmente las películas, etc. Las siguientes expresiones os pueden ayudar.

Para hacer preguntas usamos:

¿Cuál
¿Quién } + verbo?
¿Qué + nombre + verbo?

¿Cuál es tu actriz favorita?
¿Quién te gusta?
¿Qué película te gusta más?

PEDIR Y DAR LA OPINIÓN

¿Qué piensas de la película?
¿Qué te parece esta película?

Me parece una obra maestra. / Me encanta, es una de mis favoritas. / No sé, no me gusta mucho.

AL TERMINAR LA PELÍCULA

¿Qué te ha parecido?
¿Te ha gustado?

Me ha encantado. / Me ha aburrido un poco, la verdad.

RESALTAR ALGÚN ASPECTO

¿Qué es lo que más te gusta de los musicales?
Las canciones, los bailes, toda la parte musical.
¿Qué es lo que más te ha gustado de esta película?
Los actores, me han parecido fantásticos.

4 DE JOVEN IBA AL CINE CON MUCHA FRECUENCIA

a Lee esta entrevista y coloca las preguntas en su lugar correspondiente.

a ¿Te acuerdas de la primera vez que fuiste al cine?
b ¿De verdad? Pues eso parece raro...
c ¿Y qué películas te gustan más? ¿Ciencia ficción, aventuras, comedia romántica...?
d ¿De dónde te viene esta afición al cine?
e Pero seguro que tienes preferencias. ¿Cuál es tu película favorita?
f ¿Has visto muchas películas?

CULTURA

El Festival Cine en el Barrio entrega el premio al cinéfilo del año a Óscar Galardón, uno de sus colaboradores más entusiastas.
Óscar, que ha colaborado con los organizadores siempre que se lo han pedido, tiene una de las mayores colecciones de películas de la ciudad, más de 2000, y en más de una ocasión ha prestado alguna para el festival y otras actividades culturales...

–(1) ....

–Pues empezó muy pronto, la verdad. Cuando era pequeño mis padres se iban a trabajar y me dejaban con una vecina que descubrió que no molestaba cuando veía la tele, así que me ponía películas casi todas las tardes.

–(2) ....

–He visto todas las películas que he podido. De joven iba al cine con mucha frecuencia; total, no tenía nada mejor que hacer. Cuando me gustaba una película la veía una y otra vez, no me aburro nunca de ver las películas que me gustan.

–(3) ....

–Eso me dicen, pero yo no lo veo tan raro. ¿Cuántas veces hemos escuchado nuestras canciones favoritas? Pues eso me pasa a mí con las películas que me gustan.

–(4) ....

–Sí, claro... Tenía seis años y fui con mi abuelo. Vimos una de Tarzán.

–(5) ....

–Pues en eso no tengo gustos fijos. Si la «peli» es buena, me gustan igual las películas de dibujos animados, las de amor, las de acción...

–(6) ....

–¡¡¡Ufff!!! Sí que es difícil, no sé... Una que he visto muchas veces es *La guerra de las galaxias*.

b Completa el siguiente cuadro con ejemplos del texto anterior. Escribe el nombre del tiempo en el lugar correspondiente.

• pretérito imperfecto • pretérito perfecto • pretérito indefinido

1. Se usa el _____ para referirse a acciones, hechos o experiencias que tienen lugar en un momento del pasado que el hablante relaciona con el momento actual.
Son marcas de tiempo habituales las que tienen *este/-a*: *esta mañana, este año, estos últimos días*; también se usa con *hoy, últimamente* y *recientemente*.
_____
_____

2. Se usa el _____ para referirse a acciones, hechos o experiencias que tienen lugar en un momento del pasado que el hablante no relaciona con el momento actual.
Son marcas de tiempo habituales las que señalan momentos concretos: *ayer, el otro día, en 1965, hace...*; y las expresiones que contienen *pasado/-a*: *el mes pasado, la semana pasada*.

3. Se usa el _____ para describir las situaciones en las que ocurren acciones o experiencias en el pasado, esto es, para describir el contexto.
_____
_____

También se utiliza el _____ para:
• describir personas, lugares y objetos en el pasado.
  El cine de los 40 era en blanco y negro.
• referirse a acciones habituales en el pasado.
  Son marcas de tiempo habituales: *cuando era ..., normalmente, con frecuencia, (casi) siempre, a menudo, cada vez que..., todos los días / años*.
  Cuando era pequeño me ponía películas todas las tardes.
• contrastar el pasado con el presente. Es frecuente en oraciones que tienen: *antes / en aquella época..., ahora...*
  Antes iba todas las semanas, ahora voy menos.

PRACTICA

c Lee el siguiente texto y pon los verbos en la forma correcta.

> La primera vez que (*ir, yo*) _____ al cine tenía cinco años. Recuerdo que mis padres y yo (*pasear*) _____ por el centro de la ciudad. (*Ser*) _____ un día nublado y (*hacer*) _____ mucho frío. Entonces (*pasar, nosotros*) _____ por delante de un cine y (*ver, yo*) _____ un cartel muy bonito de una película de dibujos animados; (*el cartel, ser*) _____ precioso. Mi madre (*estar*) _____ embarazada de mi hermana pequeña y (*sentirse*) _____ cansada. Así que (*entrar, nosotros*) _____ en el cine. La película (*encantarme*) _____. Después (*ir, yo*) _____ muchas veces al cine, pero nunca (*disfrutar, yo*) _____ tanto como aquella primera vez.

d ¿Y tú? ¿Recuerdas cuándo fuiste al cine por primera vez? ¿Era diferente a los cines de ahora? Habla con tus compañeros.

Yo fui a ver Tiburón *con mi abuelo. El cine era muy diferente. Por ejemplo, las butacas eran de madera.*

e Lee el siguiente foro y participa con tu opinión. Escríbela en tu cuaderno.

Foro de cine
Cine de habla hispana

Julia
Buenos días, chicos: estoy estudiando español y necesito saber qué películas de habla hispana me recomendáis para aprender más de la cultura y entender mejor el idioma.
💬 Responder ♥ Me gusta

Nicole
A mí me recomendaron *Viridiana*, de Buñuel, que ganó la Palma de Oro en Cannes y me encantó.
💬 Responder ♥ Me gusta

Olga
Pufff... ¡Esa es más vieja que la tos! A mí me encanta Amenábar: *Tesis, Los otros, Regresión, Mar adentro...* cualquier película de ese director es estupenda. Cine moderno y actual.
💬 Responder ♥ Me gusta

Jacek
Amenábar es bueno, pero sin duda Almodóvar es el mejor y sus películas son insuperables: *Todo sobre mi madre, Volver, Hable con ella*..., un director de Óscar :), películas variadas antiguas y modernas...
💬 Responder ♥ Me gusta

Andrzej
Pues yo, de directores, ni idea, pero *Los amantes del círculo polar* es un peliculón. Y *El hijo de la novia*, es una de las mejores películas que he visto.
💬 Responder ♥ Me gusta

Oleg
A mí me encanta el cine latino: *Amores perros, Como agua para chocolate, Y tu mamá también, Habana blues, Fresa y chocolate*... ¡¡Preciosas todas y con variedad de acentos, perfectas para practicar y mejorar la comprensión!!
💬 Responder ♥ Me gusta

5 SERIES DE HOY

a A veces una película puede resultar demasiado larga para mantener la atención en otro idioma. ¿Probamos con las series? Lee las siguientes sinopsis sobre las series españolas más vistas. ¿Cuál te gustaría ver?

1 EL INTERNADO

Un elitista y aislado colegio vive rodeado de misterio. Sus alumnos y profesores son personas que parecen esconder un oscuro pasado. Un grupo de estudiantes va descubriendo pruebas que les van a llevar hasta lo que parece una conspiración de grandes dimensiones... ¿Quién es inocente y quién no? No deben enfrentarse solo a su nuevo día a día. También van a descubrir que el internado es un lugar oscuro, donde el peligro se esconde en cada esquina y nadie es lo que parece. Cuando se produjo la muerte misteriosa de un profesor, a quien encontraron fallecido, comenzaron una investigación que les llevó a descubrir que muchos niños desaparecieron años atrás.

2 ISABEL

Nos trasladamos al siglo XV para profundizar en la vida de Isabel I de Castilla, conocida como la Católica. Una vida en busca de respeto al aceptar los cargos que hasta la época eran solo para los hombres.

A pesar de la negación de la corte, es ella misma quien elige a Fernando de Aragón como su esposo, lo que provoca la escasez económica durante años. Pero *Isabel* no solo trata las cuestiones diplomáticas que la reina afrontó con dureza y sensatez, sino también las pasiones y sentimientos de una mujer adelantada a su época.

3 EL TIEMPO ENTRE COSTURAS

Basada en la novela homónima de María Dueñas, narra la historia de Sira Quiroga, una joven modista que abandona la capital unos meses antes del golpe franquista para seguir a su amado, del cual se enamoró con locura. Juntos se trasladan hasta Tánger, aunque su relación no prospera y Sira se ve obligada a tomar las riendas de su vida y a empezar de cero en Tetuán, por aquel entonces capital del protectorado español de Marruecos, fundando allí un selecto taller de alta costura, costeado de forma turbia e ilegal.

4 TIERRA DE LOBOS

Esta producción está ambientada en el interior de la Península Ibérica (aunque parezca que nos han llevado al lejano oeste), en una Extremadura de 1875, donde dos hermanos deciden volver al lugar donde han nacido para dejar atrás una vida de delitos y hurtos.
Cesar y Román Bravo son estos dos hermanos que, tras un intento de robo fallido en Portugal, donde pierden a todos sus hombres, recapacitan y deciden poner fin a un estilo de vida del que no se sienten especialmente orgullosos. Esta buena voluntad se ve truncada cuando al llegar conocen al cacique local Antonio Lobo, que controla las tierras y a los campesinos.

b Relaciona las series con los géneros correspondientes.

> • HISTÓRICO • SUSPENSE • *WESTERN* • DRAMA

c Observa con tu compañero las palabras subrayadas. Sirven para hacer referencia a un sustantivo o pronombre que se ha citado anteriormente.

Cesar y Román Bravo son estos dos hermanos que, tras un intento de robo fallido en Portugal, donde pierden a todos sus hombres, recapacitan...

d Después de observar el ejemplo, ¿podéis señalar, en parejas, a qué palabras hacen referencia los ejemplos subrayados en las sinopsis?

Pronombres relativos

- Que es el pronombre más usado y se refiere a personas o a cosas. Es invariable:
  El chico que está allí es mi hermano.
- Quien y quienes se emplean con personas; no se construyen con artículo y concuerdan con el antecedente en número: *La chica a quien está peinando es española.*
  Este relativo se usa en muchas frases hechas y en refranes.
  "*Quien bien te quiere te hará llorar.*"
  "*A quien mucho tiene, más le viene*"

- El/la/los/las cual/-es se usan en contextos formales y equivalen a que o a quien (cuando se trata de personas); siempre siguen al nombre y concuerdan con él en género y número. Se usan sobre todo tras preposición:
  El problema contra el cual luchamos no tiene solución.
- Donde es un adverbio relativo que va siempre acompañado de un antecedente que expresa lugar. Puede sustituirse por "en (el) que":
  Este es el lugar donde nací.

PRACTICA

6 ¿SABÍAS QUE...?

a 🔊 Escucha este programa de radio sobre curiosidades relacionadas con el mundo del cine. ¿De qué película hablan en cada diálogo? Hay una que no se menciona.

| Conan el Bárbaro (J. Milius) | Doctor Zhivago (D. Lean) | Volver (P. Almodóvar) |

| Volver a empezar (J. L. Garci) | Titanic (J. Cameron) | Indiana Jones y la última cruzada (S. Spielberg) | Belle Epoque (F. Trueba) |

b 🔊 Relaciona los elementos de las columnas para obtener las anécdotas sobre las películas anteriores. Escucha otra vez los diálogos y comprueba.

1. Muchas películas famosas
2. Una sola película recibió
3. Un director español
4. José Luis Garci

a. se han rodado en un pueblo de Almería y sus habitantes han participado como extras.
b. le pidió a un camarero la pajarita para ir a recoger el Óscar.
c. dedicó el Óscar a Billy Wilder.
d. 11 nominaciones.

c Lee la transcripción de los diálogos anteriores y señala las expresiones que utilizan.

La persona que cuenta:

Para empezar a contar
¿Sabes lo que me pasó...?
¿Sabías que...?
¿A que no sabes...?
Te voy a contar una cosa que me pasó...
Pues a mí una vez...
¿Sabes qué?

Introducir un elemento nuevo
De repente...
De pronto...
Entonces...

Contar el final
Total, que...
Al final...
Y por eso...

Cuando contamos una anécdota podemos utilizar estos elementos para organizar el texto y captar la atención.

La persona que escucha:

Mantener la atención, mostrar sorpresa, reaccionar
¡Cuenta, cuenta!
¿Ah, sí?
¿De verdad?
¡No me lo puedo creer!
¿En serio?
¡No!
¿Sí?
¡No me digas!
¡Qué bueno!
¡Qué gracia!
¡Hala!
¡Ah, pues, no lo sabía!
¡Qué curioso!
¡Qué cosas!
Sí, ya lo sabía.
¡Ah, sí, es verdad!

Mientras nos cuentan una historia, mostramos interés con preguntas y exclamaciones y hacemos gestos, pero sin interrumpir. Así mostramos que estamos atentos.

d ¿Conoces cosas curiosas o divertidas sobre películas famosas? Busca información sobre alguna y coméntala con tu compañero.

- ¿Sabías que Katharine Hepburn recibió cuatro Óscar y nunca fue a recogerlos?
- ¿De verdad? Pues yo he leído que al principio de la película *Gladiator*, *que es una película ambientada en la época de los romanos*, aparece un campo de batalla cubierto de cadáveres y uno de ellos lleva unos pantalones vaqueros.
- ▼ ¿En serio?

36 treinta y seis

7 PUES YO, UNA VEZ…

a 🔊 Este diálogo parece muy divertido, pero se ha desordenado. Escúchalo y ponlo en orden para entender la historia.

A La película era *La ley del deseo*. __

B ¿De verdad? __

C Mis amigos y yo teníamos que estar junto a la barra, hablando. Estábamos riéndonos y entonces vino Almodóvar para decirnos que no teníamos que reír, y nos dijo cómo teníamos que coger los vasos de bebida. No le gustaba cómo estábamos. __

D Sí. Era una escena en una discoteca. Almodóvar daba instrucciones a todo el mundo. Me encantó verlo dirigir, estaba atento a todos los detalles. __

E Pues yo una vez trabajé en una película de Almodóvar. *1*

F Sí. Lo más gracioso es que, al final, aparecemos menos de un segundo. __

G ¡No me digas! __

H ¡Vaya! Por cierto, ¿qué peli era? __

I Sí, estaba en la universidad y unos amigos míos muy modernos frecuentaban la noche madrileña. Entonces se enteraron de que Almodóvar buscaba gente para hacer de figurante en una película. __

J ¿Y fuiste? __

K ¿Y tú qué tenías que hacer? __

Recursos que se emplean en las anécdotas

- **Para crear interés:**
  ¿Sabías…?; Pues yo una vez…
- **Para contar la anécdota:**
  Situación (imperfecto) + descripción (imperfecto) + *de repente / de pronto* + hecho (indefinido / perfecto)
  Era de noche y hacía frío…, de pronto oímos un ruido…
- **Para cerrar:**
  Al final…; Total, que…; Lo más gracioso…

---

b En parejas, contad una anécdota y reaccionad:

Alumno A

Cuenta a tu compañero una anécdota con la siguiente información:
- Volver muy tarde a casa en coche, después de una fiesta.
- Tener mucho sueño.
- Conducir no muy bien.
- Encuentro con la policía.
- Control de alcoholemia.
- No pasó nada.

Alumno B

Reacciona ante lo que te cuenta tu compañero. Aquí tienes algunas expresiones:
- No, ¿qué pasó?
- ¿De verdad?
- ¡No me digas!
- ¡Qué fuerte!

c 🔊 Ahora, escuchad esta anécdota. ¿La cuentan de manera parecida a como lo habéis hecho vosotros?

d ¿Te ha pasado algo similar alguna vez? Coméntalo con tu compañero.

8 ¿VERSIÓN ORIGINAL O DOBLADA?

a En España, la mayoría de las películas y series de televisión se exhiben en una versión doblada al español. Lee este texto e intenta resumirlo con tus propias palabras.

El doblaje es _____
_____
_____
_____
_____

> El doblaje consiste en grabar los diálogos de las películas en un idioma diferente del original. En España, esta práctica está generalizada desde 1932 y aumentó tras la Guerra Civil con fines políticos para reforzar la identidad lingüística y el control a través de la censura de aquellas ideas que podrían ser ajenas a los intereses políticos del momento. A partir de ahí, se desarrolló una importante industria del doblaje que cuenta con un gran número de profesionales altamente cualificados. El doblaje también es una práctica habitual en otros países como Italia o Francia.

b ¿Se doblan las películas en tu país? ¿Es fácil acceder a películas en versión original? ¿Tú qué prefieres? En grupos de tres, comentad las ventajas e inconvenientes de esta práctica. La siguiente ficha os puede ayudar.

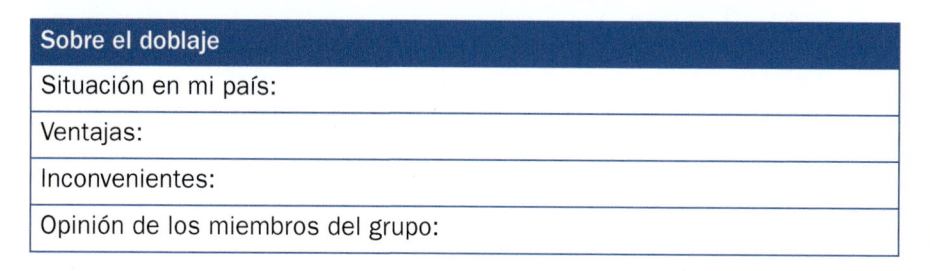

Sobre el doblaje
Situación en mi país:
Ventajas:
Inconvenientes:
Opinión de los miembros del grupo:

Elegid un portavoz y exponed las conclusiones al resto de la clase.

c Durante la época de la censura posterior a la Guerra Civil en España se produjeron muchas anécdotas relacionadas con el rodaje de películas. Esta es una de las más conocidas:

> En la película *Mogambo*, un matrimonio está haciendo un safari en África intentando filmar la vida de los gorilas; durante el viaje, la mujer se enamora del guía. Para los señores de la censura, esta situación era contraria a las costumbres españolas y perjudicial para la juventud, así que decidieron modificar la relación entre los personajes. ¿Cómo crees que resolvieron la situación?

d 🔊 Escucha este programa para saber cómo se vio la película en España y completa el siguiente cuadro.

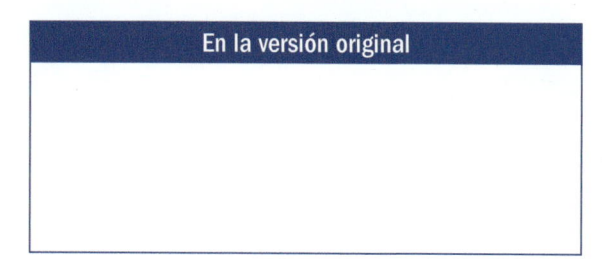

En la versión original	En la versión censurada

9 ¡NO ME DIGAS!

a 🔊 Unos amigos cuentan algunas anécdotas, escucha y fíjate en cómo toman la palabra.

b Son tres anécdotas distintas. ¿De qué hablan en cada una? Las siguientes palabras pueden ayudarte.

- restaurante
- dinero
- bar
- guitarra
- parque
- mendigo
- excursión
- amuleto

1 ....
2 ....
3 ....

c Ahora, en grupos, intentad contar una anécdota curiosa o divertida de la manera que hemos aprendido en la unidad. No olvidéis intervenir en la conversación para mostrar que estáis atentos.

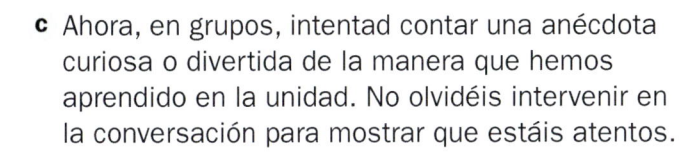

10 FESTIVAL DE CINE

Vamos a hacer un festival de cine.

PLANIFICA

a Elige una película de tu país o de habla hispana que te guste y que quieras enseñar a tus compañeros.

ELABORA

b En tu presentación vas a hablar del género, de los actores, del argumento, de dónde se rodó, si recibió algún premio, quién es el director, etc. Busca información, material o lo que necesites para presentarla.

COMPARTE

c Vais a presentar las películas a la clase. Durante las exposiciones tomaréis notas para hacer preguntas a vuestro compañero cuando termine la exposición.

d Entre todos votaréis la mejor película del festival y de deberes la veréis en casa.

e En la siguiente clase vamos a hacer una puesta en común sobre las impresiones y valoraciones de la película.

11 MEJORAR LA FLUIDEZ EN LA EXPRESIÓN ORAL

La fluidez, que tiene que ver con la velocidad o el ritmo al hablar, es muy importante en la conversación. Una fluidez adecuada nos ayuda a interactuar mejor con otras personas. Es indudable que la fluidez mejora con el tiempo, pero también conviene practicar y tener una actitud adecuada.

a ¿Hablas de forma fluida? Enhorabuena. ¿Crees que tienes que mejorar? ¿Por qué? ¿Cuáles crees que son las razones que hacen que no tengas una fluidez adecuada? Quizá algunas de estas palabras te ayuden.

- desconocimiento
- miedo
- vergüenza
- inseguridad
- necesidad de precisión
- mala pronunciación
- errores
- vocabulario

b Ahora lee el siguiente blog sobre fluidez. ¿Usas esas estrategias? ¿Cuáles te parecen más útiles? Comenta estas cuestiones con tu compañero.

IDIOMAS / FLUIDEZ EN EL LENGUAJE

Yo estoy empezando a estudiar chino y hablar es lo que más me cuesta, pero estoy usando las estrategias que usé cuando aprendí otros idiomas y eso me sirve mucho. Te puedo dar algunos consejos:

Relájate. La persona que habla contigo va a colaborar, no te pongas nervioso. Tampoco estés mucho tiempo callado o dudando (*ummm...*), pide ayuda.

¡Arriésgate! Si no te acuerdas de una palabra o expresión, hay muchas formas de reemplazarla:

- Si es un objeto, puedes señalarlo, usar mímica.
- Usa palabras cercanas: por ejemplo, si no te acuerdas de «abeto», puedes usar la palabra más general «árbol» y dar alguna característica (*es el árbol de Navidad*).
- Da características o di para qué sirve (*sí, lo usamos para cortar papel, tela…*).

Estas estrategias sirven mucho al principio, hasta que cada vez estés más seguro y las uses menos.

Otros trucos que me funcionan:

- Ver películas con subtítulos en el mismo idioma me sirve mucho. Pongo bajo el sonido y trato de decir lo que leo, después vuelvo atrás la película y escucho esa misma frase y trato de repetirla, mejorando el acento y la expresión.
- También escucho audios de lecturas graduadas y después imito lo que he oído. Sé que no es una conversación natural, pero me ayuda a mejorar mi ritmo y mi entonación.
- Cuando trabajo con amigos y compañeros, a veces nos grabamos y escuchamos la conversación. Pensamos en cómo mejorar y repetimos. Casi siempre sale mucho mejor.
- Lo más importante para mí es PENSAR en el idioma. Así creamos «una voz interior» que habla constantemente y planificamos nuestros mensajes.

Lo importante es comunicar. Comunícate con tus recursos y conocimientos. ¡No tengas miedo a equivocarte! El error forma parte del aprendizaje y el que no se arriesga no avanza. Cuanto más practiques y te diviertas hablando (aunque te equivoques), mejor lo harás.

Tu actitud también te ayuda con la fluidez. Tienes que estar tranquilo y confiado; no tengas miedo ni vergüenza.

4 CIUDADES PARA EL FUTURO

En esta unidad vamos a aprender:

- A intercambiar opiniones sobre la vida en las ciudades y los Juegos Olímpicos.
- A expresar situaciones futuras.
- A realizar una presentación oral.
- A reflexionar sobre las diferencias culturales.

1 ¿A qué ciudades crees que corresponden las fotografías?

São Paulo ☐   Sídney ☐   Barcelona ☐   Dubái ☐

2 ¿Has viajado a alguna de ellas?

3 ¿En cuál de ellas crees que se vive mejor? ¿Por qué?

4 ¿Cómo es tu ciudad ideal?

cuarenta y uno **41**

OBSERVA

1 LA CIUDAD IDEAL

a En 1860 comienzan en Barcelona las obras de un proyecto urbanístico propuesto por Ildefons Cerdà. Su principal idea era hacer justicia social urbanística, un urbanismo humanitario para dar confort e igualdad a sus ciudadanos, sin diferenciar si eran ricos o pobres. ¿Qué te parece la propuesta? ¿Qué es para ti una ciudad ideal? Coméntalo con tu compañero.

LA BARCELONA DE CERDÀ

- Las calles planteadas son anchas, de unos 20 m.
- Propone construir dos lados de la manzana y dejar el espacio interior como espacio público ajardinado, idóneo para niños y ancianos.
- La altura de las casas es de 14 m (como una casa de cuatro plantas), así todas las casas tienen luz.
- La forma de las manzanas favorece el tráfico fluido y seguro.
- Propone plantar 100 000 árboles en la ciudad.
- No hay centro de la ciudad ni diferencia de jerarquía de calles o manzanas.
- Todas las calles son perpendiculares y paralelas, excepto unas avenidas diagonales.
- Dentro de la idea de salud social, los barrios son autosuficientes: cada uno tiene un gran parque, un mercado municipal y todo tipo de servicios.

■ *¡Qué buenas ideas! ¡Una ciudad utópica!*
● *A mí una ciudad tan planificada no me gusta.*
▲ *Yo conozco Barcelona y es...*

b Observa la foto de Barcelona de la página anterior y compárala con el proyecto original. ¿Qué propuestas crees que no se realizaron?

Yo creo que las calles son....

2 LAS PROPUESTAS DE AGENCIA ELE

🔊 Lee el cómic. Después escucha la grabación y señala qué proponen al día siguiente los miembros de Agencia ELE.

	Lo proponen	No lo proponen
1 Realizar un reportaje sobre cuestiones culturales.		
2 Hacer un reportaje sobre las ciudades donde se vive mejor.		
3 Mostrar el futuro que aparece en las películas de ciencia ficción.		
4 Hacer un reportaje sobre São Paulo.		
5 Imaginar la casa del futuro.		
6 Entrevistar a participantes en el congreso sobre la ciudad del futuro.		
7 Analizar el programa político de los candidatos a alcalde de la ciudad.		
8 Analizar la vida de la gente: educación, comida...		

AL FINAL DE LA UNIDAD...

Vas a realizar con tus compañeros una presentación de tu ciudad para la candidatura a los Juegos Olímpicos.

AGENCIA ELE

Reunión de trabajo

Los integrantes de la agencia tienen una reunión de trabajo sobre un nuevo reportaje.

Viñeta 1: Bien, empezamos la reunión. Paloma, ¿cómo están las fotos del artículo del trabajo?

— Todavía no las tengo todas, hoy mismo voy a hacer las últimas.

Viñeta 2: Perfecto, recuerda que las necesitamos para el reportaje del sábado.

— Sí, sí, no te preocupes.

Viñeta 3: Y tú, Miquel, ¿has terminado tu artículo?

— Precisamente me encuentro a las 12 con Paco para contrastar la información. Acabo esta misma tarde.

Viñeta 4: Estupendo. Cuando lo tengas, envíamelo. Entra en la edición de mañana.

Viñeta 5: Cambiando de tema. Nos han encargado un especial sobre el futuro de las ciudades y tenemos un mes para hacerlo.

— ¿Y eso?

Viñeta 6: El Colegio de Arquitectos celebra un congreso internacional muy importante. Tendrá repercusión internacional y vendrán arquitectos y urbanistas de todo el mundo.

— Suena bien.

Viñeta 7: Sí. ¿Cómo lo vamos a enfocar, Carmen?

Viñeta 8: No lo tengo claro. Veremos qué dicen los expertos. Pero tenemos 24 páginas. Dedicaremos cuatro a una entrevista, seis a la exposición y para el resto espero vuestras ideas.

Viñeta 9: Yo incluiría algo histórico, no sé, modelos urbanos, planes urbanísticos buenos y malos...

— Sí, podría funcionar. Pero mejor retomamos el tema mañana.

Al día siguiente.

Bueno, chicos, ¿qué habéis pensado?

— ...

PRACTICA

3 HABLAMOS DEL FUTURO

a ¿Te has fijado? En el cómic aparece el futuro expresado con tres formas distintas.

> Todavía no las tengo todas, hoy mismo *voy a hacer* las últimas.

> Precisamente *me encuentro* a las 12 con Paco para contrastar la información. *Acabo* esta misma tarde.

> El Colegio de Arquitectos celebra un congreso internacional muy importante. *Tendrá* repercusión internacional y *vendrán* arquitectos y urbanistas de todo el mundo.

b Clasifica las formas anteriores en la siguiente tabla.

Presente	Ir a + infinitivo	Futuro

Expresar el futuro
- En español tenemos tres formas de expresar hechos en el futuro: **presente**, **perífrasis *ir a* + infinitivo** y **futuro**.
- La elección depende de factores como el tipo de texto (oral o escrito, formal o informal), la seguridad y la cercanía de los hechos en el tiempo.

c Señala en los siguientes diálogos si el verbo en presente tiene valor de presente (P) o de futuro (F).

1. ■ ¿Qué tal? ¿Tienes un momento para hablar? ___
   ● Ahora no. Hablamos luego. ___
2. ■ ¿Sabes japonés? ___
   ● Estudio japonés, pero no lo hablo. ___ Aunque este verano voy a Japón. ___
   ■ ¡Qué bien!, ¿no? ¿Cuándo vas? ___
   ● En agosto.
3. ■ Tengo prisa. Ana me espera. ___
   ● Vale, te llamo esta tarde y te cuento. ___
4. ■ ¡Qué frío hace! ___
   ● Sí, y esta noche bajan las temperaturas. ___
5. ■ ¿Te espero hoy para comer? ___
   ● Sí, a las dos estoy en casa. ___
6. ■ ¡Mañana es el gran día! ___
   ● ¿Qué pasa mañana? ___
   ■ ¿No te acuerdas? Tenemos entradas para el teatro. ___ Vemos *Mamma mia*. ___

- El **presente** indica un futuro inmediato y seguro.

  Se usa con palabras como *hoy, este fin de semana / mes, esta mañana / tarde / noche, luego, ahora (mismo)...*

  El presente, además, se utiliza en lugar del futuro para añadir énfasis y seguridad.
  - ■ ¿*Irás* a la reunión del jueves?
  - ● *Claro que voy.* [énfasis]   También: ● *Claro que iré.* [neutro]

- La perífrasis *ir a* + infinitivo es frecuente en textos orales, hechos cercanos en el tiempo y decisiones tomadas.

  Voy a estudiar Derecho.

- El **futuro** se usa cuando el texto es escrito y formal (es el tiempo verbal que se usa en los periódicos, las leyes...).

  El presidente viajará próximamente a Colombia.

  A diferencia del presente y de la perífrasis *ir a* + infinitivo, el futuro puede expresar hipótesis o algo que puede no ocurrir. Por ejemplo:

  - cuando hay voluntad o decisión, pero no seguridad completa (depende de otros factores):
    - ■ ¿Qué vas a estudiar en la universidad?
    - ● *Seguramente estudiaré Derecho.*
  - cuando es un futuro lejano.
    En el año 2050 la mayoría de la población vivirá en las ciudades.

Futuro para hacer hipótesis
También podemos utilizar el futuro para hacer hipótesis sobre el presente:
- ■ ¿Cuántos años tiene?
- ● Tiene 20 años.
  (Lo sé, estoy seguro).
- ● Tendrá 20 años.
  (No lo sé, lo supongo).

d ¿Qué planes tienes? Comenta con tu compañero tus planes usando las tres formas que hemos aprendido.

*Esta tarde **voy a hacer** los deberes porque este fin de semana **me voy** de excursión y quiero tenerlos terminados. **Buscaré** algún lugar interesante para las próximas vacaciones...*

4 LO DICEN LOS PERIÓDICOS

a La prensa utiliza más el futuro que la perífrasis *ir a* + infinitivo. Lee los titulares de prensa y relaciónalos con las siguientes secciones:

A. nacional   B. economía   C. internacional   D. deportes   E. sociedad

1 La ciudad de Madrid prohibirá a las bicicletas ir por la acera

2 El Parlamento chino revisará la ley criminal para reducir el número de delitos castigados con la pena de muerte

3 **La electricidad volverá a subir.**
El recibo de la luz subirá de media el 2,5 %

4 **Tres ciudades europeas presentarán su candidatura para ser sede de los Juegos Olímpicos**

5 La elección de la próxima ciudad olímpica tendrá lugar en julio

6 El Gobierno aprobará una nueva ley de protección del menor

7 La próxima reunión de la Unión Europea se celebrará en Oslo

8 Las hipotecas cierran su ciclo de rebajas y empezarán a encarecerse.
El índice hipotecario cerrará este mes en torno al 1,37 %

b Escribe los verbos en futuro de las noticias anteriores.

prohibirá

PRACTICA

c ¿Cómo se forma el futuro? Completa la tabla y compara con tu compañero.

Futuro	Verbos		
	-ar	-er	-ir
yo	empezaré		
tú			prohibirás
él/ella/usted		volverá	
nosotros/nosotras			
vosotros/vosotras		volveréis	
ellos/ellas/ustedes	empezarán		prohibirán

d En los verbos irregulares cambia la raíz del verbo, pero las terminaciones son las mismas que en los verbos regulares. Observa la primera persona del singular de estos verbos irregulares en futuro y escribe el infinitivo correspondiente.

1. _hacer_: haré
2. ....: diré
3. ....: habré
4. ....: cabré
5. ....: querré
6. ....: podré
7. ....: sabré
8. ....: pondré
9. ....: tendré
10. ....: saldré
11. ....: valdré
12. ....: vendré
13. ....: reharé
14. ....: compondré
15. ....: equivaldré

> Los formas derivadas de los verbos irregulares tienen sus mismas irregularidades: *haré > reharé*.

e ¿Estás bien informado? Busca una noticia de tu país sobre algo que va a ocurrir y cuéntasela en español a tus compañeros.

> *El año que viene en mi ciudad se celebrará un nuevo festival de música. Construirán una zona peatonal para poder celebrarlo allí.*

5 MAÑANA SERÁ OTRO DÍA

a Imagina cómo será tu vida dentro de 5, 10 y 25 años. Imagina también cómo será tu ciudad, los coches y las casas. Toma notas.

	5 años	10 años	25 años
Yo			
Mi ciudad			
Las casas			
Los coches			

> *Yo creo que dentro de cinco años seré médico.*

....
....
....

b Ahora compara tus hipótesis con las de tu compañero, toma notas de sus respuestas y coméntalas con la clase.

> ***Dentro de + tiempo*** señala un momento del futuro: indica el tiempo que tiene que pasar desde el presente hasta ese momento.

46 cuarenta y seis

6 LOS JUEGOS OLÍMPICOS

a Relaciona los fragmentos con el título correspondiente.

TIPOS DE JUEGOS ◯   DEFINICIÓN ◯   ORIGEN ◯   EVOLUCIÓN ◯

❶ Es el mayor evento deportivo internacional, en él participan atletas de todo del mundo. Los Juegos Olímpicos son considerados la principal competición del mundo deportivo.

❷ Existen dos: los Juegos Olímpicos de Verano y los Juegos Olímpicos de Invierno, que se realizan con un intervalo de dos años. Según la Carta Olímpica, los Juegos Olímpicos de Verano se celebran durante el primer año de una Olimpiada, «los Juegos Olímpicos de Invierno durante su tercer año».

❸ La primera edición de los llamados Juegos Olímpicos de la era moderna se llevó a cabo en Atenas, capital de Grecia, en 1896. Desde entonces, se han celebrado cada cuatro años en diversas ciudades del mundo, excepto en 1916, 1940 y 1944, debido al estallido de la Primera y la Segunda Guerra Mundial.

❹ La evolución del movimiento olímpico durante los siglos XX y XXI ha dado lugar a varias modificaciones en los Juegos Olímpicos: la creación de los juegos de invierno para deportes invernales, los juegos paralímpicos para atletas con algún tipo de discapacidad y los Juegos Olímpicos de la Juventud para atletas adolescentes.

b ¿Sabes dónde se celebrarán los próximos Juegos Olímpicos? ¿Cuáles son las ciudades candidatas para los siguientes juegos? ¿Cuál es tu favorita? Coméntalo con tu compañero.

Mi ciudad favorita para los Juegos Olímpicos de....

7 UNA CIUDAD CANDIDATA A LOS JUEGOS OLÍMPICOS

a Una ciudad ha presentado su candidatura a los Juegos Olímpicos. Lee algunas de las propuestas presentadas y, con tu compañero, escribe un título para cada una de ellas.

1 _____

Nuestra ciudad proyecta ser una gran Villa Olímpica donde todos puedan «sentir la experiencia» y «compartir los sentimientos y las emociones de los atletas». «Trabajaremos juntos para promover la comprensión multicultural y la integración, y para difundir el discurso de los Juegos».

2 _____

La Villa Olímpica estará situada a solo unos metros de las principales sedes deportivas, a 10 kilómetros del aeropuerto y muy cerca del centro de la ciudad. En sus edificios, de entre cuatro y seis plantas, «se seleccionarán unos materiales saludables y biocompatibles que sigan los actuales criterios de calidad y confort».

3 _____

Proponemos un desarrollo sostenible en todas las instalaciones con el fin de establecer un legado social y ecológico en la ciudad. «Los Juegos reportarán una serie de mejoras medioambientales y servirán para impulsar el crecimiento sostenible de la ciudad».

4 _____

Los Juegos Olímpicos quieren dejar un importante legado en las áreas social, cultural, deportiva, económica, medioambiental y de movilidad. Buena parte del proyecto se ejecutará tanto si se celebran los Juegos como si no.

b Busca en el texto anterior palabras o expresiones que significan lo mismo que:

- promocionar / fomentar ....
- principio / pauta ....
- herencia / beneficio ....
- elegir ....
- realizar / llevar a cabo ....
- provocar / ocasionar ....

c Las ciudades candidatas tienen que explicar al Comité Olímpico Internacional cuáles serán las ventajas a largo plazo para la ciudad. Un responsable de la candidatura anterior intenta responder a esa pregunta y escribe unas notas. Léelas.

BENEFICIOS
- A largo plazo en cinco temas:

DEPORTES
- 70 % sedes construidas incluso si no celebramos Juegos
- fomento de deporte en todas edades

SOCIEDAD
- deporte y educación
- salud
- desarrollo personal

ECONOMÍA
- inversión extranjera
- patrocinadores

CULTURA
- patrimonio
- respeto de la diversidad
- estímulo para los jóvenes

MEDIOAMBIENTE
- zonas verdes
- carril bici
- energía eficiente y ahorro de energía

d 🔊 Ahora, escucha y señala qué información de las notas ha utilizado en su intervención.

8 NUESTRA CANDIDATURA

Vas a defender la candidatura de tu ciudad (u otra que podéis elegir en grupos) para las próximas Olimpiadas y vas a hacer una presentación oral para el resto de la clase. En grupos, seguid los siguientes pasos:

PLANIFICA

a Haced una lluvia de ideas sobre la ciudad y su futuro. Temas posibles: economía, cultura, medioambiente, urbanismo, alojamiento y Villa Olímpica, infraestructura, seguridad, etc.

b Escribid notas como las del ejercicio 7c.

ELABORA

c Ordenad las notas, buscad enlaces… En la presentación podéis usar las notas, pero no leer el texto.

d Para comprobar si lo hacéis adecuadamente, preparad para vuestros compañeros tres preguntas de comprensión sobre vuestra presentación.

PRESENTA Y COMPARTE

e Haced la presentación.

f Mientras hacéis la presentación, vuestros compañeros van a rellenar la siguiente ficha. Al final, comentaréis las fichas y sacaréis conclusiones para mejorar.

Mi compañero/-a:
- ☐ Ha hecho una presentación interesante.
- ☐ Ha presentado buenas ideas y las ha ordenado bien.
- ☐ Ha hablado con claridad, todo se ha entendido bien.
- ☐ Ha hablado con la velocidad adecuada, ni muy deprisa ni muy despacio.
- ☐ Ha conseguido mantener la atención de la clase.
- ☐ Ha utilizado bien gestos y miradas.

Una cosa que puede hacer para mejorar:

AMPLÍA

9 ¿NOS ENTENDEMOS?

a Lee el siguiente artículo sobre las diferencias culturales. ¿Has vivido un malentendido alguna vez?

Diferencias culturales

En ocasiones, al poder comunicarnos en una lengua, damos por hecho que la persona que ha aprendido esa lengua conoce también toda la idiosincrasia, gestos, vocabulario y costumbres. Por ello, al proceder de diferentes culturas, se pueden dar una serie de malentendidos o juicios de valor que podrían evitarse. Poder comunicarnos verbalmente no significa que culturalmente tengamos una competencia efectiva. Hábitos, bromas, gestos, signos que, en un país como España, son normales y aceptados se pueden considerar una ofensa grave en otras partes del mundo, y al revés. Veamos algunas diferencias:

COSTUMBRES

Cada país tiene las suyas propias y pueden resultar extrañas para los demás. En España es normal entrar con zapatos en casa o en la oficina, cosa que resulta impensable en países como Noruega, Polonia, Rusia o Japón.
Si nos ayudan a recoger la mesa después de comer, lo vemos como un signo de buena educación, algo impensable en Japón o Alemania donde lo normal es que los invitados no se levanten.
En España las flores se regalan en ocasiones especiales, en países como Rusia o Polonia es algo cotidiano, pero en Rusia nunca deben hacerse ramos con números pares.

GESTOS

Hay determinados gestos que usamos todos los días y de los que casi no somos conscientes. Un gesto tan cotidiano como levantar los dedos índice y corazón para pedir dos cervezas en España, en Gran Bretaña puede traerte problemas.
Además, en cada país hay gestos que significan cosas diferentes y que podemos malinterpretar o, simplemente, no entender.

VOCABULARIO

A veces podemos crear situaciones incómodas por equivocarnos de género con una palabra que puede tener connotaciones que desconocemos. Otras veces traducimos de nuestra lengua directamente o utilizamos "falsos amigos". Si un portugués te dice en español: "No te preocupes, si estás ocupada ligaré otro día". Simplemente quiere decir que te llamará otro día, pero en español "ligar" lo usamos como sinónimo de flirtear o conquistar a alguien.
También se producen malentendidos entre palabras de distintos países de habla hispana.

Hay palabras tan cotidianas en España como "concha" (que incluso es un nombre propio), "coger", "paloma" o "papaya" que en países de Latinoamérica tienen un significado completamente diferente y pueden hacer que uno se ruborice.

PREGUNTAS INDISCRETAS

En países de habla hispana, preguntarle a uno cuánto gana es de mala educación. Es curioso porque, por un lado, somos capaces de hablar con mucha naturalidad de temas muy personales, como el amor o la familia, incluso, a veces, lo hacemos con desconocidos, pero hay temas que se tratan solo con personas de muchísima confianza. Temas como el dinero, el sexo, la religión y la política son considerados tabú en casi todas las culturas porque invaden nuestro espacio íntimo. Por ello, tenemos que ser muy cuidadosos con estos temas.

b ¿Conocías estas diferencias? ¿Has tenido algún malentendido, algún choque cultural, o te ha sorprendido algo al conocer otra cultura? Coméntalo con tu compañero.

c ¿Qué preguntas no se deben hacer en tu país para no resultar indiscreto?

d Piensa con tu compañero en tres preguntas indiscretas o tres malentendidos que pueden suceder en un país hispano o en tu país.

5 ¿VIAJAMOS?

En esta unidad vamos a aprender:

- A planificar las vacaciones y a hablar sobre nuestras preferencias de viajes.
- A expresar planes, hipótesis y condiciones.
- A escribir cartas formales e informales.
- A conocer las diferencias entre *tú*, *vos* y *usted* en España y América Latina.

Machu Picchu (Perú)

Chichén Itzá (México)

La Habana (Cuba)

Buenos Aires (Argentina)

Isla de Pascua (Chile)

1 ¿Conoces alguno de estos lugares?
2 ¿Has viajado a alguno de ellos? ¿Volverías?
3 ¿Qué sabes de estos países?
4 ¿Cuál quieres conocer?

1 VACACIONES PARA TODOS LOS GUSTOS

a ¿Qué te gusta hacer en vacaciones? ¿Qué tipo de vacaciones prefieres? Habla con tu compañero.

> • *Me encanta ir de vacaciones a la playa. No hacer nada por el día y, por la noche, disfrutar de la vida nocturna.*
> ■ *Pues yo prefiero ir a una gran ciudad y disfrutar de la cultura que me ofrece: museos, conciertos, teatros…*

Vacaciones y…
- cultura
- naturaleza
- deporte y aventura
- playa
- vida nocturna
- relax
- salud
- solidaridad

b ¿Tienes planes para tus próximas vacaciones? ¿Qué quieres hacer? Coméntalo con tu compañero.

> • *Voy a ir a Madrid. No he estado nunca y tengo muchas ganas de ver el Museo del Prado y el Museo Thyssen. Y también quiero salir por la noche. Pero solo voy a estar cuatro días, no tengo mucho dinero.*
> ■ *Yo iré a Florencia, me encanta el arte y la buena comida. Y desde allí puedo viajar a otras ciudades.*

2 LAS VACACIONES DE SERGIO

a Lee el cómic y completa las intervenciones de Sergio y Paloma. Para ello, relaciona los elementos de las dos columnas y forma frases. Sigue el orden de la columna A.

Columna A
1. ¿Tienes un momento?
2. Por supuesto,
3. ¿Sabes? Estoy pensando en
4. Y no tengo claro
5. Sí, lo sé.
6. Mira, Buenos Aires
7. Sí, lo he pensado,
8. No sabes
9. Por cierto,

Columna B
a. pero es tan difícil elegir.
b. ir de vacaciones a Argentina.
c. cuánto te lo agradezco.
d. Quería hacerte una pregunta.
e. Por eso quiero saber tu opinión.
f. qué hacer.
g. cuéntame.
h. si vas a Buenos Aires, tienes que ir a ver a mis padres.
i. tiene todo lo que te gusta.

b Escucha y comprueba.

c Clasifica las siguientes expresiones en el lugar correspondiente.

- mira
- ¿sabes?
- por supuesto
- pero
- sí, sí
- claro
- por cierto
- además
- aunque
- oye
- vale
- perdona
- por eso
- sin embargo

Conectores
Estas expresiones son muy importantes en la lengua hablada. Ayudan a organizar el discurso.

Pedir atención	Dar una explicación, añadir información	Mostrar acuerdo, confirmar	Introducir una dificultad
mira			

AL FINAL DE LA UNIDAD…
Vas a redactar un correo electrónico para explicar cómo será tu viaje.

AGENCIA ELE

De vacaciones en Argentina

Sergio está pensando ir de vacaciones a Argentina y pide ayuda a Paloma.

1_

2_

3_ ¡A Argentina! Si vas, no te arrepentirás, te lo garantizo.

Mi intención es ir este invierno. Bueno, en Argentina será verano, pero tú ya lo sabes...

4_ ¿Qué planes tienes? ¿Qué es lo que más te interesa: naturaleza, aventura, cultura, tranquilidad...?

Sí, sí.

Un poco de todo. Lo que más me interesa es Buenos Aires. Pero me gustaría ir a Iguazú, a la Patagonia, a los Andes, a la playa..., incluso viajar a Uruguay.

¡Para, para! No tendrás tiempo para todo. ¿Sabes lo grande que es Argentina?

¿Cuánto tiempo vas a estar?

Tres semanas.

5_

No está mal. Yo pasaría una semana en Buenos Aires.

6_

Tiene restaurantes, teatros, librerías, paseos, edificios impresionantes, cafés, museos... y todo muy bien de precio. Y la gente es extraordinaria. Te encantará Buenos Aires. También podrías ir a Córdoba o Mendoza.

¿Y para ver naturaleza y descansar un poco?

Si quieres un espectáculo inigualable, vete a Iguazú. Tendrás una experiencia que no podrás olvidar.

Y también puedes ir a una estancia o a un pueblo pequeño y pasar unos días tranquilo en plena naturaleza o junto a la playa.

7_

No tengo ni idea de por dónde empezar.

No te preocupes. Hablaré con mis padres y les pediré que me manden información.

8_ ¡Qué tontería! ¿Para qué están los amigos?

9_

Les gustará conocerte.

Dalo por seguro.

¡Las cinco! Tenemos que entrevistar a Pedro Arjona; vámonos o llegaremos tarde.

Gracias, Paloma.

3 SU OPINIÓN NOS INTERESA

a Sergio y Paloma van a entrevistar a Pedro Arjona, director de la exposición "La ciudad ideal". Antes, les piden que rellenen un cuestionario. Escucha la conversación entre Paloma y Sergio mientras contestan al cuestionario y complétalo con las respuestas de Sergio.

La ciudad ideal

Su opinión nos interesa. Por favor, antes de ver la exposición rellene este cuestionario.

1 ¿Cree usted que las ciudades son buenos lugares para vivir?
   ☐ sí   ☐ no

2 ¿Cuál es el tamaño de su ciudad ideal?
   ☐ 100 mil habitantes   ☐ 100-250 mil   ☐ 500-900 mil
   ☐ 1 millón   ☐ 2-3 millones   ☐ + de 3 millones

3 ¿Qué ventajas tiene vivir en una ciudad? Incluya un breve comentario.
   ☐ trabajo   ☐ servicios   ☐ salud   ☐ educación
   ☐ ocio   ☐ cultura   ☐ vivienda   ☐ otros
   ....

4 ¿Y qué inconvenientes tiene?
   ☐ tráfico   ☐ seguridad   ☐ contaminación
   ☐ desigualdad   ☐ carestía de la vida   ☐ otros
   ....

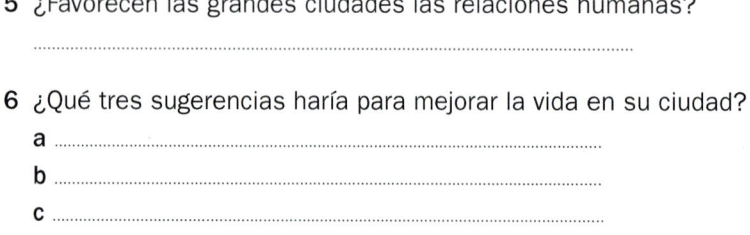

5 ¿Favorecen las grandes ciudades las relaciones humanas?
   ....

6 ¿Qué tres sugerencias haría para mejorar la vida en su ciudad?
   a ....
   b ....
   c ....

b Sergio y Paloma mejorarían algunas cosas de su ciudad. Para expresar sus ideas, utilizan el condicional.

Escribe las formas de futuro y compáralas con las del condicional. ¿En qué se parecen y en qué se diferencian?

Fíjate en el cómic de esta unidad y en el de la anterior. Los personajes utilizan esta forma:

Yo incluiría algo histórico. (Unidad 4)
Sí, podría funcionar. (Unidad 4)
Me gustaría ir a Iguazú. (Unidad 5)
Yo pasaría una semana en Buenos Aires. (Unidad 5)
También podrías ir a Córdoba o Mendoza. (Unidad 5)

Condicional	Futuro
Yo tendría	
sería	
favorecería	
potenciaría	
sentiría	
crearía	
daría	
mejoraría	
invertiría	
ofrecería	

54 cincuenta y cuatro

c Forma el condicional de los siguientes verbos.

	empezar	volver	prohibir	decir	hacer	querer	tener
yo							
tú							
él/ella/usted							
nosotros/nosotras							
vosotros/vosotras							
ellos/ellas/ustedes							

d Imagina las siguientes situaciones y habla con tu compañero. ¿Qué harías?

1 Te ha tocado un viaje y puedes elegir destino, compañía, duración, etc. ¿Adónde irías?
2 Te ofrecen cambiar una cosa de tu vida. ¿Qué cambiarías?
3 Te ha tocado mucho dinero en la lotería. ¿Qué harías?
4 Te ofrecen ir a una final deportiva / un evento cultural. ¿A cuál irías?
5 Puedes pasar un día con una persona a la que admiras. ¿Con quién lo pasarías?

4 EN MI CIUDAD, YO CAMBIARÍA...

a En grupos, elegid uno de los siguientes aspectos y comentad qué haríais para mejorar vuestra ciudad.

- relaciones humanas
- educación
- vivienda
- infancia
- medioambiente
- sanidad
- ocio y cultura
- tráfico

b 🔊 Escucha la entrevista que Sergio ha hecho a Pedro Arjona. Aquí tienes las preguntas que ha preparado Sergio para hacer la entrevista; toma nota de las respuestas.

Ciudades, ¿por qué?   ¿Qué propone la exposición? ¿A quién va dirigida?

¿Principales problemas?   70% población en ciudades, ¿superpobladas?

c Sergio ha comenzado a escribir un breve artículo a partir de las notas que ha tomado. Termínalo tú con tus notas.

En un futuro próximo veremos muchas de las ciudades del planeta convertidas en megaúrbes, ciudades de cincuenta o sesenta millones de habitantes. ¿Será un sueño o una pesadilla? La extraordinaria exposición «La ciudad ideal» nos invita a anticiparnos a este futuro no tan lejano. _____
_____
_____
_____

PRACTICA

5 ¿QUÉ PASARÁ SI...?

a ¿Cómo será el futuro? Escribe cuatro cosas positivas y cuatro negativas, como en el ejemplo.

Positivas
Se encontrarán curas para enfermedades que ahora no la tienen.
1 _____ 2 _____
3 _____ 4 _____

Negativas
Desaparecerán muchas especies animales.
1 _____ 2 _____
3 _____ 4 _____

b Escribe las condiciones necesarias para cumplir los pronósticos positivos y evitar los negativos.

Para encontrar curas para enfermedades que no las tienen hay que:
- invertir en investigación.
- evitar la "fuga de cerebros".

Para evitar la extinción de las especies animales hay que:
- ampliar las reservas naturales y respetar los hábitats naturales.
- reducir drásticamente la contaminación del medioambiente.

c Con tu compañero, comentad vuestras opiniones, como en el ejemplo.

- *Si invertimos más en investigación, se encontrarán curas para muchas enfermedades.*
- *Evitaremos la desaparición de las especies animales si ampliamos las reservas naturales y respetamos sus hábitats.*

> Estas frases son condicionales. Fíjate en que podemos poner la condición al principio o al final.

ORACIONES CONDICIONALES	
Condición en el presente o el futuro →	**Resultado en el futuro**
La condición es un hecho en el presente o el futuro. **Si + presente / ir a + infinitivo** *Si vas a Argentina,* *Si aumenta la contaminación,*	El resultado se expresa en futuro. **Futuro** no te *arrepentirás*. *habrá* más enfermedades pulmonares.
Si me toca la lotería,	El presente expresa énfasis o seguridad. **Presente** *cambio* de coche. El resultado es una orden, sugerencia, instrucción... **Imperativo**
Si vas a venir a la ciudad,	*llámame*.
La condición es un hecho que se repite o es una verdad general. **Si + presente** *Si no respetamos las señales de tráfico,* *En verano, si hace sol,*	El resultado se expresa en presente. **Presente** *podemos* tener un accidente o causarlo. las playas se *llenan* de gente.

d En grupos, cada estudiante da a los demás recomendaciones para visitar su país / ciudad o un país que haya visitado. Usad *si*.

- *Si tienes tiempo, visita Chichén Itzá.*
- *Tráeme nachos si vas a México.*
- *Si quieres ver playas bonitas, tienes que ir a Acapulco.*

> Cuando **la condición** va antes que el resultado, escribimos una coma detrás de la condición: *Si bebes, no conduzcas.*

6 ¿VIAJARÍAS A...?

a Vamos a leer un texto sobre los diferentes lugares que nos ofrece América Latina para pasar unas vacaciones. Antes de leer comenta con tu compañero qué lugar te gustaría visitar.

1 Riviera Maya (México)

La Riviera Maya, en el litoral caribeño de México, es más que una ciudad turística de Playa del Carmen. La zona, que se extiende desde el pueblo de pescadores de Puerto Morelos hasta la reserva de la biosfera de Sian Ka'an, ofrece a los visitantes un sinfín de lugares donde disfrutar del ecoturismo y el lujo. La Riviera Maya lo tiene todo, desde campos de golf de competición hasta ruinas antiguas. Hacer *snorkel* en el arrecife de coral más grande, situado en el hemisferio norte, o explorar los yacimientos arqueológicos de Tulum, usted encontrará todo lo necesario para que sus vacaciones sean inolvidables.

2 La Patagonia (Argentina)

Enorme región en la que podemos encontrar paisajes muy diferentes. Al oeste, los Andes, con lagos naturales, glaciares y bosques: uno de los paisajes más espectaculares de la Argentina. Excelente para el turismo de aventura (*trekking, rafting*, montañismo), los deportes náuticos, excursiones en sus numerosos lagos y el esquí. Al este, la Patagonia atlántica, con playas en el norte adecuadas para la natación por la buena temperatura del agua. Y al sur el impactante y extraordinario glaciar Perito Moreno, la Tierra del Fuego y Ushuaia, la ciudad más austral del mundo.

3 Cuzco (Perú)

La "capital arqueológica de América" constituye el mayor atractivo turístico del Perú y el más visitado. Cuzco fue la más grande ciudad y capital del imperio inca. Hoy en día muestra una arquitectura que fusiona el estilo inca con el español. Un lugar obligado para conocer es la mística y enigmática Machu Picchu, la ciudad sagrada de los incas que los conquistadores nunca conocieron y que fue descubierta a la cultura occidental en 1911, para llegar a ella también a través de la más famosa caminata: el Camino Inca. Cuzco, como Machu Picchu, por su valor histórico y por su belleza ha sido considerado Patrimonio de la Humanidad. El Valle Sagrado de los Incas, Choquequirao, el Parque Nacional del Manu y muchos otros fascinantes lugares ofrecen unas vacaciones llenas de cultura, misterio…

4 Región de Valparaíso (Chile)

La región de Valparaíso es una zona turística por excelencia, con los más variados atractivos: un extenso litoral, fértiles valles interiores y una imponente cordillera. La región destaca por sus playas, la producción de vinos reconocidos internacionalmente, sus centros de esquí, actividades y productos turísticos de fácil acceso, la poesía, las tradiciones, el patrimonio y el misterio de sus territorios insulares que la convierten en un destino ideal. El Festival de Viña del Mar es uno de los eventos musicales más esperados del mundo y el más reconocido del continente americano; la isla de Pascua y sus estatuas gigantes representando a la cultura moái son probablemente el máximo atractivo de esta región.

5 La Habana (Cuba)

Declarada una de las Siete Ciudades Maravillas del Mundo en junio de 2016, La Habana tiene algo para todos: desde paisajes y actividades ecoturísticas para los amantes de la naturaleza y un club de golf en el que se desarrollan competiciones internacionales, hasta marinas internacionales con servicios de primera categoría para disfrutar con las actividades y deportes acuáticos.
Una ciudad atrapada en el tiempo, La Habana cautiva la imaginación como ninguna otra. Su *glamour* decadente es el resultado de la cuidadosa reconstrucción de la era colonial sobre un fondo de colorido irresistible. Pasea por el Malecón, que bordea el mar; visita La Habana Vieja y la catedral de San Cristóbal; y disfruta con la música, los bazares al aire libre y las fiestas hasta la madrugada.

b Una vez leído el texto, ¿qué lugar te gustaría visitar? ¿Coincide con el que habías elegido antes de leerlo? Coméntalo con tu compañero y justifica tu respuesta.

Pues yo quería viajar a la Riviera Maya porque me parece muy interesante unir el turismo cultural y la playa. Pero también me encantaría conocer Cuba, no sabía que tenía tanta vida nocturna.

cincuenta y siete 57

c Las siguientes personas tienen intención de viajar por América Latina. ¿Qué destinos les recomendarías según los textos que hemos leído?

1 Luz y Carlos, 28 años

Estamos pensando en viajar a un destino con playas y cultura, donde podamos descansar, pero también visitar lugares interesantes durante el día. Nos encanta salir de fiesta y bailar salsa. Queremos conocer un lugar que mantenga su tradición y su cultura.

2 Luis y Carla, 34 y 31 años

Tenemos intención de desconectar de nuestro día a día, ya que será nuestro primer viaje solos desde que hemos sido padres. Queremos romper con nuestra rutina y nuestra vida sedentaria: hacer deportes de aventura, acuáticos, ver paisajes variados... Lo que más nos interesa es hacer cosas nuevas y ver cosas diferentes (bosques, glaciares...). ¡Ya sé que todo junto es un poco difícil!

3 Ana, 44 años

Me gustaría mucho conocer lugares prehispánicos, anteriores a la llegada de los europeos. Me interesa pasear por la naturaleza, ver lugares bonitos, escondidos y misteriosos. Soy historiadora.

4 Pedro y Mercedes, 66 y 65 años

Queremos descansar y relajarnos en la playa. Tenemos intención de visitar alguna ruina arqueológica, practicar golf y disfrutar de las comodidades recomendables para nuestra edad.

5 Marcos, 22 años

Lo que más me interesa es la música y los conciertos internacionales. Me gustaría unir mis dos grandes pasiones: la música y los viajes. Me apetecería visitar lugares diferentes: playas, naturaleza y poder conocer culturas misteriosas y antiguas. Me interesa conocer la producción de vino en Latinoamérica.

d Imagina que vas a viajar a alguno de los países anteriores. Escribe tus planes y preferencias. Después coméntalo con tu compañero como en el ejemplo.

- ■ *Tengo intención de viajar a México. Me gustaría visitar las ruinas mayas del sur.*
- ● *¿Qué más piensas hacer?*
- ■ *Quiero ir a Puebla, es una ciudad muy interesante. Lo que más me interesa es el arte.*
- ● *Pues yo estoy pensando en ir a Perú.*
- ■ *¿Y qué vas a hacer en Perú?*
- ● *Tengo intención de alquilar un coche y viajar por todo el país. Primero, quiero ir a...*

Para preguntar planes y preferencias
¿Qué vas a hacer?
¿Qué planes / intenciones tienes?
¿Qué te apetece hacer?
¿Qué es lo que más te interesa / gusta?

Para contar planes y preferencias
Estoy pensando en
Pienso / Quiero
Tengo intención de   } + infinitivo
Me gustaría / apetecería
Prefiero / Me gusta / Me encanta
Lo que más me gusta / interesa es

7 PLANES DE VIAJE

a Lee el correo que recibe Paloma de sus padres (unos españoles que emigraron a Argentina) con información para que Sergio organice su viaje.

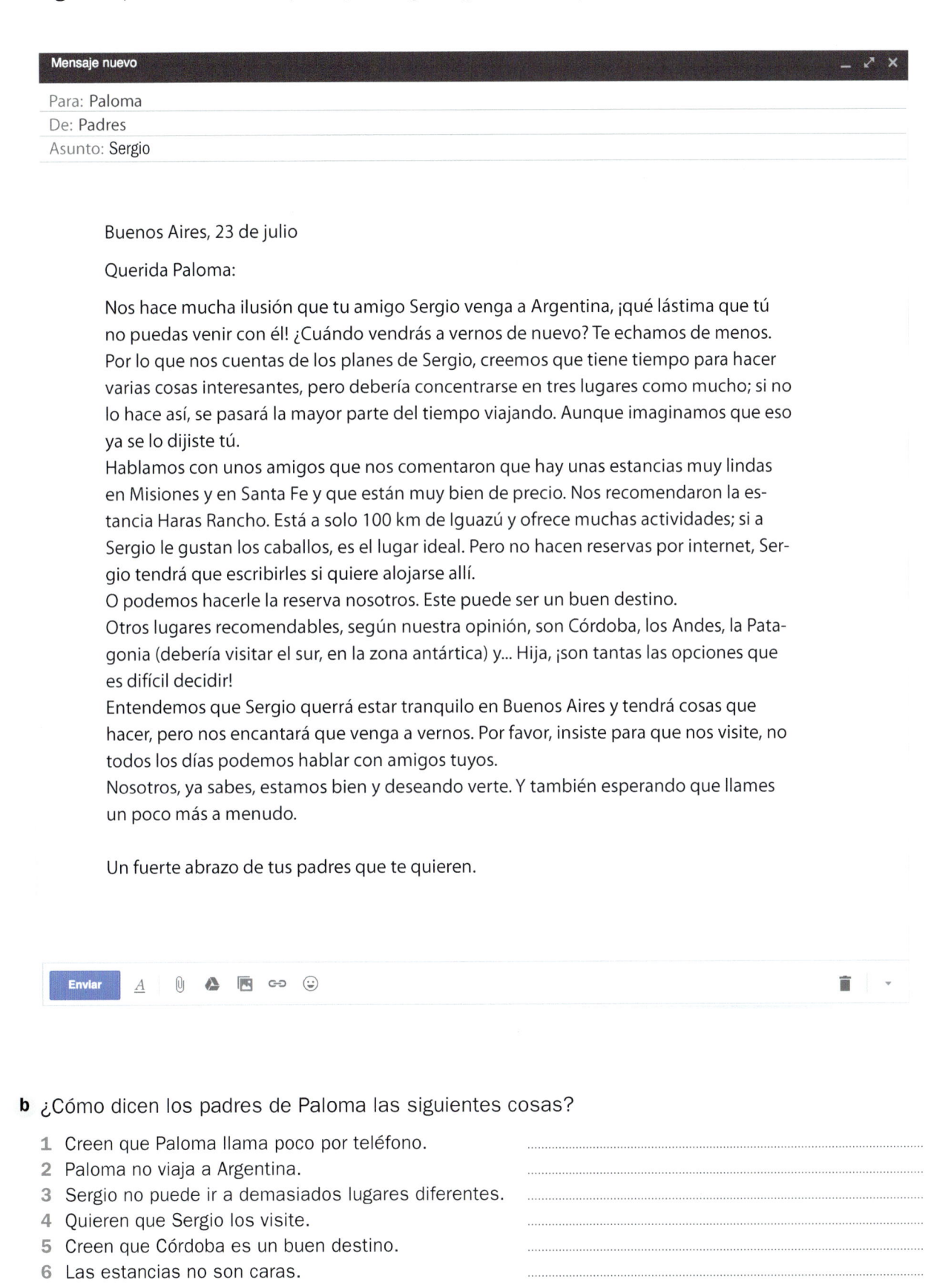

Mensaje nuevo

Para: Paloma
De: Padres
Asunto: Sergio

Buenos Aires, 23 de julio

Querida Paloma:

Nos hace mucha ilusión que tu amigo Sergio venga a Argentina, ¡qué lástima que tú no puedas venir con él! ¿Cuándo vendrás a vernos de nuevo? Te echamos de menos. Por lo que nos cuentas de los planes de Sergio, creemos que tiene tiempo para hacer varias cosas interesantes, pero debería concentrarse en tres lugares como mucho; si no lo hace así, se pasará la mayor parte del tiempo viajando. Aunque imaginamos que eso ya se lo dijiste tú.

Hablamos con unos amigos que nos comentaron que hay unas estancias muy lindas en Misiones y en Santa Fe y que están muy bien de precio. Nos recomendaron la estancia Haras Rancho. Está a solo 100 km de Iguazú y ofrece muchas actividades; si a Sergio le gustan los caballos, es el lugar ideal. Pero no hacen reservas por internet, Sergio tendrá que escribirles si quiere alojarse allí.

O podemos hacerle la reserva nosotros. Este puede ser un buen destino.

Otros lugares recomendables, según nuestra opinión, son Córdoba, los Andes, la Patagonia (debería visitar el sur, en la zona antártica) y... Hija, ¡son tantas las opciones que es difícil decidir!

Entendemos que Sergio querrá estar tranquilo en Buenos Aires y tendrá cosas que hacer, pero nos encantará que venga a vernos. Por favor, insiste para que nos visite, no todos los días podemos hablar con amigos tuyos.

Nosotros, ya sabes, estamos bien y deseando verte. Y también esperando que llames un poco más a menudo.

Un fuerte abrazo de tus padres que te quieren.

---

b ¿Cómo dicen los padres de Paloma las siguientes cosas?

1. Creen que Paloma llama poco por teléfono.
2. Paloma no viaja a Argentina.
3. Sergio no puede ir a demasiados lugares diferentes.
4. Quieren que Sergio los visite.
5. Creen que Córdoba es un buen destino.
6. Las estancias no son caras.

8 NOS VAMOS DE VIAJE

Vas a preparar un viaje con tus compañeros. Para ello, con la información que ha aparecido en la unidad, debéis decidir el destino, la duración, el tipo de alojamiento, las actividades y las visitas que vais a realizar. Podéis pedir ayuda a vuestro profesor y mirar información en internet sobre el lugar, la gastronomía, actividades…

| Destino | Duración | Compañía | Transporte | Alojamiento | Régimen |

| Tipo de viaje | Actividades | Turismo | Visitas |

9 FORO: MIS PLANES DE VACACIONES

a Lee el siguiente foro de viajes.

Ariadna@…
Hola a todos: estoy planificando mis vacaciones y me apetecería mucho descansar en un "todo incluido", estar en la playa tomando el sol y olvidarme de todo… ¿alguna recomendación?

Xabi@…
Yo el año pasado fui a Cancún y estuve de maravilla… ¡qué playas! ¡qué lugares! Todo incluido y relajación total…
Este año necesito más acción y me iré de mochilero con amigos a hacer rutas de senderismo.
¡Buen viaje!

Alba@…
No me dais envidia ninguno de los dos… Yo estoy en paro así que cansada de tanta inactividad. Me voy a mi pueblo… Nada como el entorno rural y la familia para recomponerme de todo :).
Ariadna…, dicen que Dominicana para lo que buscas también está genial.

Xana@…
Yo me voy a Florencia… A disfrutar de museos y lugares fantásticos, de la moda italiana y esa comida exquisita :).
¡¡No cambiaría este viaje por nada del mundo!!

Ian@…
Yo haré una ruta en bici para unir el placer de viajar con el deporte: una bici, una mochila, una tienda de campaña…, la naturaleza y yo. ¿Alguien se apunta?
Si venís no os arrepentiréis.

Rubén@…
Chico aventurero… ¿Por qué no disfrutas del campo ayudando a la gente?
Este verano lo pasaré en un campo de trabajo para ayudar a los más necesitados.
#Vacacionessolidariasya#¿alguienseviene?

---

b En parejas, volved a leer el texto y relacionad estas intervenciones con el tipo de turismo que practica cada uno (cada participante del foro puede que haga más de un tipo de turismo):

| Turismo cultural | Turismo cosmopolita | Turismo de ayuda humanitaria | Cicloturismo | Turismo rural |
| Turismo de sol y playa | Turismo gastronómico | Turismo de aventura | Turismo de eventos |

c Participa en el foro con un comentario y deja tu dirección de correo electrónico para que contacten contigo. Puedes escribirlo en tu cuaderno.

10 MIS VACACIONES

Vas a escribir un correo electrónico a un usuario de un foro, con el que has hablado en diversas ocasiones, para contarle tus planes de vacaciones.

PLANIFICA

a Señala qué expresiones son adecuadas en un correo electrónico para un amigo, conocido o familiar y cuáles pertenecen a una carta formal:

1. Hola, Juan:
2. El motivo de la presente carta
3. Saludos
4. Un abrazo
5. ¿Cómo estás?
6. Me dirijo a ustedes
7. ¿Cómo andas?
8. Espero sus noticias
9. ¿Qué es de tu vida?
10. Apreciados señores:
11. ¿Qué tal te va?
12. Reciban un cordial saludo
13. ¡Cuánto tiempo!
14. Quedo a su entera disposición
15. Un beso
16. Te echo de menos
17. Querido Juan:
18. ¿Qué tal andas?
19. Hace mucho que no sé de ti
20. Te quiero mucho
21. Nos vemos
22. Me acuerdo mucho de ti
23. Cuídate
24. Les solicito
25. Da recuerdos
26. Espero verte pronto
27. Nos vemos en unos días

ELABORA

b Has recibido un correo electrónico de una persona, con la que hablas de vez en cuando en el foro, que te ha leído y está interesada en tu viaje.

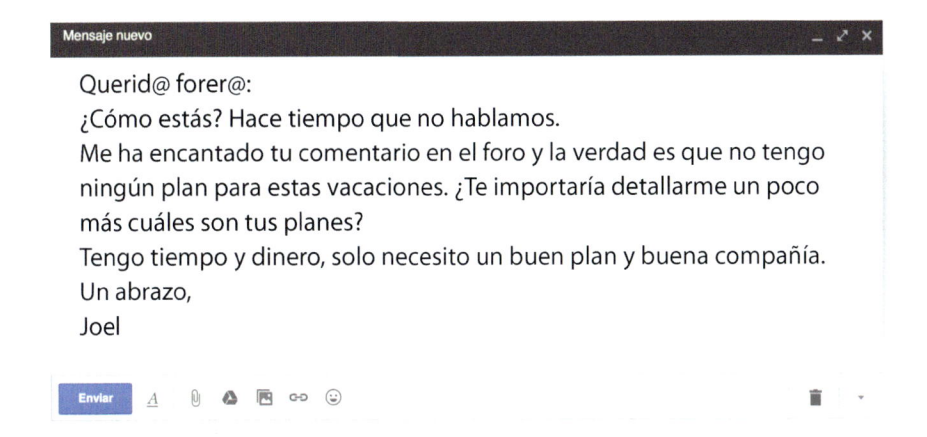

> Mensaje nuevo
>
> Querid@ forer@:
> ¿Cómo estás? Hace tiempo que no hablamos.
> Me ha encantado tu comentario en el foro y la verdad es que no tengo ningún plan para estas vacaciones. ¿Te importaría detallarme un poco más cuáles son tus planes?
> Tengo tiempo y dinero, solo necesito un buen plan y buena compañía.
> Un abrazo,
> Joel

Contesta a su correo y explícale:
- Dónde vas a ir.
- Qué tipo de turismo te gustaría hacer.
- Con quién piensas viajar.
- Qué actividades haréis.

COMPARTE

c En grupos, vais a leer los correos electrónicos que habéis escrito y vais a elegir "el mejor plan de vacaciones". Podéis exponer en la clase los mejores planes o hacer una pequeña guía de viaje virtual de "los mejores destinos del año". ¿Alguien se anima a hacer el viaje las próximas vacaciones?

11 TÚ, VOS Y USTED

a La elección de *usted*, *tú* o *vos* (según los países) para tratar a las personas depende de varias razones. Incluso los hablantes de español, muchas veces, no están seguros de la forma que deben elegir para dirigirse a otra persona. Lee algunas opiniones sobre el tema aparecidas en un foro sobre lenguas y completa el cuadro.

¿Se usa…	Argentina	Costa Rica	España	México
usted?				
tú?				
vos?				

Chica 11   Lugar: **Estados Unidos**

¡¡Hola a todos los foreros que hablan castellano!! Tengo una pregunta para ustedes. Quiero saber sobre el uso de usted en vez de tú / vos en sus países. ¿Es "usted" una palabra muy formal que solamente se usa para la gente mayor o los profesionales (doctores, profesores, etc.)? ¿Cuándo usan *tú* o *vos* en vez de *usted*?
Una noche en Costa Rica, estaba en una discoteca con una amiga cuando dos argentinos empezaron a hablar con nosotras. Usé la forma de usted con uno de los argentinos y él se molestó. Yo usé la forma de usted porque es normal para toda la gente en Costa Rica (¡hasta mis amigos y mi exnovio siempre la usan conmigo!). ¿Qué opinan ustedes?

Eugens   Lugar: **Argentina**

En la Argentina se usa el vos, muchas veces incluso con personas que no conocés (¿ves? te estoy hablando de vos) y especialmente si se trata de situaciones informales. A ese chico le pareció demasiado formal que le hablaras de usted porque entre personas jóvenes y en una situación informal, los argentinos nunca van a hablar de usted. De todos modos, no entiendo por qué se enojó porque estando en otro país, las reglas cambian y no necesariamente todo el resto del mundo tiene que hablar como él.

Tochi   Lugar: **Costa Rica**

En Costa Rica desafortunadamente no existe el tuteo y digo "desafortunadamente" porque me agrada la forma en que suena cuando escucho a personas de otros países. Es una de esas cosas que no pueden cambiarse de un país. El voseo también lo usan algunas personas, otras no. En los niños no es común. A veces yo lo uso, pero nunca con gente de mi familia.

Pablo   Lugar: **España**

Yo tengo más de cuarenta años y ahora uso más el usted que cuando tenía veinte y, a su vez, espero ser tratado de usted en determinadas circunstancias. En general, solo trato de tú a los muy jóvenes, digamos los menores de 25 años. A todos los demás, de usted, pero también ocurre que con el tiempo se adquiere una relación de confianza con los que en principio eran desconocidos, y pasamos al tú casi de modo natural, excepto con los mayores de 60 con los que se suele mantener el usted.
Es cierto que algunos jóvenes con los que a veces trato suelen usar más el tú en estos casos, lo cual no me agrada demasiado, pero tampoco pongo mala cara. A veces no es solo el tú, sino la excesiva confianza, "Oye, búscame tal cosa…", en vez de "¿me podrías buscar tal cosa?".
Cuando soy yo el cliente en un hotel, un restaurante o una tienda, lo normal es que me traten de usted y si en algún sitio me tratan de tú, lo veo raro.

ASM   Lugar: **México**

¿Qué pasa cuando alguien usa el tú/vos y el otro responde de usted? Esto me parece un tema muy interesante. De donde soy, la dirección solo va en un sentido. Un profesor habla a sus alumnos de tú, mientras que los alumnos lo tratan de usted. El jefe le habla a la secretaria de tú, mientras que ella le contesta con usted… La diferencia de poder se señala con esta diferencia de uso. ¿Esto es así en todos los países? ¿Cómo es en el tuyo?

---

b ¿Conoces cómo es el uso de *usted*, *tú* y *vos* en otros países de Latinoamérica? Coméntalo en clase.

c Contesta a las preguntas que hace el último forista, ASM: ¿esto es así en todos los países?, ¿cómo es en el tuyo?

YO EN TU LUGAR...

En esta unidad vamos a aprender:

- A dar y recibir consejos de forma oral y escrita.
- A describir personas y objetos.
- A relacionar hechos del futuro.
- A conocer el valor de los consejos en las culturas hispanoamericanas.

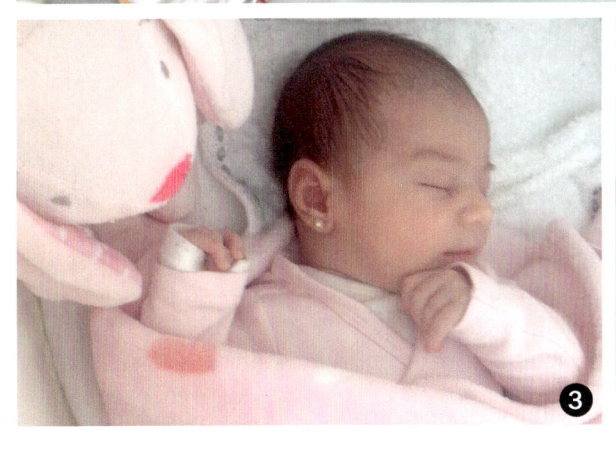

Relaciona las frases con las fotografías:

1. Todo el mundo nos pregunta que cuándo vamos a tener hijos, ¡no tener hijos también es una opción!
3. Desde que llegó nuestro hijo, nos pasamos el día discutiendo y nuestra relación se está debilitando.
2. Me faltan horas al día para trabajar y atender a mi bebé: ¡no puedo más!
4. Desde que nació, me paso el día mirando cómo duerme. ¿Qué voy a hacer cuando termine la baja maternal?

sesenta y tres 63

OBSERVA

1 TENGO UN DILEMA

Las siguientes personas tienen algunas dudas sobre qué hacer.
Lee los textos y escribe el consejo que les darías.

Álex, 16 años
Estoy muy preocupado porque la semana que viene es el cumpleaños de Ana, mi mejor amiga. Ella siempre ha estado a mi lado en lo bueno y en lo malo, y no le puedo fallar. Pero mi novia no solo no quiere ir, sino que amenaza con dejarme si voy. La quiero muchísimo, pero no entiendo que me haga elegir entre mi pareja y mis amigos. No sé qué puedo hacer.

Sara, 30 años
La verdad es que tengo un dilema. Estoy embarazada y estoy contentísima por ello, pero ahora no sé cómo voy a organizarme con la maternidad y el trabajo. Mario y yo no sabemos si debo pedir un año entero para cuidar al niño, reducir la jornada o, simplemente, tomar las 16 semanas que tengo por ley. Y es que quiero cuidar al bebé, pero mi trabajo me encanta. ¡Uf, qué difícil es tomar una decisión!

Rebeca, 24 años
Nunca pensé estar en una situación como esta: acabo Económicas y al mismo tiempo me conceden una beca en el extranjero y me ofrecen un trabajo aquí en mi país. Si acepto el trabajo, ganaré dinero y podré independizarme. Pero si acepto la beca, mejoraré mi inglés y tendré más formación y una experiencia vital importante. Y en casa no me ayudan mucho: mi madre me anima a irme y mi padre me aconseja empezar a trabajar.

Tomas, 42 años
Tengo que perder peso, pero no tengo fuerza de voluntad. Recuerdo la última vez que intenté hacer dieta: estaba insoportable y de mal humor, no quería quedar con nadie para evitar comer o beber cosas que engordan. Me apunté al gimnasio, pero después de dos días... ¡no me podía ni mover! Pagar para sufrir así es una tortura.

2 CONSEJOS PARA EL EMBARAZO

a Cuando una mujer está embarazada, recibe muchos consejos de su familia, amigos, compañeros de trabajo, médicos, etc. ¿Cuáles de los siguientes consejos se suelen dar a una mujer embarazada? ¿Se te ocurre alguno más?

1. No cambies tus hábitos, haz una vida normal. ☐
2. Duerme mucho. ☐
3. No fumes. ☐
4. Puedes beber alcohol con moderación. ☐
5. Asiste a un curso de preparación al parto. ☐
6. Disfruta de ir a la sauna y de baños con altas temperaturas. ☐
7. Bebe mucha agua. ☐
8. Toma medicinas contra el insomnio. ☐
9. Come todo tipo de alimentos, crudos y cocinados. ☐

b Elige tres consejos de los anteriores y añade una justificación.

Las mujeres embarazadas no deben beber alcohol porque puede afectar al niño.

c 🔊 ¡Rocío está embarazada! Lee y escucha el cómic y señala los consejos que ha recibido.

d ¿Cómo crees que se siente Rocío? ¿Cuál te parece el mejor consejo? ¿Y el peor? ¿Qué le aconsejarías tú?

> **AL FINAL DE LA UNIDAD...**
> Vas a ofrecer consejos y hacer recomendaciones en español.

AGENCIA ELE

¡Estoy embarazada!

Rocío tiene una noticia para sus amigos y familiares.

En la oficina de Agencia ELE.

— Ahora que estamos todos, quería daros una noticia, y es que... ¡estoy embarazada!
— Enhorabuena, Rocío.
— ¿De cuánto estás?
— De tres meses.
— Supongo que todavía no sabes si es niño o niña, ¿no?
— No, todavía no, pero ya estamos pensando algunos nombres.

— Es importante que te tomes las cosas con calma.
— Deberías cuidar tu alimentación, para no aumentar de peso excesivamente.
— Si puedo hacer algo por ti, dímelo.
— Tendrías que hablar con Teresa, que acaba de tener una niña.
— Duerme mucho, el descanso es muy necesario.

— Es muy bueno tomar un poco de sol todos los días, con precaución. Lástima que aquí no tenéis playa.

El ginecólogo de Rocío...
— No fume ni beba. Y no tome medicinas si no se las receto yo.

La madre de Rocío...
— Podrías comprarte ropa de embarazada en Dona, tienen ropa muy bonita...
— Y no trabajes tanto...
— Y cuídate mucho, hija.

Mercedes, la hermana de Rocío...
— Yo que tú haría algún ejercicio suave. ¿Y si te apuntas a un curso de aquagym para embarazadas?

Mateo, el marido de Rocío...
— No te pongas esos zapatos. Debes llevar un calzado adecuado, de tacón bajo.
— Tendrías que decírselo a Carmen, ¿no?
— Uff, y esto no ha hecho más que empezar.

3 CONSEJOS PARA ROCÍO

a En el siguiente cuadro tienes varias formas de expresar consejos. Escribe en el lugar adecuado los consejos que la familia, los amigos y el médico han ofrecido a Rocío.

Verbos de obligación en indicativo	debes } + infinitivo tienes que	
Presente de Indicativo	¿por qué no... + presente de indicativo?	
Verbos en condicional	deberías tendrías que } + infinitivo podrías yo que tú yo en tu lugar } + condicional si (yo) fuera tú	
Condicionales con *si*	¿y si...? si + presente + imperativo	
Imperativo		
Ser + adjetivo	es { importante bueno conveniente } + infinitivo lo mejor es } que + subjuntivo	

b Imagina que un amigo o familiar va a casarse. ¿Qué consejos le darías?

Para dar consejo		
Tienes que...	¿Y si...?	Yo que tú...
Es importante que...	No...	Deberías...

c Escribe en dos papeles distintos dos situaciones sobre las que te gustaría recibir consejos. En grupos de cuatro, poned los papeles en el centro. Una persona levanta uno de los papeles y los demás tienen que darle consejos rápidamente.

■ *Tenemos que elegir un destino para el viaje de fin de curso.*
● *¿Por qué no vais al País Vasco? Tiene mar, una naturaleza impresionante, una comida magnífica y una oferta cultural muy buena.*

4 CUANDO NAZCA EL NIÑO...

a 🔊 Rocío habla con su hermana Mercedes, que tiene dos hijos. Señala de qué temas hablan.

1. La salud en el embarazo. ☐
2. La relación de Rocío con su marido. ☐
3. La habitación del bebé. ☐
4. El trabajo de Rocío después de nacer el bebé. ☐
5. La educación de los hijos. ☐
6. Un trabajo inmediato. ☐
7. El hospital y el parto. ☐
8. Reformas en casa. ☐

El imperativo

Se utiliza para:
- **Dar instrucciones:**
  Sigue por esta calle y a 100 metros encontrarás la farmacia.
- **Dar consejos:**
  Llévate el paraguas, está lloviendo.
- **Pedir algo a alguien:**
  Déjame el bolígrafo un momento... gracias.
- **Invitar a alguien a hacer algo:**
  Siéntate y tómate algo con nosotros.
- **Conceder permiso:**
  Pasa, pasa, no te quedes ahí.
- **Dar órdenes:**
  Calla ya.

b ¿Cómo lo dicen? Mercedes y Rocío han utilizado las siguientes frases, ¿puedes poner el verbo en su forma correcta?

1. Yo que tú .... [ir]. Si tienes algún problema, me .... [llamar] y voy volando.
2. Pues eso, ... [animarse] y no .... [preocuparse]. Lo mejor es .... [pensar] que todo .... [salir] bien. Ya .... [ver] como es así.
3. Mateo dice que la casa .... [deber] tener cuatro habitaciones.
4. ■ ¿Por qué no .... [venir]?
   ● Perfecto. ¿Y si .... [ir] esta tarde?, la tengo libre.
5. ■ ¿Y cuándo .... [empezar]?
   ● Pronto. Porque cuando .... [nacer] el niño .... [ser] más difícil hacer obras.
6. ■ ¿Qué .... [hacer] en el trabajo cuando .... [nacer] el niño?
   ● Todavía lo .... [pensar]. Podría coger tres meses de baja más el mes de vacaciones.
7. La situación .... [ser] la misma cuando .... [empezar] a trabajar.
8. ■ ¿No .... [llevar] al niño a la guardería?
   ● Sí, cuando .... [cumplir] nueve meses.

c Compara tus frases con las de tu compañero. Después, oíd la audición de nuevo y comprobad vuestras respuestas.

Fíjate en cómo se relacionan dos hechos del futuro:

La situación será la misma	cuando empiece a trabajar.
futuro	cuando + subjuntivo

Cuando cumpla nueve meses	llevaré al niño a la guardería.
cuando + subjuntivo	futuro

Las frases interrogativas y exclamativas se forman utilizando *cuándo* + futuro:
¿*Cuándo empezaréis* la reforma?
¡*Cuándo acabará* este ruido!

d Los siguientes acontecimientos son importantes en la vida de muchas personas. Comenta con tus compañeros si has vivido alguna de estas situaciones y cómo la viviste (si te sentiste triste o feliz, si fue divertido, complicado, difícil...).

Cuando recibí la carta que me comunicaba que me daban la beca para estudiar en España, me quedé en blanco. Era un mar de contradicciones, no sabía cómo reaccionar. Por un lado, mis sueños se cumplían y era feliz, pero, por otra parte, tenía que dejar mi casa, mi familia, mis amigos...

casarse  — tener un hijo  — independizarse  — conseguir un trabajo mejor  — ganar un premio

hacer un gran viaje  — mudarse a otro país o a otra ciudad  — entrar en la universidad  — jubilarse  — cumplir 50 años

PRACTICA

e Elige los acontecimientos del ejercicio anterior que no han sucedido en tu vida. Habla con tu compañero sobre lo que harás cuando ocurran.

Cuando me jubile, me dedicaré a viajar.

f Escribe tres cosas que crees que ocurrirán en tu vida o en la vida de un compañero en los próximos veinte años.

Yo creo que buscaré una casa bonita cuando encuentre trabajo. Viajaré por todo el mundo cuando tenga vacaciones y me compraré un coche cuando me saque el carné de conducir.

5 CÓMO SER FELIZ

a Rocío está un poco estresada y confundida ante los nuevos cambios que vienen con el bebé. Mateo, su marido, le ha mandado un mensaje con este artículo. Léelo y comenta tu opinión con tus compañeros.

CONSEJOS PARA SER FELIZ

1 No importa que no tengas un motivo, simplemente, siéntete feliz. Si te cuesta trabajo, recuerda los momentos más felices en tu vida y trata de reproducir ese sentimiento de felicidad.

2 Hazlo cada vez que te acuerdes y, si se te olvida, puedes atar un cordón en tu dedo y sencillamente sonreír cada vez que lo veas o lo sientas. La sonrisa tiene un gran poder sobre nuestro estado de ánimo. Dedica las sonrisas diarias que puedas a la gente que se cruce en tu camino.

3 Busca cinco minutos de tu tiempo y esto te ayudará a liberarte de cualquier preocupación o angustia que no te deje en paz. Primero busca un lugar tranquilo donde te puedas poner cómodo, comienza a respirar profundamente contando hasta cuatro mientras inhalas, mientras retienes el aire y, al exhalar, trata de mantener tu mente en blanco y disfrutar de que estás vivo y de las sensaciones agradables de tu cuerpo.

4 Es importante que dediques al menos media hora a hacer algo con lo que disfrutes tú. Puede ser leer un buen libro, ver una película, comer tu plato favorito o simplemente sentarte a relajarte.

5 Cuando te suceda algo malo, piensa que todo tiene un lado positivo, los obstáculos y problemas están ahí para que aprendamos alguna lección importante y todas las personas tienen sus cualidades. Si aprendes a ver solo el lado positivo de todo lo que te rodea, te sentirás mucho mejor.

6 Las personas que se pasan la vida criticando a los demás y quejándose de todo malgastan su energía y se vuelven incapaces de tener éxito. Además, se vuelven pesimistas y contagian a más personas con su mal humor. Aleja los malos pensamientos.

7 La gente suele perderle el sentido a la vida cuando no tiene ilusiones o las ha perdido. Tener metas y trabajar para alcanzarlas te ayudará a mantenerte motivado, alegre y apasionado por lo que haces cada día de tu vida. Si sabes que tu esfuerzo te traerá grandes recompensas, serás feliz trabajando en ello. Lucha por tus sueños.

fortalecetuautoestima.com/blog/

b Relaciona los consejos con el texto al que corresponden.

a Siénte**la** aunque no tengas una razón. ☐
b Mí**ralo** en los malos momentos. ☐
c Nunca **los** critiques ni te quejes. ☐
d Lucha por lograr**los**. ☐
e Resérva**te** tiempo. ☐
f Dedíca**las** a otras personas. ☐
g Búsca**los** para relajarte y meditar. ☐

c Relaciona el pronombre complemento con los siguientes temas a los que sustituye.

a Cinco minutos diarios. *Búscalos*
b El lado positivo de las cosas. _____
c Las sonrisas. _____
d A los demás. _____
e La felicidad. _____
f A ti mismo. _____
g Los sueños. _____

68 sesenta y ocho

d ¿Le darías algún otro consejo a Rocío para tranquilizarla? En parejas, pensad al menos en tres consejos usando el pronombre complemento. Los demás compañeros tendrán que adivinar de qué se trata.

- ■ *Ponla y escúchala para sentirte bien...*
- ● *¿La tele?*
- ■ *No.*
- ● *¿Música?*
- ■ *¡Sí!*

6 COMPLEMENTOS DEL VERBO

a Recuerda el uso de los pronombres de complemento directo y complemento indirecto.

Complemento directo
Indica la persona o cosa que recibe "directamente" la acción del verbo. No lleva preposición, excepto cuando el complemento es de persona.
Dedica las sonrisas diarias que puedas.
El martes vi una película / a Marcos.

Los pronombres de tercera persona son:

	masculino	femenino
singular	lo	la
plural	los	las

Complemento indirecto
Normalmente se refiere a personas, e indica el destinatario de la acción del verbo. Lleva delante la preposición *a*.
Dedica las sonrisas diarias que puedas a la gente que se cruce en tu camino.

Se sustituye por los siguientes pronombres:

masculino / femenino
me, te, le
nos, os, les

Dedica las sonrisas → *Dedícalas*
Dedica las sonrisas a la gente → *Dedícaselas*

le / les + lo / la / los / las
= se + lo / la / los / las

b Mira las frases anteriores y completa el esquema con:

● verbo conjugado　● CI　● infinitivo / gerundio　● CD

Cuando el verbo está conjugado (indicativo o subjuntivo)			
¿me lo cuentas? →	*me* (CI)	*lo* (CD)	*cuentas* (verbo conjugado)

Cuando el verbo está en imperativo			
cuéntamelo →			

Cuando hay dos verbos, uno conjugado y otro en infinitivo o gerundio					
¿me lo vas a contar? →					
¿vas a contármelo? →					
está contándomelo →					

¿Qué va antes: el CD o el CI?

c Escribe la regla de posición del pronombre:

- Cuando el verbo está conjugado, los pronombres van .... del verbo.
- Cuando el verbo está en imperativo ....
- Cuando hay dos verbos, uno conjugado y otro en infinitivo o gerundio, hay .... posibilidades: ....

d Piensa en un objeto de la clase. Haz frases como las del ejemplo (sin nombrar el objeto y utilizando pronombres) hasta que tu compañero adivine de qué objeto se trata.

- ■ *Te la puedes comprar en una papelería... La puedes guardar en el bolsillo... La necesitas cuando te equivocas...*
- ● *¡La goma de borrar!*

7 ROCÍO TIENE CASA NUEVA

a Rocío tiene casa nueva y comparte la noticia con sus amigos. Lee lo que le dicen.

Rocío Hace 2 días
Ya tengo nueva casa. Bueno, todavía no, hay que hacer reformas. Pero AQUÍ ESTÁ EL PLANO. Se aceptan sugerencias.

Paloma Hace 2 días
¡Tía, qué pasada! ¡Me encanta! Precioso, de verdad. Si necesitas que te eche una mano, no tienes más que decirlo. ¿Cuál va a ser el cuarto del bebé?

Rocío Hace 2 días
De momento la habitación 2. Así está junto a nuestro cuarto y lo oiremos si llora. Después, cuando crezca, lo cambiaremos al cuarto 3, que es un poco más grande.

Miki Ayer
Yo lo pondría directamente en la habitación 4. Precisamente para no oírlo. ☺

Esteban Ayer
¿No queríais una casa con jardín? No importa, la terraza es preciosa. ¿Por qué no ponéis una barbacoa? Cuando llegue el verano nos invitaréis, ¿verdad?

Miki Ayer
Eso, ¿cuándo es la fiesta de inauguración?

Rocío Ayer
Cuando acabemos la reforma. Y todavía faltan meses. Os mantendremos informados. Y como pide Esteban, cuando llegue el verano inauguraremos la terraza. ¡Con barbacoa!

Lola Ayer
Precioso. ¿Has pensado en hacer el salón más grande? Quedarían tres habitaciones, pero no necesitas más, ¿no?

Esteban Ayer
Buena idea la de Lola. Un amigo mío lo hizo y le quedó un salón espectacular.

Alba Hace 6 horas
Yo que tú no lo haría. ¿Y si tienes otro niño?

Rocío Hace 5 horas
Ahí está. Además, en la habitación de al lado del salón hemos pensado poner el estudio.

Miki Hace 5 horas
¿Pero todavía estudiáis? Je, je, je... Sí, me parece buena idea. ¡Es mejor que ponerse en el sofá del salón con el portátil encima de las piernas! Un buen consejo: tienes que pintar la cocina de rojo. Es lo último.

Alba Hace 3 horas
¡¡¡Rojo!!! Lo tuyo es grave... Rocío, lo mejor es que uses colores pastel. Y cuando quieras enloquecer, haz caso de los consejos de Miki. Es un experto en color :)

Elena Ahora
¡Siempre soy la última en enterarme! Bueno, enhorabuena, una casa muy, muy bonita. Tenemos que ir de tiendas, conozco unas con unos muebles magníficos y precios estupendos, ¿cuándo vamos?

b Escribe el nombre de la persona...

1 que se muestra entusiasta con la nueva casa. ....
2 más graciosa. ....
3 que le da el consejo más raro. ....
4 que quiere hacer una fiesta en casa de Rocío. ....
5 que le ofrece ayuda. ....
6 que le da un consejo sobre el cuarto del bebé. ....

8 YO TAMBIÉN QUIERO UNA CASA

Imagina tu casa ideal (aunque no puede tener más de 150 m^2). Dibújala y cuenta a tu compañero cómo sería. Tu compañero te ofrecerá opinión y consejo.

- ■ *Aquí tendré el estudio, con equipo de música y televisión.*
- ● *Yo que tú no pondría televisión, para eso está el salón. Mejor un buen sillón para leer y oír música.*

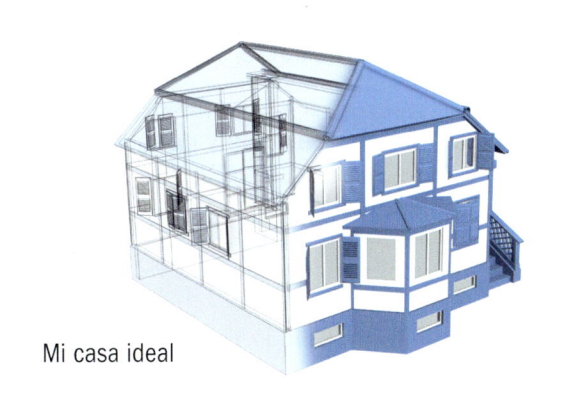

Mi casa ideal

9 CONSEJOS PARA TODOS

Ya has visto cuántos consejos recibe Rocío por su próxima maternidad o por las reformas de su casa. En la cultura hispana es muy frecuente dar consejos, es una forma de mostrar interés por las otras personas. Ahora vas a pedir y dar consejos. Sigue las indicaciones.

PLANIFICA

En grupos de 4/6 personas.

a Elige una de las siguientes opciones y escríbela en un papel. Añade más información sobre lo que quieres hacer o lo que te preocupa.

* Gano muy poco. ¿Cómo se pide un aumento de sueldo?

* Cambio de coche, ¿nuevo o segunda mano? ¿Modelo?

* Estoy buscando una academia de arte / un colegio para mí / mi hijo.

* ¿Merece la pena comprar un *e-book*?

* Me han ofrecido un trabajo mejor en el extranjero, pero me gusta mucho esta ciudad.

* Quiero ir de vacaciones a América del Sur, pero no sé dónde ni cuándo.

* Necesito urgentemente un ordenador / una cámara de fotos / un nuevo móvil. ¿Alguna idea?

ELABORA

b Pasa la hoja al compañero de tu izquierda. Recibirás una hoja de papel del compañero de tu derecha. Léela y escribe un comentario o un consejo para su problema.

Recuerda las formas de dar consejos que tienes en la actividad 3. Intenta utilizar una fórmula distinta cada vez.

COMPARTE

c Cuando recibas tu hoja, comenta con tus compañeros qué te parecen sus consejos. Votad los mejores consejos.

10 PEDIR Y DAR CONSEJOS

a ¿Crees que, en general, a los hispanohablantes les gusta dar consejos? Coméntalo con tus compañeros y después lee el siguiente artículo.

SOBRE LOS CONSEJOS EN LOS PAÍSES DE HABLA HISPANA

Pedir y dar consejos es una costumbre muy arraigada entre los hispanohablantes, sobre todo en el ámbito privado. Es habitual que una persona, cuando se encuentra con sus familiares, amigos o colegas, comente algo de su vida buscando consejo, no tiene que pedirlo, los demás así lo entienden y le hacen sugerencias.

Pedir consejo es una manera de compartir las decisiones que se toman sobre la vida, tanto si se piensa cambiar de trabajo, mudarse, hacer un viaje, comprarse un traje nuevo para una fiesta o hacer la cena, incluso se piden consejos sobre temas tan íntimos como el amor o el dinero. Recibir un consejo, por otra parte, no es un ataque a la intimidad. Aunque a todos nos gusta aconsejar a los demás, los abuelos son los especialistas en consejos. Mi abuelo solía decir: «Consejos vendo, para mí no tengo»; a todos nos resulta más fácil arreglar la vida de los demás antes que la propia.

En las culturas del norte de Europa, por el contrario, no es habitual pedir ni dar consejos sobre cualquier tema en ámbitos familiares y amistosos. Se percibe como una intromisión en la vida privada. Puede pasar que le cuentes algo a una amiga alemana o inglesa esperando su consejo y no te diga nada porque entiende que no debe meterse en tu vida.

b Lee las siguientes opiniones vertidas en un foro donde opinan personas de habla hispana y compáralas con las tuyas:

Nik 2 35 minutos
1 Está bueno dar y recibir consejos, siempre alguien te puede decir lo que necesitás escuchar en ese momento. Así como vos también podés hacerlo y ayudar a tus seres queridos.

Brun 1 hora
2 A mí me gusta que me aconsejen, siempre le pregunto a mi hermana mayor o a mis amigas, ellas me dan una visión y argumentos distintos de los que se me podrían ocurrir.

Yaco 3 horas
3 Siempre di consejos (me gusta escuchar a la gente y aconsejar)… Si no los siguen es otra cuestión, pero todas las veces fueron para ayudar. Rara vez me he dejado aconsejar, hasta hace poco pensaba que podía conmigo misma, pero estaba bastante equivocada… Si se tiene la oportunidad de recibirlos, hay que aceptarlos, yo creo, nunca viene mal otro punto de vista.

Roch ayer, a las 22.30
4 Tal vez, mejor es preguntar si los quieren recibir, porque muchas veces hay personas (no todas) que no están dispuestas a que se los des, pero por lo general soy de darlos y no me molesta para nada recibirlos. Mi abuelo siempre nos decía: "Quien no oye consejo no llega a viejo". Nos enseñaba con refranes más que con consejos; por eso, a veces, los uso, porque me parecen menos chocantes a la hora de tocar un tema si no sabes cómo la otra persona lo puede tomar.

c Responde a las siguientes preguntas y comenta tus respuestas con tus compañeros.

En tu cultura…

1 ¿Pides consejos o sugerencias?, ¿a quién?, ¿en qué situaciones?, ¿con qué fin?
2 ¿Te gusta dar consejos?, ¿por qué?
3 ¿Te molesta que te den consejos cuando no los pides?, ¿qué haces en esa situación?
4 ¿Qué consejos le darías a un hispanohablante si quiere visitar tu país o conocer personas de tu país para evitar un choque cultural?

7 ¿ME HACES UN FAVOR?

En esta unidad vamos a aprender:

- A expresar, aceptar o rechazar una petición de forma oral y escrita.
- A transmitir las palabras de otro.
- A conocer distintas estrategias para hacer peticiones.

1. ¿Te gusta ayudar a los demás?
2. ¿Has participado alguna vez en una cadena de favores?
3. ¿En tu cultura es normal ayudar a tus amigos? ¿Y a los desconocidos?
4. ¿Alguna vez te han hecho un favor que no olvidarás nunca?

setenta y tres 73

OBSERVA

1 ¿ERES UN BUEN COMPAÑERO?

Existen personas que se preocupan por los demás, otras se muestran indiferentes. ¿Cómo eres tú? Haz este test y marca la opción elegida. Después, comprueba los resultados.

TEST

1 Si un compañero falta a clase y te pide los ejercicios, tú...
- a Haces fotocopias y se los das.
- b Le dejas tu cuaderno para que los copie.
- c Le dices que se los pida a otro compañero.

2 En clase organizan una fiesta y te toca preparar algo típico de tu país:
- a Preparas un plato delicioso con la receta de tu abuela.
- b Haces algo rápido; si puede ser, precocinado.
- c Llevas una botella de una bebida típica.

3 En la pausa de la clase, cuando vas a la cafetería:
- a Antes de ir, preguntas si alguien quiere algo.
- b Ofreces tu bebida cuando vuelves.
- c Te vas y vuelves sin decir nada a nadie.

4 Cuando hay que hacer ejercicios en parejas o en grupos:
- a Intentas colaborar al máximo en la tarea.
- b Hablas con tus compañeros lo justo; total, tienen menos nivel que tú.
- c Dejas que trabajen ellos. Es buen momento para descansar.

5 Salís de excursión y uno de los últimos en incorporarse al grupo te pide la bici. ¿Cómo respondes?
- a Bueno, si es poco rato, vale...
- b Verás, es que ahora la necesito yo, lo siento...
- c No, lo siento.

6 El profesor tiene un problema con el proyector y tú:
- a Te levantas a ofrecer tu ayuda, quizá puedas hacer algo.
- b No entiendes mucho de esto, pero preguntas a los demás si saben lo que pasa.
- c Te dedicas a hablar de otras cosas con los demás, no es tu problema.

7 Un compañero te pide que le expliques (¡otra vez!) la diferencia entre *ser* y *estar*. ¿Cómo reaccionas?
- a ¡Encantado! Así intento comprenderlo mejor, no me viene mal.
- b ¡Buf! Es un poco complicado; pero bueno, vamos a ver qué dice el libro...
- c Mira, mejor le preguntas al profesor, él es el que sabe.

MIRA TU GRADO DE COMPAÑERISMO

Mayoría de respuestas A: eres el compañero ideal: educado, atento, amable... Todos quisiéramos estar contigo en clase.

Mayoría de respuestas B: no destacas especialmente por tu amabilidad, pero tienes buena voluntad. Puede ser agradable trabajar contigo cuando te lo propones.

Mayoría de respuestas C: tu colaboración deja bastante que desear; si quieres que el ambiente de la clase mejore y todos estemos más cómodos, deberías esforzarte un poco.

---

2 EN LA AGENCIA ELE

🔊 Lee y escucha el cómic de Agencia ELE y contesta a las preguntas.

1 ¿Por qué no va Sergio a la rueda de prensa?

2 ¿Cuántas llamadas tiene que hacer Paloma hasta que encuentra a alguien para acompañarla?

3 ¿Quién acompañará a Paloma a la rueda de prensa?

AL FINAL DE LA UNIDAD...

Vas a pedir un favor y vas a aceptar o rechazar una petición.

AGENCIA ELE

Me encuentro fatal

OBSERVA 7

Luis no se encuentra bien y llama a Paloma porque no puede acompañarla a la rueda de prensa.

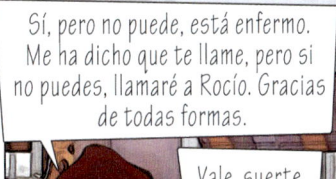

1. ¿Paloma? Mira, me encuentro fatal, algo me ha sentado mal y no podré llegar a tiempo a la rueda de prensa.

2. He intentado hablar con Carmen, pero comunica. ¿Puedes llamarla tú? Y llama a Sergio para que te acompañe.

Claro, yo los llamo, no te preocupes. Tómate una manzanilla y métete en la cama.

3. ¿Sergio? Hola, soy Paloma. ¿Puedes acompañarme mañana a la rueda de prensa del alcalde?

4. Lo siento, pero va a ser difícil. Es que tengo que ir al centro de salud, tengo hora para el médico. ¿No lo iba a hacer Luis?

5. Sí, pero no puede, está enfermo. Me ha dicho que te llame, pero si no puedes, llamaré a Rocío. Gracias de todas formas.

Vale, suerte.

6. ¿Rocío? Hola, soy Paloma. ¿Te importaría acompañarme a la rueda de prensa del alcalde?

7. Me encantaría, pero es que tengo que llevar a mi perro al veterinario. ¿Se lo has pedido a Sergio?

Sí, acabo de llamarlo, pero me ha dicho que tiene una cita médica.

8. Un momento, voy a llamar a Mateo y le pregunto si puede llevar él al perro.

Gracias, eres un encanto.

9. Hola, cariño. Necesito que me hagas un favor.

Ha llamado Paloma para pedirme que vaya con ella a la rueda de prensa mañana por la mañana, ¿podrías llevar tú el perro al veterinario?

Pues... bueno, vale.

10. De acuerdo, mil gracias, voy a llamar a Paloma.

11. Hola, Paloma, todo arreglado. Voy contigo.

Uf, qué bien, voy a llamar a Carmen para decírselo.

Más tarde...

12. Hola, Carmen, ¡por fin has dejado de comunicar! Me acaba de llamar Luis para decirme que está enfermo y que no puede acompañarme a la presentación.

Así que he llamado a Sergio y me ha dicho que tampoco puede. He llamado a Rocío y, por suerte... ¡Aquí está!

Estupendo, gracias por resolverlo. Por cierto, dile a Rocío que no se olvide de lo que me prometió para esta tarde. ¡Que os vaya bien!

PRACTICA

3 ¿ME HACES UN FAVOR?

a Busca en el cómic los recursos que se utilizan para hacer peticiones y cópialos aquí.

PARA PEDIR UN FAVOR

b Las peticiones pueden ser aceptadas o rechazadas. Decide cuáles de las expresiones siguientes se emplean para aceptar una petición (A) o rechazarla (R). Compara tus respuestas con las del compañero.

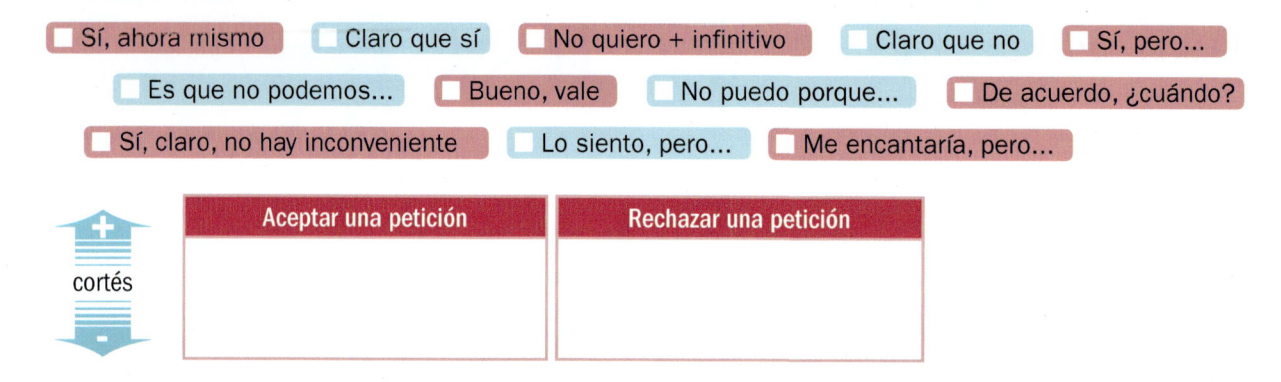

- ☐ Sí, ahora mismo
- ☐ Claro que sí
- ☐ No quiero + infinitivo
- ☐ Claro que no
- ☐ Sí, pero…
- ☐ Es que no podemos…
- ☐ Bueno, vale
- ☐ No puedo porque…
- ☐ De acuerdo, ¿cuándo?
- ☐ Sí, claro, no hay inconveniente
- ☐ Lo siento, pero…
- ☐ Me encantaría, pero…

cortés

Aceptar una petición	Rechazar una petición

c 🔊 Lee y escucha los siguientes diálogos y comenta con tu compañero qué tipo de relación crees que tienen las personas que hablan.

1. ■ ¿Apagas la televisión? Es tarde y tienes que dormir.
   ● Ahora no, estoy viendo un programa.
2. ■ ¿Podría venir a mi despacho esta tarde a las cinco?
   ● Sí, no hay inconveniente.
3. ■ ¿Puedes acompañarme al médico mañana?
   ● Lo siento, pero mañana tengo un examen.
4. ■ ¿Te importaría ayudarme a terminar este informe?
   ● Me encantaría, pero tengo una reunión con el jefe del departamento.

a compañero de trabajo – compañera de trabajo
b padre – hija
c jefa – empleado
d amigo – amiga

d ¿A quién harías estas peticiones? Une con una flecha las siguientes peticiones con sus destinatarios. Puede haber más de una opción.

Qué pides
1. Salir antes del trabajo.
2. El coche para dar una vuelta.
3. Recoger al niño del colegio.
4. Un lápiz.
5. Una moneda para la máquina de café.

A quién se lo pides
a A tu madre.
b Al jefe.
c A una vecina con la que no tienes mucha confianza.
d A una buena amiga.
e A un compañero de trabajo.

> **Hacer una petición**
> Cuando pedimos algo normalmente añadimos una justificación. Así, la petición se expresa de manera cortés, más cuanto más detallada es la justificación.

e Con tu compañero, pide esas cosas a los destinatarios elegidos.

Mire, tengo que pedirle un favor: me gustaría salir a las cinco hoy en vez de a las seis, es que mi madre tiene que ir al médico y me gustaría acompañarla.

4 ME HA DICHO QUE TE LLAME

a Lee de nuevo el cómic y señala los recursos que usamos cuando queremos transmitir las palabras de otras personas. Haz una lista y compárala con la de tu compañero.

Me ha dicho que te llame.

b Indica si las siguientes frases del cómic son informaciones (I) o peticiones (P).

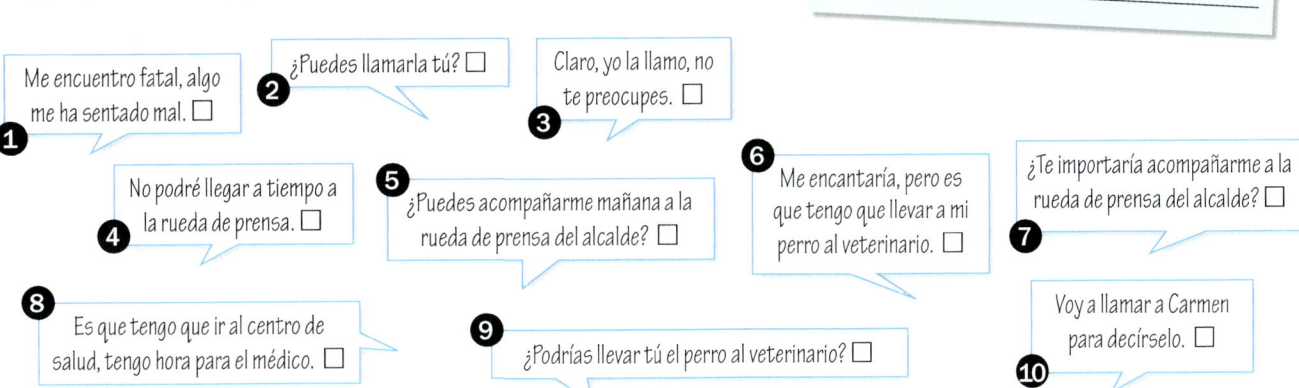

1. Me encuentro fatal, algo me ha sentado mal. ☐
2. ¿Puedes llamarla tú? ☐
3. Claro, yo la llamo, no te preocupes. ☐
4. No podré llegar a tiempo a la rueda de prensa. ☐
5. ¿Puedes acompañarme mañana a la rueda de prensa del alcalde? ☐
6. Me encantaría, pero es que tengo que llevar a mi perro al veterinario. ☐
7. ¿Te importaría acompañarme a la rueda de prensa del alcalde? ☐
8. Es que tengo que ir al centro de salud, tengo hora para el médico. ☐
9. ¿Podrías llevar tú el perro al veterinario? ☐
10. Voy a llamar a Carmen para decírselo. ☐

c Ahora vuelve a leer el cómic y escribe cómo transmiten estos mensajes otras personas.

1. Me encuentro fatal... y no podré llegar a tiempo a la rueda de prensa.
   ....
2. ¿Puedes llamarla tú?
   ....
3. Es que tengo que ir al centro de salud.
   ....
4. ¿Te importaría acompañarme a la rueda de prensa del alcalde?
   ....

d Al transmitir las palabras de otros, pueden producirse cambios en los tiempos verbales y en otras palabras que indican tiempo y lugar. Fíjate en los cambios que se producen en estas frases:

Verbo *decir, preguntar, pedir...* en presente o pretérito perfecto
Información en presente presente / pretérito perfecto + *que* + presente o imperfecto
Tengo frío. → *Dice que tiene frío.* / *Ha dicho que tiene / tenía frío.* *Me duele la cabeza.* → *Dice que le duele la cabeza.* / *Ha dicho que le duele / dolía la cabeza.*
Preguntas en presente
• Con partícula interrogativa → queda igual *¿Cuántos años tienes?* → *Pregunta (que) cuántos años tengo.* *¿De dónde vienes?* → *Me ha preguntado (que) de dónde vengo.* • Sin partícula interrogativa → presente / pretérito perfecto + *si* + pregunta original *¿Tienes hambre?* → *Pregunta (que) si tienes hambre.*
Petición en presente presente / pretérito perfecto + *que* + subjuntivo
Pásame la sal, por favor. → *Dice que le pases la sal.* *¿Puedes llamarme más tarde?* → *Me ha pedido que lo llame más tarde.*

Al **pretérito perfecto** le puede seguir:
- **presente**: *ha dicho (ahora) que está jugando con sus hijos.*
- **imperfecto**: *ha dicho (esta mañana) que estaba jugando con sus hijos.*

Las instrucciones, los consejos y las órdenes funcionan igual.

Los elementos que hacen referencia al lugar y al tiempo pueden cambiar: *aquí* → *allí*, *ahora* → *en aquel momento*, *este* → *ese*.

PRACTICA

e Cuéntale a tu compañero lo que te han dicho estas personas.

> Tengo un hambre horrible, ¿tú no?

Cuando hemos salido del trabajo, me ha dicho que _____ _____, así que nos hemos ido a cenar a un chino.

> Me encuentro fatal, ¿puedes sacar a mi perro?

Mi vecina no se encuentra bien y me ha pedido que _____ _____ a su perro.

> ¿Cuándo vuelves?

Cuando he ido a despedirme, el jefe me ha preguntado que _____.

f Los siguientes verbos se utilizan para transmitir mensajes. Sustituye el verbo *decir* por alguno de ellos en los siguientes ejemplos.

- admitir
- explicar
- preguntar
- pedir (x2)

1. Lo he llamado y estaba ocupado. Me **ha dicho** que lo llame más tarde.
2. En esta carta me **dice** que le envíe un documento importante del archivo.
3. Me **ha dicho** que si tengo novio.
4. **Dijo** que el teléfono no funcionaba porque la cobertura en esta zona era muy débil y mi teléfono tenía la antena estropeada.
5. El profesor lo descubrió y el chico **dijo** que sí, que estaba copiando.

g Varias personas han llamado a la agencia por diferentes motivos. Iñaki tiene que dejar notas a sus compañeros. Ayúdale a escribirlas.

> Han llamado para pedir una foto para usarla en un ejercicio de clase. Y preguntan que si la puedes enviar por correo electrónico.

5 VOLVER A EMPEZAR

a Para algunas personas es difícil conciliar la vida personal y la vida laboral. Por ello, muchos se ven obligados a pedir favores a amigos, conocidos o familiares. Lee este texto sobre los problemas que puede tener una familia trabajadora.

Trabajo y familia

Desde que la mujer se incorporó al mercado laboral, las familias tienen ciertas dificultades para compaginar su trabajo con el cuidado de los hijos. Es por ello que tienen que recurrir a la gente de su entorno más cercano, para poder compatibilizar los horarios de sus hijos con el trabajo.

La experiencia de Susana es muy frecuente en cualquier familia española en la que trabajan los padres.

"Empecé a trabajar cuando tenía 25 años en una empresa editorial. Poco después conocí a mi pareja y tuvimos nuestro primer hijo. Era imposible, especialmente en los meses de verano, que cerraban la guardería, poder trabajar y hacernos cargo de él. Así que mi madre decidió ayudarnos y se quedaba con él por las mañanas.

Cuando Álvaro empezó el colegio, llegó nuestro segundo hijo, Sergio. Así que mi madre volvió a ayudarnos todo lo que pudo. Estuve a punto de pedir una excedencia porque no quería depender de la ayuda de mi madre. Pero dejé de considerar esta posibilidad porque la realidad era que con un sueldo no podíamos vivir bien. Así que mi madre siguió cuidando a nuestros hijos cuando estaban enfermos y en periodos vacacionales, sé que a veces estaba agotada pero no era capaz de decirme que no. Tuvimos mucha suerte, porque muchos amigos no tienen a nadie que les pueda apoyar, y necesitan pedir favores a unos y otros o tienen que contratar a alguien para cuidar a sus hijos ¡sin tener la tranquilidad de que están en buenas manos!

Es duro no tener la posibilidad de cuidar a tus hijos y trabajar..., llegas a sentirte culpable, porque piensas que eres un mal padre o una mala madre. Nos sentíamos tan frustrados que discutíamos mucho..., incluso estuvimos a punto de divorciarnos".

b Aquí tienes algunas de las estructuras que han aparecido en el texto anterior. Relaciónalas con su significado.

1 **Empezar a** + infinitivo
2 **Seguir** + gerundio
3 **Dejar de** + infinitivo
4 **Estar a punto de** + infinitivo
5 **Volver a** + infinitivo
6 **Llegar a** + infinitivo

a Punto máximo (o mínimo) de una situación.
b Momento inmediatamente anterior al inicio de algo.
c Repetición de una actividad.
d Inicio de una actividad.
e Interrupción de una actividad.
f Continuación de una actividad.

c Completa la tabla siguiente y habla con tu compañero sobre estas actividades. Añade dos más.

- ¿Tocas algún instrumento?
- Sí, la flauta.

- ¿Cuándo empezaste a tocarla?
- A los 12 años.

- ¿Sigues tocándola?
- Sí, pero poco.

	Empezar a + infinitivo	Seguir + gerundio	Dejar de + infinitivo	Estar a punto de + infinitivo	Volver a + infinitivo	Llegar a + infinitivo
Practicar algún deporte						
Vivir con su pareja						
Ser vegetariano						
Tocar algún instrumento						

¿Qué es lo que más te ha sorprendido de las respuestas de tu compañero?

Paul empezó a coleccionar sellos a los siete años y todavía sigue haciéndolo.

6 LA DIFICULTAD DE DECIR «NO»

Lee este texto y contesta a las preguntas.

PSICOLOGÍA

Vivir mejor

Cómo superar situaciones que nos hacen la vida más difícil

¿Por qué nos cuesta tanto decir «no»?

En muchas ocasiones nos encontramos haciendo cosas que no deseamos, simplemente por no haber dicho «no» a tiempo. Negarse a hacer algo que nos piden resulta muy complicado cuando no queremos parecer antipáticos. Si un compañero nos pide ayuda y dejamos lo que estamos haciendo para ayudarlo, vamos en contra de nuestros propios intereses y ponemos por delante los de los demás. Si el jefe nos pide que nos quedemos un rato más en el trabajo para terminar una tarea urgente, no nos negamos y llamamos a casa para decir que llegaremos más tarde, nuestra familia sale perdiendo. Si una amiga nos pide que le cuidemos al gato cuando se va de vacaciones y eso nos añade una serie de obligaciones que difícilmente podemos cumplir con facilidad y aun así aceptamos, nuestra amistad se devalúa. Este tipo de conductas pone demasiada presión en nuestras vidas y, si se mantienen durante mucho tiempo, empobrecen nuestras relaciones con los demás.

El miedo a que nos despidan, a que no cuenten con nosotros la próxima vez o, simplemente, el temor a defraudar al otro son las causas más frecuentes de este comportamiento. Si alguna vez te has arrepentido de haber aceptado hacer cosas que te desagradan solo por complacer a los demás, te conviene tener en cuenta estas recomendaciones:

- No te sientas culpable por decir *no*.
- Negarse a hacer algo no siempre es egoísmo; a veces es una señal de madurez.
- Di *sí* solo cuando tú quieras, si lo dices siempre no lo apreciarán.
- Decir *no* servirá para descargar tu agenda de tareas innecesarias.

No te sientas culpable por decir *no*.

1. ¿Estás de acuerdo con lo que expone? ¿Por qué?
2. ¿Te has sentido mal alguna vez por negarte a hacer algo?
3. ¿Crees que es más difícil decir «no» en unas situaciones que en otras?

7 LO SIENTO, ES QUE...

a Miquel ha recibido una invitación a una fiesta de cumpleaños, pero no le apetece ir. Lee estas dos posibles respuestas. ¿Cuál escribirías tú?

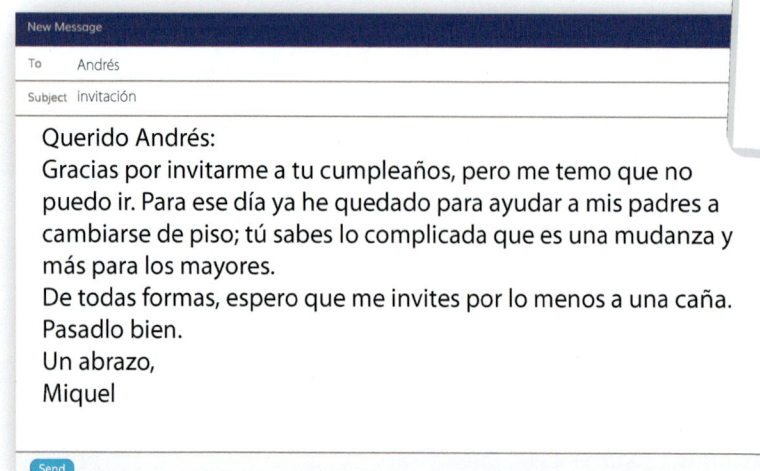

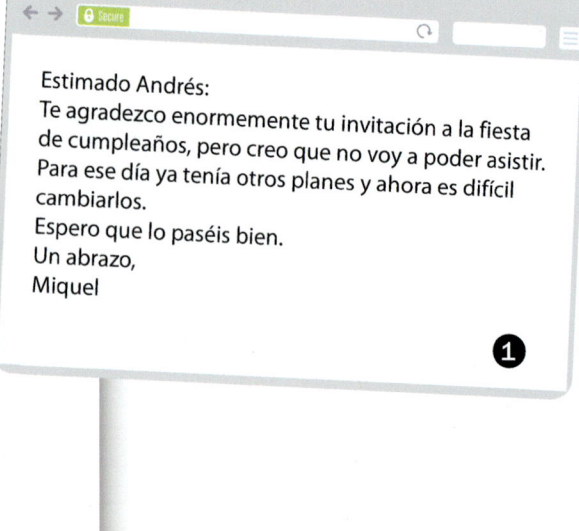

New Message
To: Andrés
Subject: invitación

Querido Andrés:
Gracias por invitarme a tu cumpleaños, pero me temo que no puedo ir. Para ese día ya he quedado para ayudar a mis padres a cambiarse de piso; tú sabes lo complicada que es una mudanza y más para los mayores.
De todas formas, espero que me invites por lo menos a una caña.
Pasadlo bien.
Un abrazo,
Miquel

❷

Estimado Andrés:
Te agradezco enormemente tu invitación a la fiesta de cumpleaños, pero creo que no voy a poder asistir. Para ese día ya tenía otros planes y ahora es difícil cambiarlos.
Espero que lo paséis bien.
Un abrazo,
Miquel

❶

b Imagina que has recibido una invitación para la boda de un amigo al que hace tiempo que no ves. Desgraciadamente, ese fin de semana tienes un viaje programado desde hace meses. Escribe un correo electrónico justificando tu ausencia.

> **Rechazar una invitación**
>
> Cuando rechazamos una invitación o negamos una petición, normalmente añadimos una explicación que lo justifique; por ejemplo:
>
> *Es que tengo que ayudar a mis padres.*
>
> También podemos proponer una alternativa para no cerrar el asunto con un «no». Por ejemplo:
>
> *Lo dejamos para la semana que viene.*

8 FAVORES

Vas a pedir un favor y aceptar o rechazar una petición.

> **Para pedir favores:**
> - ¿Puedes... tú?
> - ¿Te importaría...?
> - ¿Podrías...?
> - ¿Me haces un favor?
> - ¿Podrías hacerme un favor?
> - Necesito pedirte un favor.
> - Tengo que pedirte una cosa.
> - ¿Puedes...? Es que...

PLANIFICA

a Lee estas situaciones y elige una.

a No puedes ir a clase porque estás enfermo desde hace varios días. Quieres que un compañero te recoja los materiales y le diga al profesor lo que te pasa.

b No puedes ir a trabajar (tu hijo está resfriado) y le pides a un compañero que haga por ti una tarea urgente y le cuente al jefe lo que te pasa.

c Tienes que recoger a un amigo en el aeropuerto y coincide con una visita importante a tu médico. Pides a un amigo que lo recoja, aunque él no lo conoce.

d Tienes que ir a comprar unos muebles para tu salón y tu dormitorio y tu coche no es lo suficientemente grande. Pides a tu amigo que te acompañe el sábado por la mañana con su coche, te ayude con la compra y a montar los muebles.

ELABORA

b Piensa durante un momento cómo vas a pedir el favor y escribe tu petición en dos papeles: uno para tu compañero de la derecha y otro para el de la izquierda.

Tú también recibirás dos peticiones: tienes que aceptar una y rechazar otra.

COMPARTE

c Representa con tus compañeros la petición y las respuestas.

En grupos, considerad si la petición y sus respuestas han mantenido el nivel de formalidad requerido.

AMPLÍA

9 FÓRMULAS Y RECURSOS PARA HACER PETICIONES CORTESES

En la vida cotidiana solemos pedir muchas cosas: la hora, un papel, una indicación para llegar a un lugar, un momento de atención, un vaso de agua… Las maneras de pedir las cosas también son variadas. En español existen dos tipos de estrategias para hacer peticiones: las **fórmulas de cortesía** y los **recursos** que las atenúan o suavizan. Muchas veces, usamos ambas.

Fórmulas de cortesía

Las peticiones pueden ser más o menos directas, depende de si pedimos algo a personas más conocidas o menos conocidas.

más directas		más indirectas	
¿Me dices la hora?	¿Me dirías la hora?	¿Te importaría decirme la hora?	¿Serías tan amable de decirme la hora?
¿Me das un vaso de agua?	¿Me darías un vaso de agua?	¿Te importaría darme un vaso de agua?	¿Serías tan amable de darme un vaso de agua?
¿Me dejas un euro?	¿Me dejarías un euro?	¿Te importaría dejarme un euro?	¿Serías tan amable de dejarme un euro?
¿Puedes abrir la ventana?	¿Podrías abrir la ventana?	¿Te importaría abrir la ventana?	¿Serías tan amable de abrir la ventana?

Recursos para atenuar o suavizar

Los recursos más frecuentes para suavizar las peticiones son los diminutivos, las justificaciones y las frases hechas.

Diminutivos	
Para pedir agua	*Un vasito de agua.*
Para pedir tiempo a la persona con la que hablamos	*Un momentito.*
Para pedir dinero suelto: un euro, dos…	*Un eurillo / un eurito.*

Justificaciones	
Un vasito de agua	*(Es que) tengo que tomar una medicina.*
Un momentito	*(Es que) tengo algo importante que decirte.*
Un eurillo / un eurito	*(Es que) me he dejado el monedero en casa.*

Frases hechas	
Un vasito de agua	*¿Me puede traer un vasito de agua? Si no es molestia.*
Un momentito	*¿Podría hablar con usted un momentito, por favor?*
Un eurillo / un eurito	*¿Me dejas un eurillo?, si puedes.*

Las peticiones son más directas con amigos, familiares, conocidos…, y más indirectas con desconocidos, personas mayores, superiores en el trabajo o estudios… También cuando la petición es delicada o supone un esfuerzo mayor para el que hace el favor.

Responde a las preguntas.

1. ¿Cómo te piden cosas en español? ¿Con qué expresiones estás más familiarizado?
2. ¿Qué fórmulas usas tú habitualmente?
3. Las expresiones anteriores, ¿te resultan similares a las que usas en tu lengua y cultura?, ¿por qué?

8 YO CREO QUE...

En esta unidad vamos a aprender:

- A intercambiar opiniones sobre la libertad de prensa y otros derechos.
- A expresar opiniones, acuerdo y desacuerdo.
- A organizar un debate.
- A reflexionar sobre la forma de participar en un debate en las culturas hispanoamericanas.

1. ¿Qué crees que tienen en común las imágenes?
2. ¿Qué significa para ti «derechos humanos»?
3. ¿Te parece importante tener libertad (de expresión, de prensa...)?
4. ¿Crees que se respetan nuestros derechos en la actualidad?

OBSERVA

1 TODA PERSONA TIENE DERECHO A...

En 1948 la Asamblea General de la Organización de las Naciones Unidas (ONU) aprobó y proclamó la Declaración Universal de Derechos Humanos. Cada país miembro de la ONU tiene la obligación de difundir el texto de los derechos entre sus ciudadanos, especialmente desde las escuelas y otros organismos educativos, independientemente de su situación política.

a Estos son algunos de los derechos básicos de las personas. ¿Puedes añadir otros?

- derecho a la educación
- derecho a la protección de la intimidad
- libertad de expresión
- ...
- ...
- ...
- ...
- ...
- ...

b Con tu compañero, decidid qué tres derechos consideráis fundamentales:

Todo el mundo debería tener derecho a...
a) ....
b) ....
c) ....

c Aquí tienes algunos de los derechos proclamados en la declaración de la ONU. ¿Crees que unos son más importantes que otros? Coméntalo con tus compañeros.

- Toda persona tiene derecho a la educación. La educación debe ser gratuita y obligatoria en la enseñanza elemental.
- Toda persona tiene derecho a un nivel de vida adecuado que le asegure, así como a su familia, la salud y el bienestar y, en especial, la alimentación, el vestido, la vivienda, la asistencia médica y los servicios sociales necesarios.
- Toda persona tiene derecho al descanso, a disfrutar del tiempo libre, a una limitación razonable de la duración del trabajo y a vacaciones periódicas pagadas.
- Toda persona acusada de delito tiene derecho a ser considerado inocente mientras no se pruebe su culpabilidad.
- Toda persona tiene derecho a la libertad de pensamiento, de conciencia y de religión.
- Todo individuo tiene derecho a la vida, a la libertad y a la seguridad de su persona.
- Todo individuo tiene derecho a la libertad de opinión y de expresión; este derecho incluye el de no ser molestado a causa de sus opiniones, el de investigar y recibir informaciones y opiniones, y el de difundirlas, sin limitación de fronteras, por cualquier medio de expresión.
- Nadie será objeto de intromisiones arbitrarias en su vida privada, su familia, su domicilio o su correspondencia, ni de ataques a su honra o a su reputación. Toda persona tiene derecho a la protección de la ley contra estos ataques.

■ *Yo creo que el derecho a una vivienda es más importante que el derecho al trabajo, porque...*
● *Pues a mí me parece más importante el derecho a...*

d ¿Conoces la asociación Reporteros Sin Fronteras? ¿A qué crees que se dedica? Su lema es «Investigar, denunciar, apoyar». ¿A quién? ¿Por qué?

e 🔊 Lee y escucha el cómic. ¿Qué opinión tienes sobre las propuestas de los miembros de Agencia ELE?

AL FINAL DE LA UNIDAD...
Vas a participar en un debate en clase.

AGENCIA ELE

Debate sobre la libertad de prensa

OBSERVA 8

Carmen recibe un correo electrónico informándola sobre la celebración del Día Mundial de la Libertad de Prensa.

En la agencia reciben un correo electrónico...

Para: carmen.ariza@agenciaele.com
CC:
Asunto: Día Mundial de la Libertad de Prensa

3 de mayo, Día Mundial de la Libertad de Prensa. Es una oportunidad para defender la independencia de los medios de comunicación y rendir homenaje a los periodistas que han perdido su vida en el cumplimiento de su deber. Diferentes actos se organizarán en todo el mundo...

— Mirad esto. ¿Qué os parece si organizamos algo para celebrarlo?

— Buena idea. Me parece que es bueno sensibilizar a la gente. ¿Tú qué crees, Paloma?

— Ya, pero ¿no crees que todavía hay muchos países en los que ser periodista es arriesgado?

— Pues sí, pero ¿esto mejora la situación?

— En mi opinión, estas celebraciones sirven para poco. No creo que hagan mucha falta.

— Entonces, según tú, ¿es mejor que nos quedemos quietos? ¿No crees que deberíamos defender el derecho a la información?

— Pues no sé, no sé. Creo que hay demasiada información y es difícil discriminar.

— Sí, es fácil decir eso desde aquí. Pero en muchos países puedes ir a la cárcel o perder la vida solo por expresar tu opinión.

— Sí, es verdad; por eso es tan importante el trabajo de asociaciones como Reporteros Sin Fronteras. Queda mucho por hacer.

— Es importante que podamos expresarnos sin presiones: hablar, vestirnos, escribir...

— Es verdad, no es solo la prensa, también están perseguidas otras formas de expresión.

— Sí, es evidente que no es un problema exclusivo del periodismo.

— ¿Sabes que se controla el acceso a internet en muchos países?

— Sí, por eso estoy de acuerdo con Carmen; es importante que se sepa.

Más tarde...

— Sí, puede ser, quizá tengas razón...

— Entonces, ¿os parece buena idea que organicemos un debate sobre la libertad de prensa?

— Mejor sobre la libertad de expresión en general, ¿no?

— Y vosotros, ¿qué opináis?

2 YO CREO QUE...

a En el cómic aparecen algunas expresiones que sirven para opinar, valorar, expresar acuerdo... Vuelve a leer el texto e intenta completar los siguientes cuadros.

> Ya, pero ¿no crees que todavía hay muchos países en los que ser periodista es arriesgado?
>
> Pues sí, pero ¿esto mejora la situación?

Pedir la opinión de alguien
....
....
¿No crees que...?
Opinión + ¿no creéis?
....
....

Acuerdo / Desacuerdo
Estoy de acuerdo con...
Sí, puede ser.
Sí, es verdad.
No es eso.

Introducir una información
....

Valorar un hecho o una opinión
A mí me parece que...
....
....
Está claro que...
....
....

b Fíjate en las palabras señaladas en azul, que utilizamos para valorar un hecho o una opinión, y completa las reglas.

- Es **importante** que **podamos** expresarnos libremente.
- Es **mejor** que se **publique** todo.
- Está **claro** que **debe** haber un límite.
- Es **lógico** que **tengan** interés en saber qué pasa.
- Es **evidente** que la información **circula** con mucha rapidez.
- Está **bien** que **defiendan** esos derechos.

> Cuando valoramos un hecho en general sin concretar quién lo hace, usamos el *infinitivo*.
>
> **En general**
> *Está mal publicar* este tipo de información.
> *Es fácil decir* eso.
>
> **Con un sujeto concreto**
> *Está mal que me digas* eso.
> *Está claro que no podemos* publicarlo todo.

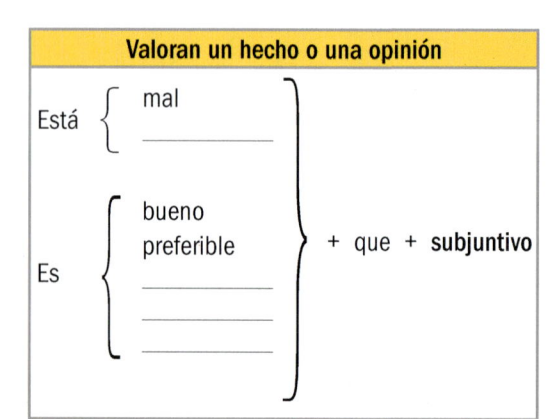

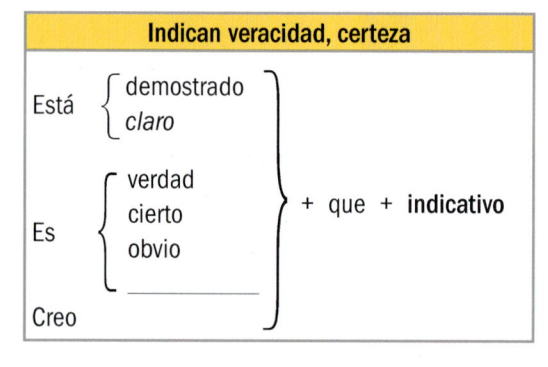

Valoran un hecho o una opinión

Está { mal / .... }

Es { bueno / preferible / .... / .... / .... } + que + subjuntivo

Indican veracidad, certeza

Está { demostrado / claro }

Es { verdad / cierto / obvio / .... } + que + indicativo

Creo

c Relaciona los contrarios.

1 Es injusto
2 Es útil
3 Es normal
4 Es malo
5 Es solidario
6 Es adecuado
7 Es probable
8 Es verdad
9 Es necesario
10 Es lógico

a Es improbable
b Es insolidario
c Es mentira
d Es inadecuado
e Es inútil
f Es justo
g Es bueno
h Es ilógico
i Es raro
j Es innecesario

> **¡Atención!**
> Cuando las expresiones de certeza van en negativo:
> *No* + *ser / estar* + adjetivo / adverbio + *que* + **subjuntivo**:
> No es verdad que *se pueda* decir todo.
> No está claro que *sea* legal hacer eso.
> No creo que *deba* publicarse todo.

> Creo que es una buena decisión.
>
> Pues yo no creo que lo sea.

3 ¿QUIÉN TIENE RAZÓN?

a En parejas, expresad vuestra opinión sobre las siguientes situaciones. Utilizad las expresiones que habéis visto en el ejercicio anterior.

1
ALUMNO A Vives en una zona de bares y no puedes dormir por la noche.
ALUMNO B Eres joven y te encanta salir por las zonas de bares y discotecas. No entiendes que los vecinos quieran cerrar estas zonas de marcha.

- *Es injusto que no podamos dormir por los ruidos del bar de enfrente. El descanso es más importante que la diversión.*
- *Pues yo pienso que es una maravilla que podamos divertirnos en los bares después de trabajar toda la semana. Es normal que la gente se queje, pero es evidente que somos jóvenes y queremos divertirnos.*

2
ALUMNO A Trabajas en un museo y con el precio de las entradas no se puede pagar el mantenimiento.
ALUMNO B Te encanta la cultura y crees que se debería fomentar; para ello, crees que los museos deberían ser gratuitos.

3
ALUMNO A Tienes mucha prisa y necesitas hacer algunos recados. No dudas en aparcar tu coche en doble fila.
ALUMNO B Sales del supermercado y te encuentras con un coche que no te permite salir para irte a tu casa porque está aparcado en doble fila. No llamas a la grúa para no perjudicarlo, pero te parece insolidario porque has perdido 30 minutos esperando hasta que ha llegado.

4
ALUMNO A Estás muy preocupado por las cosas que ponen en la televisión en horario infantil. Tienes que controlar todo el día lo que ven tus hijos y los dibujos animados los ponen muy tarde.
ALUMNO B Te encantan las películas y los programas de debates, estás cansado de que siempre pongan dibujos animados en la tele y no haya nada interesante.

b Da tu opinión sobre los siguientes temas.

Construyen hotel en playa protegida.

Aumentan los precios de la entrada de los museos.

Quejas de vecinos por los bares que abren de madrugada.

El centro de la ciudad cortado al tráfico por la fiesta de la bicicleta.

Los jóvenes pasan una media de cuatro horas delante de una pantalla (consola, televisión, ordenador).

c ¿Has tomado nota de las opiniones de tus compañeros? Vamos a sacar conclusiones. Según su opinión, tu compañero puede ser:

- dormilón
- juerguista
- sociable
- sano
- egoísta
- ecologista

Yo creo que Nick es muy juerguista, porque le parece normal que no se pueda dormir si hay un bar enfrente de casa.

4 ¿ESTÁS DE ACUERDO?

a 🔊 Escucha las siguientes conversaciones. ¿Crees que están de acuerdo?

		acuerdo	desacuerdo	
1	x			1
2				2
3				3
4				4
5				5

PRACTICA

b) Vuelve a escuchar y completa con las formas que se utilizan para expresar acuerdo y desacuerdo.

Para expresar acuerdo	Para expresar desacuerdo
Sí, claro. Tienes razón. _____ Yo pienso igual que tú. _____ Sí, es cierto que... _____ Sí, es verdad. Sí, estoy de acuerdo. Sí, yo también creo que...	Yo no pienso lo mismo (que tú). _____ No, no es verdad ⎫ No, no es cierto ⎬ + que + *subjuntivo* No, no estoy de acuerdo. No, + *opinión contraria* No es eso. ¡Qué va! _____

¿No te parece que los grafitis son un buen medio de expresión?

c) Escribe tres hechos o situaciones y da tu opinión. En grupos, comentad las opiniones de todos. Reaccionad adecuadamente a las opiniones de los demás.

A mí lo del carril bici me parece una tontería. ¿Tú qué crees?

5 EN PRIMER LUGAR...

a) Aquí tienes una serie de elementos que sirven para organizar las ideas. Escucha el debate y completa el cuadro con las fórmulas que oigas.

Ordenar las ideas	En primer lugar... / en segundo lugar... Por una parte... / por otra (parte)... _____ / _____
Para reformular una idea	_____ / es decir
Presentar un argumento opuesto	Pero / sin embargo / no obstante
Presentar una consecuencia o resultado	En consecuencia / de modo que / de manera que / _____
Para introducir el final	En conclusión / _____ / finalmente

b) Escribe argumentos para posicionarte sobre los siguientes temas: comida rápida; dónde hacer celebraciones; derechos de peatones y ciclistas. Después, coméntalo con tu compañero.

celebraciones: cocinar en casa o comer fuera

comida rápida

derechos de los peatones / de los conductores y de los ciclistas

Puedes seguir los siguientes pasos:
- Haz un esquema de las ideas que quieres tratar.
- Asegúrate de que conoces las palabras que quieres usar y las estructuras necesarias.
- Ordénalas según la relación que hay entre ellas y elige los elementos que creas oportunos para señalar esa relación.
- Puedes empezar a hablar, pero ¡no leas! Utiliza tus notas como un guion solo si no sabes qué decir.

6 DERECHOS HUMANOS

a En la web de esta asociación se denuncia el incumplimiento de los derechos humanos en algunos países. Léela y comenta con tus compañeros qué te parece más sorprendente.

- *En mi opinión, es sorprendente que uno no pueda elegir con quién se casa.*
- *Pues yo creo que es peor que te encarcelen sin saber por qué.*

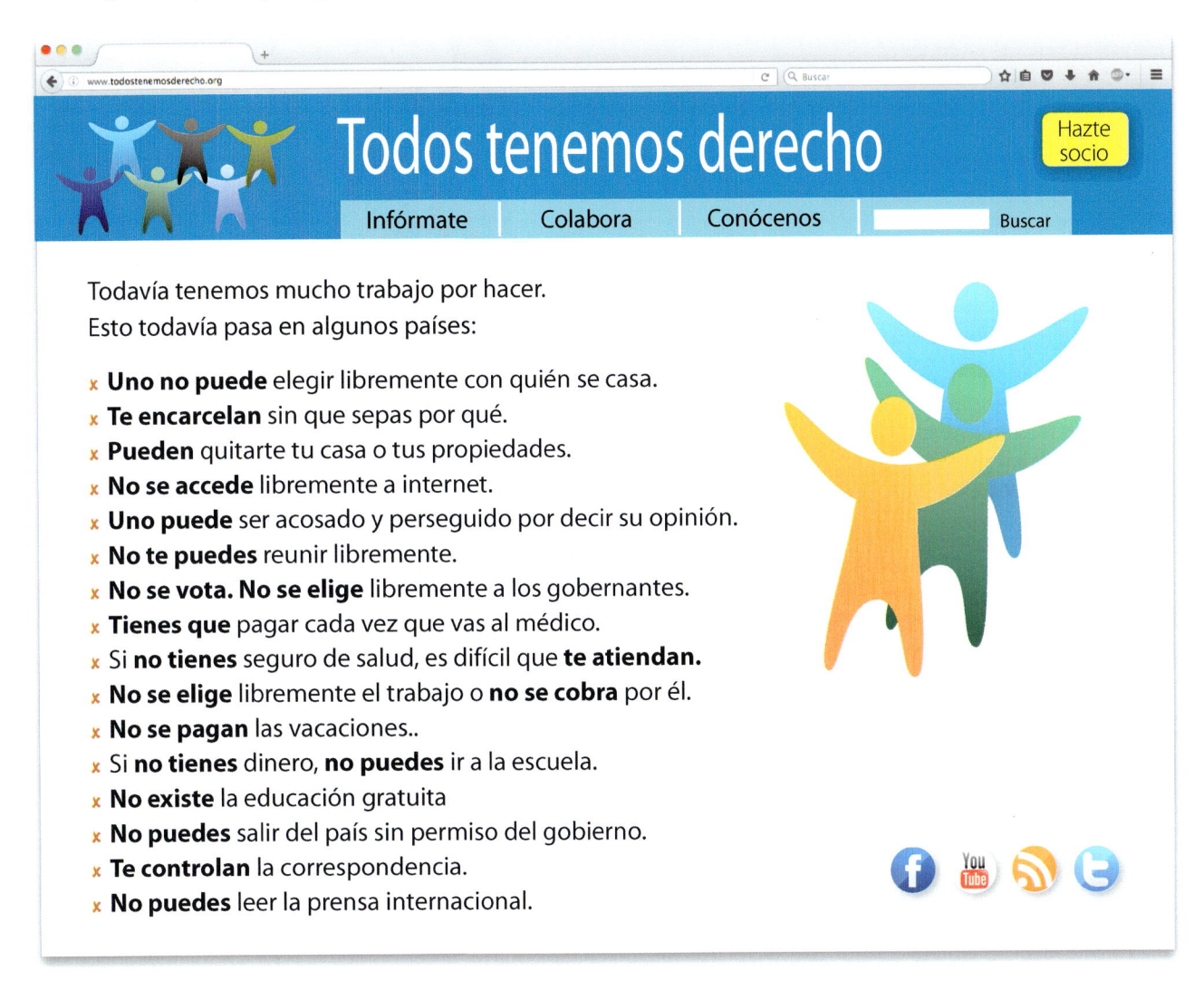

Todos tenemos derecho

Infórmate | Colabora | Conócenos | Buscar

Hazte socio

Todavía tenemos mucho trabajo por hacer.
Esto todavía pasa en algunos países:

- **Uno no puede** elegir libremente con quién se casa.
- **Te encarcelan** sin que sepas por qué.
- **Pueden** quitarte tu casa o tus propiedades.
- **No se accede** libremente a internet.
- **Uno puede** ser acosado y perseguido por decir su opinión.
- **No te puedes** reunir libremente.
- **No se vota. No se elige** libremente a los gobernantes.
- **Tienes que** pagar cada vez que vas al médico.
- Si **no tienes** seguro de salud, es difícil que **te atiendan.**
- **No se elige** libremente el trabajo o **no se cobra** por él.
- **No se pagan** las vacaciones..
- Si **no tienes** dinero, **no puedes** ir a la escuela.
- **No existe** la educación gratuita
- **No puedes** salir del país sin permiso del gobierno.
- **Te controlan** la correspondencia.
- **No puedes** leer la prensa internacional.

b Vuelve al texto anterior y fíjate en las estructuras que se utilizan cuando no nos interesa indicar quién hace lo que dice el verbo. Completa la siguiente tabla:

Se + 3.ª persona del singular / plural			*Uno* + 3.ª persona del singular
No se accede...	*Pueden...*	*No te puedes...*	*Uno puede ser acosado...*

c ¿Pasan algunas de estas cosas en tu país? ¿Qué cosas son diferentes?

- *En mi país no es así, uno puede elegir con quién se casa.*
- *En el mío también.*

7 EL HÁBITO NO HACE AL MONJE

a ¿Es habitual el uniforme en las escuelas de tu país? ¿En qué tipo de centros? ¿Crees que sirve para evitar la discriminación y que favorece la igualdad entre los alumnos?

Lee este artículo sobre la polémica suscitada por la imposición del uniforme en una escuela pública de Madrid.

La guerra de los uniformes

Hay quien ve en el uniforme la solución a algunos problemas de la escuela pública y quien lo considera contrario al principio de diversidad y al derecho a expresarse.

Desde que la presidenta de la Comunidad de Madrid anunció al inicio del curso escolar la posibilidad de implantar los uniformes en los centros públicos de Madrid, se ha generado un debate sobre la conveniencia de esta medida. La competencia entre adolescentes por las marcas, la forma de vestir de algunos alumnos y las rivalidades que se crean por la ropa han hecho que la posibilidad de llevar uniforme en centros públicos se plantee como una solución a estos problemas. No todos están de acuerdo, hay quien ve en esta posibilidad una amenaza para la libertad de expresión de los alumnos y la diversidad de la escuela pública.

Carmen Gutiérrez es la directora del colegio público Profesor Tierno Galván de Alcobendas (Madrid). Este centro, donde más de la mitad del alumnado es inmigrante, es uno de los 30 colegios públicos de la Comunidad de Madrid que han adoptado el uniforme. Fue allí donde la presidenta ensalzó su uso porque ayuda a «minimizar diferencias y disolver tensiones» y hace que los niños «se sientan iguales y parte de un proyecto común». Su directora cuenta que la propuesta «era una forma de minimizar esa separación de clases sociales que había en el centro y que también se plasmaba en la forma de vestir de los alumnos».

Las asociaciones de padres tienen puntos de vista distintos. El vicepresidente de una de ellas cuenta que dentro de los padres hay posiciones a favor y en contra, pero cree que la posibilidad de llevar uniforme debe partir de una premisa fundamental: «El acuerdo de la comunidad educativa. No vale una imposición». Considera que puede ser cómodo para los padres y que ayudaría a evitar la complicación que suponen a veces modas y marcas, siempre y cuando «no sea obligatorio»; «además, no es cierto que la convivencia mejore porque todos vayan vestidos igual». También advierte de que puede «coartar la libertad individual, especialmente entre los alumnos de Secundaria».

Sin embargo, desde otra asociación de padres aseguran que estos argumentos son «frívolos e insustanciales, porque los alumnos se pueden expresar fuera del colegio o los fines de semana», y se muestran partidarios del uso del uniforme: «Evita la discriminación entre chavales, sobre todo con los *marquismos* entre adolescentes, los iguala a todos y les hace sentir más el colegio y su pertenencia al grupo». Desde una tercera asociación opinan que esta medida es «superficial, sin ninguna justificación pedagógica demostrada». «La uniformidad de la sociedad no es lo que busca la escuela pública, que es diversidad y pluralidad», subraya.

Adaptado de Tiempo (05/10/2007)

b Escribe los argumentos que aparecen en el texto a favor y en contra del uso del uniforme.

A favor 👍

En contra 👎

c 🔊 Vamos a escuchar un debate en el que diferentes personas hablan sobre la conveniencia o no de llevar uniforme en la escuela. ¿Con qué persona estás de acuerdo? ¿Por qué?

d Añade en los cuadros de la actividad anterior los argumentos que has escuchado a favor y en contra. ¿Y tú? ¿Tienes argumentos a favor o en contra de los uniformes?

¿Crees que hay otras formas de expresión que también están limitadas?

8 DEBATES

Vas a participar en un debate en clase.

PLANIFICA

a Elegid uno de estos temas o pensad en otros que os interesen más:

- La libertad de expresión en internet y sus consecuencias.
- Los derechos laborales y la explotación.
- La situación mundial respecto a las libertades y derechos humanos.
- Los uniformes en la escuela y en el trabajo.

ELABORA

b Vamos a utilizar las diferentes estructuras que hemos visto a lo largo de la unidad. Clasifícalas según sus funciones.

1. Opinar	3. Valorar un hecho	5. Ordenar / reformular ideas
2. Pedir la opinión	4. Mostrar acuerdo / desacuerdo	

- ☐ Sí, claro.
- ☐ ¿Tú qué crees?
- ☐ Por otra parte…
- ☐ Tienes razón.
- ☐ O sea…
- ☐ Yo pienso igual que tú.
- ☐ Sí, es verdad.
- ☐ Está mal actuar así.
- ☐ Sí, estoy de acuerdo.

- ☐ No, no es verdad que se pueda publicar todo.
- ☐ En mi opinión…
- ☐ No, no estoy de acuerdo.
- ☐ Creo que…
- ☐ No es eso.
- ☐ Es lógico que protesten.
- ☐ Es inútil que lo hagan.
- ☐ Sí, es cierto que…

- ☐ No creo que puedan.
- ☐ En primer lugar…
- ☐ En segundo lugar…
- ☐ Por una parte…
- ☐ Finalmente…
- ☐ Sí, pero…
- ☐ Es decir…
- ☐ No, no es cierto.

c En grupos vais a ordenar las ideas que tenéis sobre el tema elegido.

d Construid vuestra argumentación utilizando los elementos que hemos visto en la unidad y que están recogidos en esta página. Podéis redactar un guion por escrito.

COMPARTE

e En parejas, vais a elegir uno de los temas y uno va a defender los aspectos positivos y otro los negativos.

AMPLÍA

9 MANERAS DE OPINAR

a Responde y comenta con tu compañero.

- ¿Cómo haces para intervenir en una conversación en tu cultura?
  ....
- ¿Puedes superponer tu palabra a la de las otras personas que están hablando?
  ....
- ¿Puedes interrumpir a una persona que está hablando?, ¿cómo?, ¿por qué?
  ....

b Ahora lee el siguiente texto sobre cómo suelen intervenir en una conversación los hispanohablantes.

> *Tenemos un factor de igualdad.*
>
> *¡Pero qué manía con la igualdad!*

EN ALGUNAS CULTURAS, como las orientales, las personas esperan a que alguien termine completamente de hablar para dar su opinión. En español, es más habitual superponerse; apenas hay silencio entre las intervenciones de una persona y la siguiente, aunque hay marcas que indican que la persona acaba su turno: una mirada, un leve gesto con la cabeza o un cambio en la entonación.

Según los expertos, más de la mitad de las veces que cambiamos el turno de palabra, los hispanohablantes lo hacemos con solapamientos, es decir, empezamos a hablar mientras otra persona está hablando. En cambio, los solapamientos no pasan del 20 % entre los británicos y apenas llegan al 8 % en hablantes suecos.

Por otra parte, si cuando alguien nos cuenta algo, lo escuchamos muy silenciosamente, esta actitud puede interpretarse como falta de interés. Cuando hablamos, mostramos interés con gestos de aprobación con la cabeza, con sonrisas, con breves «interrupciones» que indican interés o sorpresa, como *Ajá, Hmmmmm, ¿En serio?, No me digas...* Esta es una forma habitual de «colaborar» con la persona que habla, de mostrar nuestro interés.

¡ATENCIÓN!

Es importante que no confundamos interrupción con solapamiento.

En situaciones informales, los hispanohablantes podemos interrumpir al otro cuando estamos debatiendo, discutiendo o polemizando. Solemos ser muy vehementes en las charlas sobre política o fútbol y transmitimos no solo ideas, sino también nuestros sentimientos con la pasión con la que hablamos.

En cambio, las interrupciones no son bien vistas en las situaciones formales de comunicación en el trabajo, en la escuela o en la universidad. En estas situaciones, las interrupciones son incorrectas e interpretadas como de mala educación.

c ¿Te has fijado en los solapamientos que han aparecido en la unidad? ¿Qué sentiste al oírlos? Responde *sí* o *no*.

En conversaciones con gente que habla español...
1. Tengo la sensación de que no respetan el turno del que habla. ☐
2. Me gusta que la gente gesticule, mueva las manos y sea expresiva. ☐
3. Me interrumpen antes de acabar y me molesta. ☐
4. Me resulta difícil saber cuándo puedo hablar. ☐
5. La gente manifiesta atención con sus ojos, movimientos de cabeza y fórmulas como *¡Ah!, ¿sí?* ☐
6. Me gusta que varias personas hablen a la vez. ☐
7. La gente habla demasiado alto y deprisa, no me gusta. ☐
8. La gente se entusiasma al hablar y parece una discusión, pero nadie está enfadado. ☐

¿ME EXPLICAS CÓMO SE HACE?

En esta unidad vamos a aprender:

- A dar y a comprender instrucciones escritas y orales.
- A expresar finalidad y posesión.
- A describir objetos y su funcionamiento.
- A hablar de formas alternativas de viajar.
- A reflexionar sobre la forma de dar órdenes e instrucciones.

1 ¿Normalmente lees manuales de instrucciones?
2 ¿Te gusta que te enseñen a hacer las cosas? ¿Y enseñar a otros?
3 ¿En qué contextos te dan o das instrucciones?
4 ¿Buscas instrucciones sobre cómo hacer las cosas en internet?

noventa y tres 93

OBSERVA

1 NUEVO REDACTOR EN AGENCIA ELE

a Lee la oferta de empleo, las dos solicitudes y las instrucciones. Luego, contesta a estas preguntas con tu compañero.

1. ¿Qué solicitud responde mejor a la oferta?
2. ¿Los candidatos han seguido las instrucciones para rellenar la solicitud?

OFERTA

Se necesita redactor/a en agencia de noticias.

Lugar: Madrid.

Descripción: Redactor con una experiencia mínima de 2 años en un puesto similar.

Requisitos: Disponibilidad absoluta para viajar.

Procedimiento: Rellenar esta solicitud, siguiendo las instrucciones, y enviarla a *empleo@agenciaele.es*, a la atención de Carmen Crespo.

Instrucciones para rellenar la solicitud.

1. Rellene todos los campos.
2. Utilice un procesador de textos: OpenOffice o Microsoft Word.
3. Escriba con letras mayúsculas.
4. No olvide firmar la solicitud.
5. Incluya una fotografía reciente.

AGENCIA ELE
Solicitud de empleo

DATOS PERSONALES DEL CANDIDATO

Apellidos	MORANTE RIVERO	Nombre	CARLOS		
Dirección	C/ BETIS, 5				
Ciudad	SEVILLA	Estado civil	SOLTERO	Código postal	41010
Teléfono	0034 23311112	Dirección de correo electrónico		carlosmr@correo.es	
Puesto al que desea optar	REDACTOR				

ESTUDIOS

Secundaria y bachillerato	Vega del Guadalquivir	Dirección	C/ Triana, 54, Sevilla			
Desde	2002 A 2008					
Estudios universitarios	Universidad Complutense de Madrid	Dirección	Avenida Complutense, s/n			
Desde	2008 A 2012	¿Se ha licenciado?	SÍ ☒ NO ☐	Título	Licenciado en Ciencias de la Información	
Formación especializada	Escuela de Periodismo de Madrid	Dirección	C/ Eugenia de Montijo, 5, Madrid			
Desde	2013 A 2014	¿Se ha licenciado?	SÍ ☒ NO ☐	Título	Máster en Periodismo	

EMPLEO ANTERIOR

Compañía	Agencia Prats	Dirección	Avenida de los Pinos, 74, Valencia	
Puesto	Redactor			
Desde	2016 A 2018	Razón por la que dejó el puesto	Cierre de la compañía	
¿Podemos ponernos en contacto con su anterior supervisor para solicitar referencias?			SÍ ☒	NO ☐

Firma   Fecha

b Carmen está preparando la entrevista. Lee las siguientes preguntas: ¿para cuál de los dos candidatos son? Escríbelas donde corresponde.

1. ¿Vas a hacer estudios especializados de periodismo?
2. ¿Puedes mudarte a Madrid para el trabajo?
3. ¿Por qué decidiste cambiar de profesión?
4. ¿Cuál es tu estado civil?
5. ¿Por qué dejaste el trabajo en el banco?
6. ¿Trabajabas en equipo en la agencia anterior?

CARLOS	VIRGINIA

OBSERVA 9

AGENCIA ELE
Solicitud de empleo

DATOS PERSONALES DEL CANDIDATO

Apellidos	López Arco	Nombre	Virginia
Dirección	Calle Hermosilla, 14		
Ciudad	Madrid	Estado civil	
Código postal	28000		
Teléfono	0034 914678930	Dirección de correo electrónico	Virgi_lopez@telef.es
Puesto al que desea optar	REDACTORA		

ESTUDIOS

Secundaria y bachillerato	Rafael Alberti	Dirección	C/ Mataleñas, 32, Santander
Desde	2000 A 2006		
Estudios universitarios	Universidad del País Vasco	Dirección	Barrio de Sarriena, s/n, Leioa, Vizcaya
Desde	2013 A 2017	¿Se ha licenciado? SÍ ☒ NO ☐	Título: Grado en Periodismo
Formación especializada		Dirección	
Desde	A	¿Se ha licenciado? SÍ ☐ NO ☐	Título

EMPLEO ANTERIOR

Compañía	Banco Bilbao Vizcaya	Dirección	Calle del Museo, 33, Bilbao
Puesto	Cajera		
Desde	2007 A 2012	Razón por la que dejó el puesto	Comienzo de los estudios de periodismo
¿Podemos ponernos en contacto con su anterior supervisor para solicitar referencias?		SÍ ☒ NO ☐	

Firma: *Virginia López Arco*   Fecha

c Escucha y escribe las respuestas a las preguntas de **1b**.

1 .... 4 ....
2 .... 5 ....
3 .... 6 ....

2 EL PRIMER DÍA DE TRABAJO

Lee el cómic e imagina qué mensaje escribe Carlos a un amigo después del primer día de trabajo. Escríbelo.

AL FINAL DE LA UNIDAD...

Vas a participar en un programa en el que durante una semana harás un intercambio de familias.

noventa y cinco **95**

PRACTICA

AGENCIA ELE
Un primer día muy…

Rocío recibe a Carlos, el nuevo reportero de Agencia ELE.

—¿Sí?
—Hola, Rocío, soy Carmen. Te cuento: Inés está mala y la voy a llevar al médico. Hoy empiezan dos personas a trabajar y tienes que explicarles lo que tienen que hacer. Hay una nota encima de mi mesa con instrucciones. ¿Te importa?
—No, claro. ¿Vienes luego?
—Sí, a media mañana. Ahora me tengo que ir corriendo.

Limpieza:
- 1º Limpiar mesas y vaciar papeleras.
- 2º Barrer y fregar suelos, pasillos, sala de reuniones, aseos.

—Hola, estoy buscando a Carmen Crespo. Es mi primer día.
—Ah, sí, te estaba esperando. Carmen no está ahora, viene más tarde. Me ha pedido que te dé algunas instrucciones.
—Como te ha explicado Carmen, trabajas de mañana. Antes de las nueve de la mañana, tienes que limpiar las mesas y vaciar las papeleras.
—Después, debes barrer y fregar el suelo de los pasillos, limpiar los aseos y la sala de reuniones.

—Mira, aquí tienes todo lo necesario: fregona, escoba, productos de limpieza…
—Sí, pero yo…
—Son muchas cosas, ¿verdad? Pero ya verás como te organizas en seguida.
—Aquí te puedes cambiar. Dentro está el uniforme. Te espero en mi despacho.
—Hola a todos.
—¿Qué tal está Inés?
—Bien, por suerte no era nada grave, un catarro.

—Pero Carlos, ¿por qué te has vestido así?
—Es el uniforme que me han dado.
—Pero no, hombre. Este uniforme no es para ti.
—Anda, cámbiate y luego te presento a Rocío, la redactora a quien vas a sustituir.
—Sí, creo que ya nos conocemos.

Información para Carlos:
- Qué hacer cuando llegue tarde o vaya al médico.
- Leer las normas internas de la empresa.
- Cómo usar la tarjeta de identificación.
- Cómo usar el teléfono y la grabadora.

3 INSTRUCCIONES PARA CARLOS

a 🔊 Carmen le da a Carlos las instrucciones de la lista. Escucha y numera del 1 al 4 según el orden en que aparecen.

INFORMACIÓN PARA CARLOS:
- ☐ Cómo usar el teléfono y la grabadora.
- ☐ Qué hacer cuando llegue tarde o vaya al médico.
- ☐ Leer las normas internas de la empresa.
- ☐ Cómo usar la tarjeta de identificación.

b Lee las instrucciones de Carmen y observa las formas verbales en rojo. Escribe cada estructura en la casilla correspondiente.

1. *Llámame* cuando llegues tarde.
2. Si vas al médico, *tienes que traer* un justificante.
3. Cuando hagas un trabajo, *asegúrate* de que respetas las indicaciones del estatuto.
4. Para entrar en el edificio *debes traer* la tarjeta de identificación y, además, *tienes que llevarla* siempre contigo.
5. Si necesitas más minutos en el teléfono, *rellena* este formulario.
6. Mira, *tienes que pulsar* este botón para grabar.

Imperativo	*Deber* + infinitivo	*Tener que* + infinitivo

Características de las instrucciones:
- El lenguaje es claro y sencillo.
- Se utilizan diferentes formas: el imperativo, *tener que* + infinitivo y *deber* + infinitivo.
  Abre la puerta.
  Tienes que encender la luz.
  Debes cerrar otra vez la puerta.
- Si se explica un proceso, se describe paso por paso.
  Primero, *abre* la puerta; luego, *enciende* la luz; después, *cierra* otra vez la puerta.
- Se usa *Cuando* + presente de subjuntivo y *Si* + presente de indicativo para explicar qué hacer en situaciones concretas.
  Cuando hagas un trabajo...
  Si necesitas más minutos...

c Completa estas instrucciones de una máquina de bebidas con las formas correctas de los siguientes verbos.

- pulsar • llamar por teléfono • introducir • retirar

Para sacar una bebida de esta máquina, siga las instrucciones.

1. .... las monedas.
2. .... el botón con la bebida que desee.
3. Cuando la bebida esté en la bandeja, ... la lata.
4. Si la bebida no sale, ...

d 🔊 Dos amigas hablan sobre distintos temas. Escucha y señala la imagen que representa cada conversación.

1 .... 2 .... 3 .... 4 ....

e ¿En qué conversación no se dan instrucciones?

PRACTICA

f En parejas, vas a dar y a recibir instrucciones sobre uno de los temas siguientes. No debes decir cuál es el objetivo para que tu compañero lo adivine, como en el ejemplo.

> TEMAS
> - Cómo cocinar un plato típico de tu país.
> - Algún truco para hacer más fácil alguna tarea doméstica.
> - Un remedio casero de belleza o salud.
> - Cómo practicar algún deporte.

> INSTRUCCIONES
> - Compra una baguette, 200 gr de champiñones, mozzarella para pizza, mantequilla y kétchup.
> - Limpia los champiñones y córtalos en láminas.
> - Pon en una sartén mantequilla y saltea los champiñones.
> - Precalienta el horno a 180 ºC
> - Abre la baguette por la mitad y pon mantequilla a cada mitad.
> - Añade los champiñones y pon la mozzarella por encima.
> - Mete las dos mitades en el horno unos 10 minutos o hasta que estén doradas y el queso, fundido.
> - Saca del horno y echa kétchup por encima.
> - ¡Es un pan pizza!
> - Sí, es un plato típico polaco, se llama zapiekanka.

4 OBJETOS

a Mira los objetos que aparecen en el texto, ¿para qué sirven? Coméntalo con tu compañero.

Las botas de agua me las pongo cuando llueve.

USO CREATIVO DE OBJETOS COTIDIANOS

Piensa en la cantidad de objetos que te rodean en casa… ¿Cuándo los has utilizado por última vez? ¿Cuántos usos tienen? ¿Para qué podrían servirte? Con un poco de creatividad puedes convertir objetos de un solo uso en objetos multifuncionales. A continuación te ofrecemos modos creativos de emplear objetos cotidianos:

- Unas **botas de agua viejas**, de plástico, pueden servir para poner flores en el jardín o, incluso, en casa. Llena el fondo de agua y mete un bonito ramo de flores.
- Las **corbatas viejas** ya no tienes que tirarlas a la basura, pueden servirte para hacer una falda de colores o para que tu puerta luzca una original y colorida corona en Navidad.
- Los **teléfonos** ya no los usamos solo para hacer llamadas o para que nuestros amigos puedan localizarnos a cualquier hora; un teléfono inteligente también sirve para aprender idiomas, para encontrar un lugar, no perdernos en una ciudad nueva…
- Las **cáscaras de huevos** podemos utilizarlas para que los niños las conviertan en juguetes, pintándolas con caras de animales.
- Con una **bolsa de basura** puedes vestirte de caballero medieval, de princesa…, también puedes hacer pulseras y otras joyas.

En fin, nuestra basura puede convertirse en objetos creativos e inteligentes que, además de permitirte un ahorro, nos ayudan a todos a conservar el medioambiente.

b Lee el texto y señala con qué objeto puedes tener…

1 un jarrón ....
2 una decoración navideña ....
3 un GPS ....
4 una prenda femenina ....
5 un juego infantil ....
6 un disfraz ....

c Observa esta oración y completa el cuadro gramatical.

Puedes utilizar el teléfono para llamar a tus amigos o para que tus amigos te llamen.

Para expresar finalidad usamos *para*	
Puedes utilizar el teléfono para llamar a tus amigos. → para + ...	Los verbos tienen el mismo sujeto: *puedes (tú) – llamar (tú)*
Puedes utilizar el teléfono para que tus amigos te llamen. → para + ... + ...	Los verbos tienen distinto sujeto: *puedes (tú) – te llamen (tus amigos)*

d Completa y relaciona las dos columnas con las formas adecuadas de los siguientes verbos.

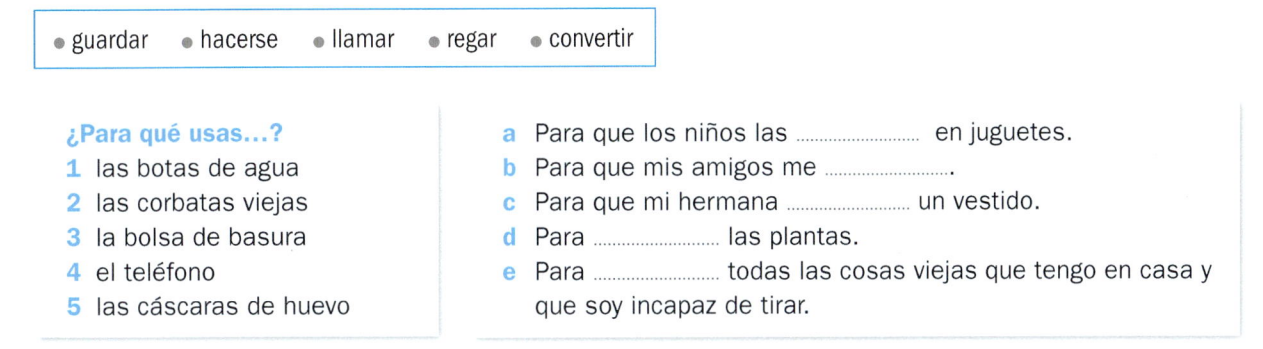

- guardar
- hacerse
- llamar
- regar
- convertir

¿Para qué usas…?
1. las botas de agua
2. las corbatas viejas
3. la bolsa de basura
4. el teléfono
5. las cáscaras de huevo

a Para que los niños las .... en juguetes.
b Para que mis amigos me ....
c Para que mi hermana .... un vestido.
d Para .... las plantas.
e Para .... todas las cosas viejas que tengo en casa y que soy incapaz de tirar.

e Observa los siguientes objetos. ¿Sabes qué son? Busca con tu compañero usos creativos para ellos. No olvides indicar la finalidad.

Una televisión vieja puede servir para hacer un acuario, con peces de colores.

5 MANUAL DE USO

a Carlos va a usar este aparato en su nuevo trabajo: ¿para qué sirve?

b Relaciona las palabras con la imagen.

1. El botón de encendido / apagado
2. Los auriculares
3. La pantalla
4. El volumen
5. El conector USB
6. El altavoz

PRACTICA

c Completa esta descripción con los verbos del recuadro y rellena la tabla.

- descargar   - manejar   - visualizar   - grabar   - reproducir

Este aparato le permitirá realizar grabaciones de audio con la máxima calidad. Su uso es muy sencillo y, gracias a su reducido tamaño, el transporte le resultará muy cómodo. La pantalla de LCD permite (1) _____ toda la información, los botones son fáciles de (2) _____ y con sus altavoces podemos (3) _____ el sonido con una calidad excelente. Esta grabadora ofrece la posibilidad de realizar las funciones básicas: reproducir, (4) _____ y almacenar información. La grabadora le permite (5) _____ los archivos al ordenador mediante el conector USB y cuenta con un programa básico de almacenamiento y edición de audio. El dispositivo está disponible en negro y en gris.

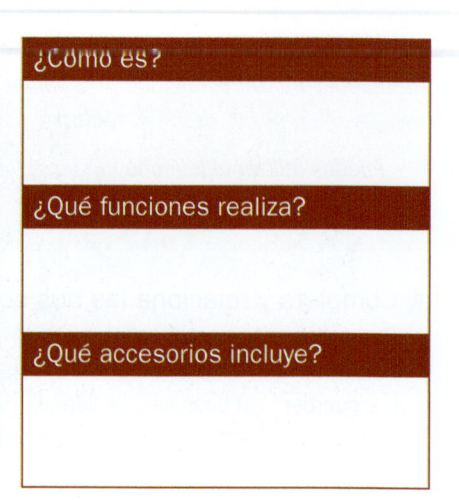

¿Cómo es?	
¿Qué funciones realiza?	
¿Qué accesorios incluye?	

d Carlos, el primer día, no sabe bien cómo funciona la grabadora ni la cámara de vídeo. ¿Cuáles son las instrucciones de cada aparato?

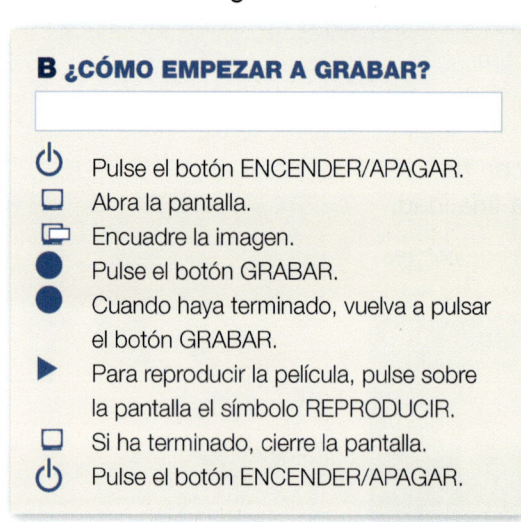

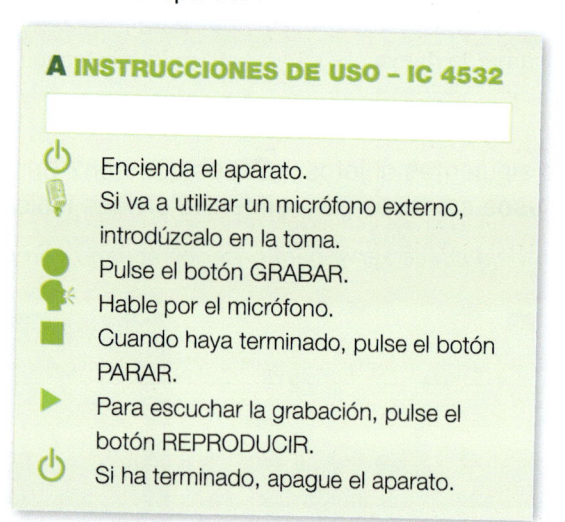

B ¿CÓMO EMPEZAR A GRABAR?

- Pulse el botón ENCENDER/APAGAR.
- Abra la pantalla.
- Encuadre la imagen.
- Pulse el botón GRABAR.
- Cuando haya terminado, vuelva a pulsar el botón GRABAR.
- Para reproducir la película, pulse sobre la pantalla el símbolo REPRODUCIR.
- Si ha terminado, cierre la pantalla.
- Pulse el botón ENCENDER/APAGAR.

A INSTRUCCIONES DE USO – IC 4532

- Encienda el aparato.
- Si va a utilizar un micrófono externo, introdúzcalo en la toma.
- Pulse el botón GRABAR.
- Hable por el micrófono.
- Cuando haya terminado, pulse el botón PARAR.
- Para escuchar la grabación, pulse el botón REPRODUCIR.
- Si ha terminado, apague el aparato.

e Observa estas series de palabras. En cada serie hay una palabra intrusa, ¿cuál es?

1 **Aparatos electrónicos:** teléfono inteligente, funda, tableta, cámara de fotos, ordenador.
2 **Componentes:** botón, micrófono, pantalla, desconectar, altavoz.
3 **Funciones de los botones:** reproducir, grabar, conector USB, retroceder, avanzar.
4 **Acciones contrarias:** encender/apagar, pulsar/apretar, enchufar/desenchufar, conectar/desconectar.
5 **Accesorios:** volumen, cable USB, CD, enchufe, auriculares, micrófono.

f Piensa en un aparato y escribe tres o cuatro frases con instrucciones para que tu compañero lo adivine.

_____
_____
_____
_____

100 cien

6 UNA VISITA AL MÉDICO

a En el cómic, Carmen lleva a su hija Inés al médico porque está resfriada. Escribe en tu cuaderno las instrucciones que crees que le da para poder diagnosticarla.

> **Fíjate:**
> En español, a diferencia de otras lenguas, cuando expresamos posesión referida a partes del cuerpo (*boca, lengua,* etc.) u objetos de la persona (*chaqueta, cartera,* etc.), normalmente no utilizamos el posesivo (*mi, tu, su...*), sino el artículo (*el, la...*).
>
> *Abre la boca.* 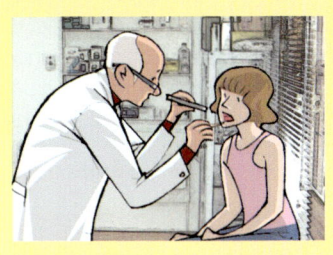
>
> *Dame todo el dinero.* 
>
> Este uso puede observarse claramente con verbos reflexivos y pronominales: *cortarse las uñas, quemarse la mano, lavarse el pelo.*
>
> *Me he roto el pie.*
> *Ponte el abrigo.*

b 🔊 Escucha la conversación y comprueba si has acertado en las instrucciones que le ha dado el médico. Coméntalo con tu compañero.

c Completa estos consejos de Carmen a su hija Inés.

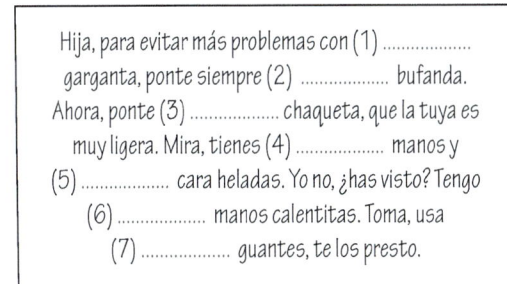

> Hija, para evitar más problemas con (1) .... garganta, ponte siempre (2) .... bufanda. Ahora, ponte (3) .... chaqueta, que la tuya es muy ligera. Mira, tienes (4) .... manos y (5) .... cara heladas. Yo no, ¿has visto? Tengo (6) .... manos calentitas. Toma, usa (7) .... guantes, te los presto.

d Vamos a jugar a "Simón dice...". Primero completa esta tabla con palabras que puedes usar.

ACCIONES	PARTES DEL CUERPO
Tocar, tirar de, sacar...	La cabeza, las orejas, la punta de los pies...

Escucha las órdenes de tu compañero y síguelas cuando escuches la secuencia "Simón dice...".

Simón dice: "Tócate la cabeza".

7 SERVICIOS EN LÍNEA

a Observa esta publicidad. ¿Qué servicio ofrece?

b Lee la página web y confirma tu respuesta.

» Una forma tradicional de viajar.
» Casas para compartir.
» Diversión en familia.
» Una forma de viajar más barata.

Disfruta de unas vacaciones diferentes intercambiando tu casa con otras personas de diferentes países. Visita nuevas ciudades y haz turismo de la forma más económica.

c ¿Intercambiarías tu casa? Coméntalo con tu compañero.

d Lee la opinión de una usuaria de *Tu casa por la mía* y contesta a las preguntas.

1 ¿Dónde ha estado?
2 ¿A quién ha conocido?
3 ¿Cómo valora la experiencia?

e 🔊 Una pareja que está interesada en intercambiar su casa lee en la página web de la empresa las opiniones de otros usuarios. Escucha y completa.

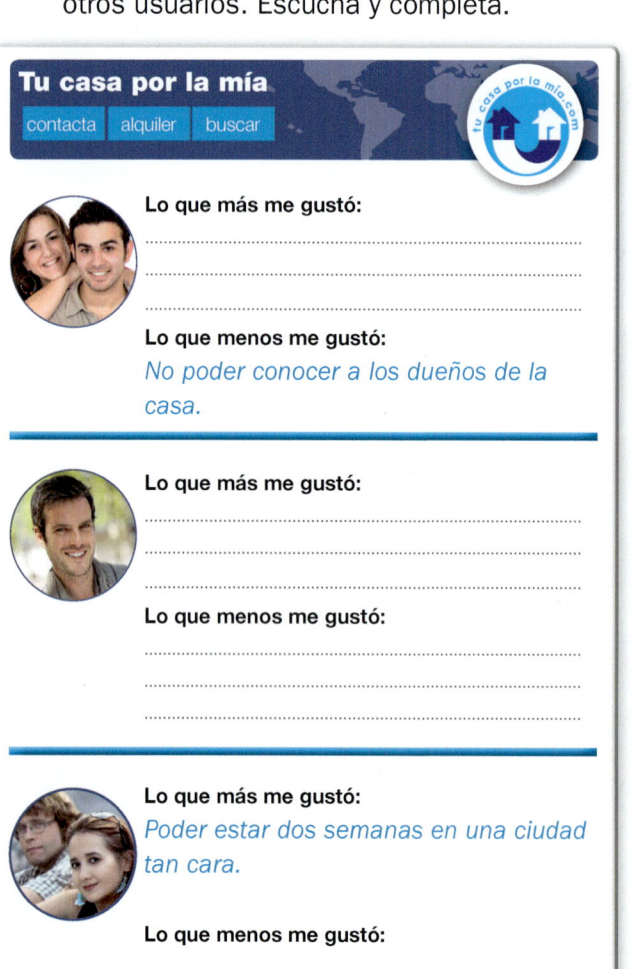

Tu casa por la mía
contacta alquiler buscar

Lo que más me gustó:
....

Lo que menos me gustó:
No poder conocer a los dueños de la casa.

Lo que más me gustó:
....

Lo que menos me gustó:
....

Lo que más me gustó:
Poder estar dos semanas en una ciudad tan cara.

Lo que menos me gustó:
....

Tu casa por la mía
contacta alquiler buscar

Días inolvidables en Madrid.

Por: Rosa

Los días que hemos estado en Madrid se nos han quedado cortos, hay miles de cosas para visitar. Hemos conocido a Tim y a Ana, una pareja estupenda, y, por fotos, a sus cuatro preciosos hijos.

Lo que más me gustó: La casa es grandísima, muy soleada, había muchos juguetes, un futbolín "de los de verdad" y un jardín con una cama elástica, donde los niños han disfrutado muchísimo. También había aire acondicionado y calefacción: es una casa muy cómoda.

Lo que menos me gustó: Todos los recuerdos son buenos.

8 INTERCAMBIO DE FAMILIAS

¿Conoces el programa de televisión *Intercambio de familias*? Lee la siguiente información. ¿Crees que es una buena experiencia? ¿Qué es lo que te parece más difícil? Coméntalo con tu compañero.

Intercambio de familias

El programa *Intercambio de familias* es un *reality show* en el que se intercambian las familias durante una semana. Los participantes deben realizar todas las actividades que hace la otra persona en esos siete días.
Lo más divertido es que normalmente se buscan personas de carácter y condiciones socioculturales muy diferentes (agricultora/ejecutiva, madre permisiva/madre estricta…); de esta manera, se pone a prueba la convivencia en un entorno desconocido con el resto de los miembros de la familia y amigos, y la capacidad de adaptación y de realización de actividades nuevas.
Para participar, debes escribir todas las instrucciones que tiene que seguir cada día la persona que va a vivir en tu casa. Debes detallar cómo es tu día a día y las necesidades tu familia, lo que haces en el trabajo, cómo son tus amigos y qué cosas hacéis juntos, etc.
¡Anímate y participa!

PLANIFICA

a Has decidido participar en el programa y recibes un correo de la persona con la que vas a intercambiar familia. Lee su correo y comenta con tu compañero cómo imaginas que es Paqui y si tu vida es muy diferente a la suya.

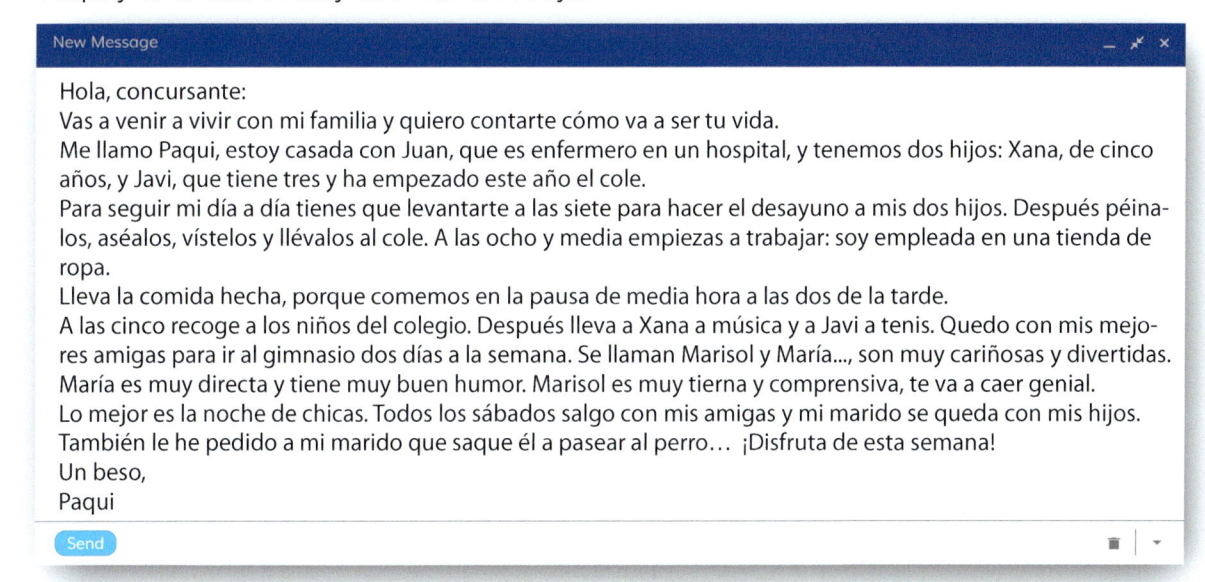

> **New Message**
>
> Hola, concursante:
> Vas a venir a vivir con mi familia y quiero contarte cómo va a ser tu vida.
> Me llamo Paqui, estoy casada con Juan, que es enfermero en un hospital, y tenemos dos hijos: Xana, de cinco años, y Javi, que tiene tres y ha empezado este año el cole.
> Para seguir mi día a día tienes que levantarte a las siete para hacer el desayuno a mis dos hijos. Después péinalos, aséalos, vístelos y llévalos al cole. A las ocho y media empiezas a trabajar: soy empleada en una tienda de ropa.
> Lleva la comida hecha, porque comemos en la pausa de media hora a las dos de la tarde.
> A las cinco recoge a los niños del colegio. Después lleva a Xana a música y a Javi a tenis. Quedo con mis mejores amigas para ir al gimnasio dos días a la semana. Se llaman Marisol y María…, son muy cariñosas y divertidas. María es muy directa y tiene muy buen humor. Marisol es muy tierna y comprensiva, te va a caer genial.
> Lo mejor es la noche de chicas. Todos los sábados salgo con mis amigas y mi marido se queda con mis hijos. También le he pedido a mi marido que saque él a pasear al perro… ¡Disfruta de esta semana!
> Un beso,
> Paqui

b Planifica tu correo y haz una lista de las cosas que debes incluir. Aquí tienes algunos ejemplos.

- Trucos o cosas de casa que necesita saber.
- Cosas típicas de tu familia: costumbres, carácter…, cosas que les molestan y que les gustan.
- Detalles importantes de tu trabajo, tu jefe y tus compañeros.
- Actividades que haces tú (y tu familia) en tu tiempo libre.
- Cómo cuidar a tu mascota.

ELABORA

c Ahora redacta tu correo con instrucciones para la persona que va a venir a tu casa: agradece su mensaje, pide aclaraciones y anota las ideas principales de la respuesta.

PRESENTA Y COMPARTE

d Intercambia tu correo con un compañero y comentad cómo va a ser vuestra experiencia.

e Comparte con la clase lo que más te ha llamado la atención de la familia, la casa…

9 ÓRDENES E INSTRUCCIONES

a ¿Qué diferencia hay entre una instrucción y una orden? Lee el siguiente texto y descúbrelo.

Muchas personas piensan que el uso principal del **imperativo** es dar órdenes, pero, en español, tiene muchos otros usos, a veces muy diferentes entre sí. Se usa para animar: *Corre, corre, que tú puedes;* para aconsejar: *Métete en la cama y abrígate bien;* para pedir cosas o favores: *Espera un momento, por favor, Échame una mano con este trabajo,* y, también, para invitar: *Venid a mi cumpleaños este sábado.* Esta manera de invitar es percibida, por algunos extranjeros, como una orden, a veces molesta por la insistencia: *Ven, siéntate, ponte cómodo, cómete algo…,* pero se trata en realidad de una manera de ser hospitalarios, nuestra manera de acercarnos al otro y ofrecerle lo que tenemos para compartirlo. Para entender adecuadamente el mensaje, es fundamental la entonación, que nos indica la intención del hablante.

- Las **instrucciones** son mensajes bastante neutros y pretenden que hagamos algo que no sabemos hacer o que nunca hemos hecho. En general, somos los usuarios los que buscamos una instrucción. Buscamos una receta en internet que nos explique la mejor manera de hacer una tortilla o un buen gazpacho andaluz; también preguntamos cómo llegar a la estación de trenes o al museo.
Pele las patatas en rodajas finas, séquelas con un paño de cocina y fríalas en abundante aceite caliente…
Mira, coge la segunda a la derecha, luego sigue recto hasta que te encuentras, de frente, con el museo.

- Las **órdenes**, tal como las entendemos: directas y breves, están relegadas a espacios muy acotados donde existen relaciones jerárquicas muy marcadas, como en la relación padres-hijos, maestros-alumnos o jefe-empleado.
Dígale a Martínez que no se olvide de mandar el informe esta misma tarde.
Haz caso a la profesora.

Una situación donde las órdenes son muy directas son las situaciones de peligro: un incendio, un accidente. En estos momentos, la urgencia nos permite dar órdenes sin mitigación ni cortesía y sin tener en cuenta las relaciones jerárquicas. Pero esto es universal y sucede en todas las lenguas y las culturas.
¡Fuego! ¡Señora, quédese quieta, tápese la boca con un pañuelo, no grite!
[A un niño]. ¡Quítate de ahí! ¡Te vas a caer!

b Relaciona las frases con su situación y la función desempeñada.

Frases
A Ven a cenar a casa esta noche.
B Métete en la cama y descansa.
C Coja la segunda a la derecha.
D Diviértete mucho.
E Ayúdame con este texto, no lo entiendo.
F Siéntate y ponte cómodo.

Función
1 aconsejar
2 invitar
3 pedir cosas o favores
4 dar instrucciones
5 animar
6 dar órdenes

Situación
a Compañero de trabajo que tiene mucha fiebre y se va a su casa.
b Primo que vive fuera de la ciudad, acaba de llegar de visita.
c Hermano pequeño que se va de campamento.
d Preguntas cómo llegar a la boca de metro más cercana.
e Te encuentras con buen buen amigo en la calle.
f Hablas con un compañero de clase.

NO ME CUENTES CUENTOS

En esta unidad vamos a aprender:

- A contar y a escribir cuentos.
- A narrar y a describir personas y lugares en el pasado.
- A comparar.
- A desarrollar estrategias para narrar cuentos.

1. ¿Conoces los cuentos de las imágenes?
2. ¿Qué cuentos recuerdas de tu infancia? ¿Quién te los contaba?
3. ¿Has contado cuentos a alguien alguna vez? ¿Tradicionales o inventados?
4. ¿Conoces algún cuento moderno?

OBSERVA

1 MUCHO CUENTO

a ¿Conoces los siguientes cuentos europeos? ¿Cómo se llaman en tu idioma?

1 ....
2 ....
3 ....
4 ....

b Haz una lista de palabras relacionadas con cuentos. Comenta con tu compañero con qué cuento las relacionas.

- *Hada*
- *¿Qué es un hada?*
- *En el cuento de La cenicienta...*

Hada

c Cuando eras pequeño, ¿te contaban cuentos?, ¿cuál era tu cuento favorito?

d Escribe algo relacionado con los cuentos: algo que te gustaba, te daba miedo...

A mí me daba miedo cuando aparecía la bruja.

2 LOS TRES DESEOS

a 🔊 Rocío hace de canguro de sus sobrinos y les cuenta el cuento de *Los tres deseos*. Lee el cómic y escucha el cuento.

b Después de leer el cómic, contesta a las siguientes preguntas.

1 ¿Qué concede el hada? ¿A quién?
2 ¿Cuáles son las condiciones de los deseos?
3 ¿Por qué la mujer tiene un deseo tan absurdo?
4 ¿Qué piensa la sobrina de Rocío del matrimonio del cuento? ¿Y tú?

c A tu compañero y a ti un hada os concede tres deseos como en el cuento. Pensad qué vais a pedir.

| Quiero... | Deseo... | Me gustaría... |

AL FINAL DE LA UNIDAD...

Vas a escribir un cuento para hacer un libro de cuentos de toda la clase.

Agencia ELE

Un cuento antes de dormir

Rocío hace de canguro de sus sobrinos y les cuenta un cuento.

10 OBSERVA

- Venga, iros ya, que llegáis tarde.
- ¿Seguro que vas a arreglártelas con los dos?
- Que sí, ¡pesada!
- Gracias por hacernos de canguro.
- Venga, que no llegáis. Hasta luego.
- Chicos, a dormir.
- Vale, uno y a dormir.
- Tía, ¿nos cuentas un cuento? Mamá siempre nos cuenta un cuento.
- ¡Bien!

- Qué tontos, ¿no?
- ¿Nos cuentas otro?
- No, habíamos dicho que solo uno.
- Anda, uno más.
- Bueno.
- Érase una vez...

PRACTICA

3 ÉRASE UNA VEZ...

a Vamos a contar el cuento de *Blancanieves*. Para empezar, vamos a describir el lugar y los personajes. Completa el texto con los verbos entre paréntesis. ¿Qué tiempo verbal utilizas?

b Continúa leyendo y completa la historia de *Blancanieves* a partir de las imágenes, con los verbos del recuadro en el tiempo del pasado adecuado.

- dormir
- subir
- estallar
- matar
- mirarse
- responder

Había una vez un país muy lejano en el que gobernaba un bondadoso rey. El país (1) (estar) _____ en paz y la gente (2) (vivir) _____ muy feliz.
El rey (3) (ser) _____ mayor, le (4) (gustar) _____ el ajedrez y también montar a caballo.
Pero su bien más querido (5) (ser) _____ Blancanieves, su hija.
Blancanieves (6) (tener) _____ ese nombre porque (7) (ser) _____ hermosa y tan blanca como la nieve.
Todos (8) (ser) _____ felices hasta que un día, la madre de Blancanieves murió...

✳ ✳ ✳

Un día, el rey volvió a casarse. Quería una madre para Blancanieves y encontró una hermosa mujer a la que convirtió en reina. Pero, ¡oh, desgracia!, en realidad la nueva reina era una bruja que se había transformado en una hermosa mujer para engañar al rey.

Todas las semanas, la reina _____ en su espejo mágico y decía: «Espejito, espejito, ¿quién es la más hermosa de todas las mujeres?». Y el espejo _____: «Tú eres la más hermosa entre todas las mujeres del reino».

Pero pasaron los años, Blancanieves creció y cada día era más hermosa. Hasta que llegó el día en que la reina preguntó a su espejo: «Espejito, espejito, ¿quién es la más hermosa entre todas las mujeres del reino?». Y el espejo contestó: «Eres realmente hermosa, pero Blancanieves lo es más».

La reina _____ de ira. ¡No era posible! ¡Blancanieves era la más hermosa! Entonces decidió deshacerse de ella. Llamó a un cazador y le dijo: «Llévate a

✳ ✳ ✳

Blancanieves, mátala y tráeme su corazón. Si no lo haces, te mataré».

El cazador llevó a Blancanieves al bosque, pero no la _____. Le dijo: «Vete, huye». Y Blancanieves huyó corriendo. Corrió y corrió hasta encontrar una pequeña casa.

Llamó a la puerta, no había nadie y entró. Vio una mesa con siete sillas, siete platos, siete vasos, siete cucharas, siete tenedores y siete cuchillos. Luego, _____ por las escaleras y vio una habitación con siete camas. Juntó varias de ellas y se _____. Poco después...

El pretérito imperfecto se usa para:

- Describir situaciones, lugares y personas en el pasado.
  El rey era mayor. Le gustaba el ajedrez y montar a caballo.
  Blancanieves era la más hermosa.
- Expresar acciones habituales en el pasado.
  Todas las semanas, la reina se miraba en su espejo mágico.
- Presentar las circunstancias que rodean un hecho:
  Quería una madre para Blancanieves y encontró...

El pretérito indefinido se usa para:

- Hablar de acciones y hechos terminados en el pasado.
  Un día, el rey volvió a casarse.

c Con tu compañero, escribe la continuación de la historia de *Blancanieves* hasta el final, a partir de las imágenes.

d 🔊 Escucha esta versión del cuento y compárala con la que has escrito con tu compañero.

4 ESO YA HABÍA PASADO

a ¿Recuerdas el cuento de *Los tres deseos*? Señala el orden en el que suceden los acontecimientos de cada frase.

antes   después

1. Un matrimonio estaba muy contento porque un hada les había concedido tres deseos.
2. El hombre se enfadó porque su esposa había pedido una salchicha.
3. La esposa estaba muy enfadada porque su marido había deseado que la salchicha se pegase a su nariz.
4. El hada apareció y preguntó cuál era el tercer deseo.
5. Tenían que pedir un deseo en común porque cada uno ya había pedido un deseo individualmente.

FÍJATE:

- La mujer pidió una salchicha y el hombre se enfadó.
- El hombre se enfadó porque la mujer había pedido una salchicha.

> **Contar una historia**
>
> • Normalmente, en una historia contamos los hechos en el orden en el que sucedieron.
>   *La esposa pidió una salchicha y esta apareció en el plato. El marido se enfadó por ello.*
>
> • Pero a veces podemos poner en segundo lugar un hecho que ha ocurrido antes que el primero.
>   *El hombre se enfadó porque su esposa había desaprovechado su deseo tontamente pidiendo una salchicha.*

ciento nueve 109

PRACTICA

El pretérito pluscuamperfecto se usa para:

Hablar de un hecho pasado que ha sucedido antes que otro hecho del que ya hemos hablado.

- Este tiempo se forma igual en todos los verbos:

haber + participio	
había	
habías	pensado
había	creído
habíamos	vivido
habíais	dicho
habían	

Participios irregulares

Los principales son:
- decir: dicho
- hacer: hecho
- satisfacer: satisfecho
- abrir: abierto
- cubrir: cubierto
- escribir: escrito
- freír: frito
- imprimir: impreso
- morir: muerto
- poner: puesto
- resolver: resuelto
- romper: roto
- ver: visto
- volver: vuelto

b Piensa en la historia de *Blancanieves* y relaciona la información de las tres columnas.

1. El espejo dijo que la reina no era la más bella,
2. Blancanieves mordió la manzana envenenada,
3. La madre de Blancanieves murió,
4. Los enanitos se fueron a trabajar
5. El príncipe besó a Blancanieves,

entonces
por eso
y
tiempo después

a. se quedó dormida.
b. la madrastra estalló de ira.
c. Blancanieves despertó.
d. Blancanieves se quedó sola en la casa.
e. el rey volvió a casarse.

c Ahora, cambia el orden de los elementos de las frases anteriores: pon en primer lugar el final de cada frase.

1. *Blancanieves se quedó dormida porque mordió la manzana envenenada.*
2. ....
3. ....
4. ....
5. ....

d Piensa en una anécdota como la del ejemplo. Tus compañeros tendrán que averiguar qué es lo que había sucedido antes, utilizando el pluscuamperfecto. Tú solo puedes contestar *sí* o *no*.

- ■ *Como el día estaba precioso, ayer fui a la playa, pero tuve que volver a casa enseguida.*
- ● *¿Habías olvidado algo importante?*
- ■ *No.*
- ● *¿Habías dejado el bronceador en casa?*
- ■ *No.*
- ● *¿Te habías olvidado el bañador?*
- ■ *¡Sí!*

Aquí tienes algunas ideas que te pueden servir.

- Llegué tarde al trabajo.
- Me arruiné.
- Perdí el avión.
- Adelgacé 20 kilos.

5 LA MÁS BELLA DEL REINO

a Los cuentos presentan a los mejores personajes del mundo, a los más inteligentes y más valientes, pero también a los más malvados. Relaciona los personajes con sus características y escribe frases, como en el ejemplo.

1 El gato con botas	la más bella del reino	más atrevida que otras niñas
2 El padre de Blancanieves	el mejor de los reyes	más astuto que el ogro
3 Pinocho	la más desobediente de los cuentos	más sensible que otras princesas
4 Blancanieves	el más listo de los animales	más rebelde que nadie
5 Caperucita	la más delicada	más bondadoso que ninguno
6 La princesa del guisante	el más mentiroso de los niños	más hermosa que su madrastra

1 *El gato con botas es el más listo de los animales y es más astuto que el ogro.*
2 ....
3 ....
4 ....
5 ....
6 ....

Grados del adjetivo

Para **destacar** a una persona o cosa entre otras:

el la los las	más / menos } adjetivo mejor/mejores peor/peores mayor/mayores menor/menores	de

Para **comparar** dos o más personas o cosas:

	más / menos } adjetivo mejor peor mayor menor	que

Para **destacar** la cualidad de un objeto o de una persona, pero sin relacionarlos con otros objetos o personas de su misma clase, añadimos **-ísimo/-a** a los adjetivos.
   El príncipe azul era altísimo, guapísimo y muy valiente*.

*Algunos adjetivos no pueden utilizarse con la terminación **-ísimo** porque ya indican intensidad: *horrible, magnífico, maravilloso, horroroso, exótico*.

b ¿Qué puedes decir de los siguientes personajes?

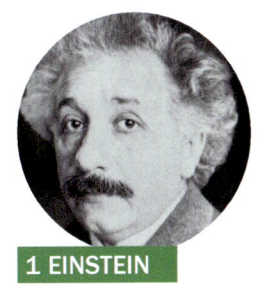

1 EINSTEIN
Es el más conocido de los físicos.
Era inteligentísimo.

2 NADAL

3 MANDELA

4 FRIDA KAHLO

c Ahora piensa en un personaje muy famoso y escribe frases, comparando y destacando sus cualidades, para que tus compañeros adivinen quién es.

*Es el jugador de fútbol **más famoso de** España.*
*Ha marcado **más goles que** sus compañeros.*

PRACTICA

6 ¿QUIERES QUE TE CUENTE UN CUENTO?

a ¿Cuáles de las siguientes palabras forman parte de la historia de *Caperucita Roja*?

> • lobo • ogro • camisón • comer • bruja • bosque • leñador • veneno
> • obedecer • miel • dientes • hacha • hechizo • cesta • abuela

Contad el cuento de *Caperucita Roja* entre todos.

b 🔊 *Caperucita Roja* es un cuento muy popular. Sin embargo, es fácil confundirse. Escucha la siguiente versión que un padre le cuenta a su hijo. Toma nota de sus confusiones y coméntalas con tus compañeros.

El padre confunde el color de Caperucita.
_____
_____
_____

7 ESCUCHA MI VERSIÓN DEL CUENTO

La clase se divide en tres grupos. Cada grupo va a escribir el final de la versión de los malos de un cuento. Vamos a crear la versión de la madrastra de *Blancanieves*, del lobo de *Caperucita* y de las hermanastras de *Cenicienta* (podéis elegir otros personajes malos de cuentos si queréis).

Grupo 1 Blancanieves

Madrastra: Blancanieves era una niña insoportable que me hacía la vida imposible por el simple hecho de haberme enamorado de su padre. Era una adolescente rebelde que, si no conseguía lo que quería, se iba de casa.
Un día se fugó con un cazador al que engañó diciéndole que yo era malísima y la quería matar... ¡esa chica quería destrozarme la vida!...

Grupo 2 Caperucita

Lobo: Estoy cansado de esa niña que ha acabado con mi reputación. Yo vivía en mi bosque tan feliz, y un día me encontré con una niña que iba sola por el bosque. ¡No podía creérmelo! ¿Dónde estaban sus padres? Preocupado por si le pasaba algo, me ofrecí a acompañarla...

Grupo 3 Cenicienta

Las hermanastras: Es increíble cómo esa chica ha hecho creer a todo el mundo que ella era buena y nosotras unas malvadas y crueles que la maltratábamos. Fuimos a vivir con ella y con su padre y allí empezó el infierno. Cenicienta era una niña consentida que tenía ese apodo porque intentaba quemarnos nuestra ropa, nuestras cosas..., solo por fastidiar...

8 LIBRO DE CUENTOS

Cada uno, individualmente, va a escribir un cuento inventado.

PLANIFICA

a Escribe un borrador. Para ello, ten en cuenta los siguientes aspectos:

- Personaje/-s.
- Lugar y contexto de los protagonistas.
- Acciones que corresponden a cada uno de los personajes por su papel en la historia.
- Magia para ayudar a los protagonistas (los buenos).
- Final feliz.
- Posible moraleja.

ELABORA

b En tu historia tienes que:

- Presentar la situación, el lugar y los personajes.
- Recordar que los personajes de los cuentos son muy buenos o muy malos: descríbelos con las expresiones que habéis trabajado.
- Utilizar palabras como: *primero, luego, y, después, entonces, pero, por eso, sin embargo...* Ayudan a entender la historia.
- Intentar usar el pretérito pluscuamperfecto en la historia (además de los otros tiempos del pasado que ya conoces).

PRESENTA Y COMPARTE

c Ahora que ya has planificado y pensado tu cuento, escribe la historia. También puedes ilustrarla.

d Cuenta tu historia al grupo.

e Entrega el cuento a tu profesor y él reunirá todos los cuentos para tener "el libro de cuentos de la clase" de recuerdo.

AMPLÍA

9 NARRAR CUENTOS

a Hay muchas formas de contar un cuento. Lee los siguientes consejos.

CUANDO NARRAMOS UN CUENTO

- Es importante recordar que con nuestra voz y nuestros gestos llevaremos al oyente a imaginar lo que estamos contando.
- Es fundamental no utilizar una voz monótona: es necesario modular la voz, hacer pausas, gestos, silencio… para generar suspense e interés.
- Debemos pensar primero en el público al que va dirigido el cuento: niños, adolescentes, adultos…
- Es muy importante encontrar el clímax de la historia para hacerla más intensa. Por ejemplo, el clímax de *Caperucita Roja* es cuando el lobo le dice a Caperucita que "tiene una boca grande para comerla mejor".
- Las imágenes también pueden servirnos para contar cuentos, ya que permiten que nuestro público se concentre en los dibujos mientras leemos la historia. A su vez, las imágenes nos servirán para recordar y guiar nuestro relato.

En muchas culturas, la narración de cuentos se acompaña de diferentes recursos que ayudan a recordar la historia que se cuenta: música, imágenes, etc. Por ejemplo, los antiguos "juglares" acompañaban sus historias con instrumentos musicales, al igual que los *jeli* o *griot*, en África Occidental; en Japón, el *kamishibai* es una forma tradicional de contar cuentos a través de imágenes. En Marrakech, cuando atardece en la plaza de Jamaa-el-Fna, una multitud de "cuentacuentos" la llena, rodeados por un público atento que sigue con interés el relato y los gestos del narrador.

Kamishibai de Japón

b ¿Te animas a crear un cuento con tu compañero? Podéis seguir las siguientes instrucciones:

1. Elegid un cuento tradicional, haced un resumen de la trama principal y dividido en partes más o menos iguales (no más de 10 para que no sea muy largo).
2. Haced un dibujo para cada parte y, en el reverso del dibujo, escribid el texto que vais a leer.
3. Aunque no tengáis un teatrillo, como en el *kamishibai* original, podéis ir mostrando las láminas mientras leéis la historia que habéis escrito detrás. Cada participante del grupo puede representar las distintas voces de los protagonistas para darle más dinamismo a la historia. Debéis lograr que el público os escuche con atención: es importante modular la voz y crear suspense en los momentos cruciales de la historia.

11 PERSONAS CON CARÁCTER

En esta unidad vamos a aprender:

- A describir el carácter de las personas.
- A hablar de relaciones sociales.
- A disculparnos y a responder a las disculpas.
- A opinar sobre aspectos culturales.

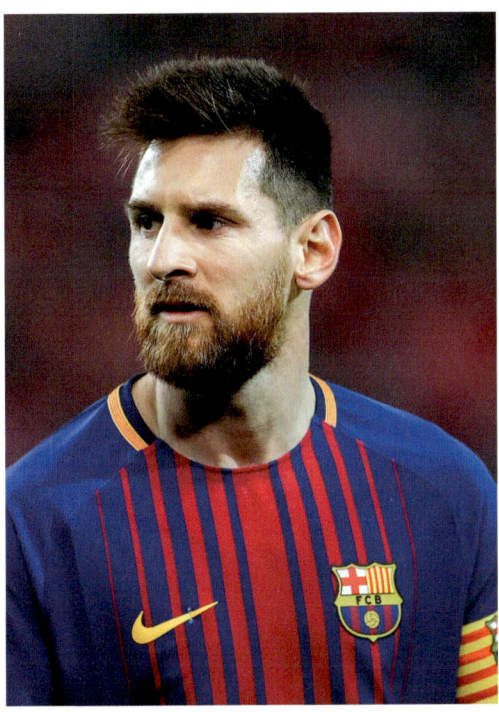

1 ¿Conoces a estos famosos?
2 ¿Cómo crees que es / era su carácter?
3 ¿Hay algún personaje de la cultura hispana que admires?
4 ¿Quién es el famoso que más admiras de tu país?

1 SENSACIONES ANTE LO NUEVO

a ¿Cómo reaccionas ante situaciones nuevas? ¿Qué situaciones te producen incertidumbre e inseguridad?

b Vamos a leer un artículo en una revista sobre salud. Primero lee el título [1] y la entradilla [2] y comenta con tu compañero de qué crees que trata el artículo.

PSICOLOGÍA | CRECIMIENTO PERSONAL

Lo nuevo, ¿terror o placer? [1]

El paso de lo conocido a lo desconocido produce incertidumbre e inseguridad, pero estos cambios deben vivirse con naturalidad. [2]

[3] Las situaciones nuevas, donde no sabemos qué va a ocurrir o cómo nos van a tratar, generalmente provocan timidez o, incluso, miedo.

Placer frente al cambio

Algunas personas, sin embargo, sienten especial atracción hacia lo desconocido y buscan experiencias que les permitan descubrir personas nuevas, adquirir habilidades o enfrentarse al abismo de sentimientos desconocidos. La vida de estas personas se caracteriza por tener procesos de cambio continuos, nuevos trabajos, nuevas relaciones, nuevos objetos. Son personas que aman lo nuevo, son *neofílicos*.

Terror frente a lo desconocido

La otra cara de la moneda son las personas que sienten un miedo enfermizo ante cualquier cambio, a la incertidumbre que provoca lo desconocido, a tratar con extraños. Sus vidas son, por lo general, más estáticas, conservan objetos, mantienen relaciones duraderas, hacen lo posible para no cambiar de trabajo. Son *neofóbicos*.

Un lugar intermedio

Estos son extremos poco comunes: la mayoría de las personas nos encontramos en algún punto intermedio entre los dos polos. Comenzar un nuevo trabajo o cambiar de escuela, por ejemplo, desencadena una mezcla de sentimientos, donde hay lugar tanto para el miedo por lo que podemos perdernos, como para la ilusión de vivir nuevas aventuras.

c Ahora lee el cuerpo del artículo [3] y comenta estas preguntas con tu compañero.

1 ¿Dónde te sitúas tú en esta línea?
2 ¿Qué haces cuando llegas a un lugar donde no conoces a nadie?
3 ¿Cuál de los siguientes adjetivos te define mejor?

Lo desconocido

Placer ──────────────────────── Terror

- extrovertido/-a - valiente - prudente - reservado/-a - sincero/-a - directo/-a

Yo creo que soy una persona prudente porque pienso mucho las cosas antes de decirlas y antes de actuar.

2 ¿QUÉ ESTÁ PASANDO?

Lee el cómic y responde a estas preguntas.

1 ¿Qué problema tienen?
2 ¿Cómo reaccionan los personajes (Sergio, Luis, Carmen, Paloma y Carlos)?
3 En tu opinión, ¿cómo describirías la relación entre Sergio y Luis?
4 ¿Cómo termina el incidente?

AL FINAL DE LA UNIDAD...

Vas a elegir entre hablar a un compañero de tus amigos o familiares o hablar a alguien de tu familia de tu clase de español.

AGENCIA ELE

Todos cometemos errores

OBSERVA 11

Sergio y Paloma están preparando una entrevista a Antonio López.

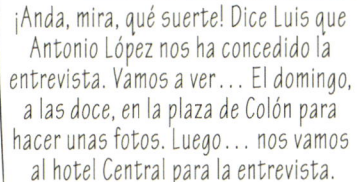

¡Anda, mira, qué suerte! Dice Luis que Antonio López nos ha concedido la entrevista. Vamos a ver... El domingo, a las doce, en la plaza de Colón para hacer unas fotos. Luego... nos vamos al hotel Central para la entrevista.

¡Qué bien! El sábado vi su última exposición y me encantó. Además, en esa plaza se pueden hacer buenas fotos.

Sí, ¿y si empezamos a preparar la entrevista ahora?

Perfecto, mira, aquí hay una foto. Parece agradable, ¿verdad?, tiene cara de buena persona.

Sí, es verdad, transmite paz, tranquilidad. Vamos a ver qué dice aquí: "El pintor y escultor español recibió en 1985 el premio Príncipe de Asturias, en 2006..."

El domingo en la plaza de Colón...

Son las doce y media y no creo que Antonio López quiera hacer una entrevista aquí, en medio del maratón.

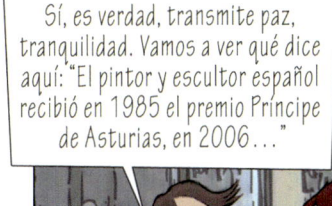

Sí, debe de haber un error. Voy a llamar a Carmen.

Al día siguiente.

¿Que te equivocaste de día?, ¿que no era el domingo, sino mañana?, ¿pero a ti te parece normal?

Perdimos toda la mañana, nos pasamos la noche anterior trabajando para preparar la entrevista.

Bueno, también vosotros podíais haber confirmado el día.

¿Qué? Encima de que nos mandas el día que no es, la culpa es nuestra por no preguntar... ¡Esto es el colmo!

Yo creo que ya está bien, ¿eh? Vamos a hablar a mi despacho.

Esto... que... quería deciros que lo siento, de verdad, me despisté, me confundí de día. No volverá a ocurrir, en serio. Perdonad.

Bueno, Luis, son cosas que pasan, todos cometemos errores.

Sí, Paloma tiene razón. De todos modos, perdóname tú también, es que me he puesto un poco nervioso, habíamos trabajado mucho para esa entrevista.

No os preocupéis. Es normal.

ciento diecisiete 117

PRACTICA

3 COMPAÑEROS CON CARÁCTER

a Paloma le explica a Carlos cómo son los compañeros: ¿a quién se refiere?

> _____ es simpático, pero tiene un carácter fuerte, se enfada fácilmente. Como has visto, es impaciente, no le gusta perder el tiempo. Lo bueno es que se le pasa rápido el enfado y reconoce sus errores.

> Te habrá sorprendido la discusión, ¿no? No te preocupes, Luis y Sergio discuten mucho, pero son muy amigos.

> _____ es descuidado. Se equivoca por no prestar atención. Es buena persona, pero a veces es difícil trabajar con él. Es muy impulsivo y dice las cosas sin pensarlas. Luego se arrepiente y pide perdón.

b Relaciona las palabras en rojo con sus contrarios. Fíjate en la forma y, si dudas, confirma el significado en un diccionario o con tu compañero.

1. cuidadoso: ....
2. antipático: ....
3. mala persona: ....
4. carácter débil: ....
5. paciente: ....
6. reflexivo: ....

c Seguramente alguna vez has tenido un buen compañero de trabajo o estudios. Descríbelo y coméntalo con un compañero de clase.

Nombre:
_____
¿Cómo era?
_____
¿Qué hacía para ser un buen compañero?
_____
_____
_____

4 UN JEFE "DIEZ"

a Una empresa especializada ha publicado una encuesta sobre los jefes. Ordena las características, siendo 1 la más importante y 10 la menos importante.

UN JEFE 10 ES:
- ☐ exigente
- ☐ buen comunicador
- ☐ coherente
- ☐ respetuoso
- ☐ justo
- ☐ responsable
- ☐ generoso
- ☐ educado
- ☐ organizado
- ☐ simpático

(Adaptado de www.ottowalter.com)

b 🔊 Paloma y Sergio están en un curso de formación, decidiendo cuáles son las cuatro características más importantes de un jefe. Escucha y señala de qué lista hablan.

Las 4 características fundamentales:

A	B
• buen comunicador	• buen comunicador
• respetuoso	• coherente
• coherente	• respetuoso
• exigente	• responsable

c Ahora, con dos compañeros, elaborad vuestra propia lista.

1 .... 3 ....
2 .... 4 ....

d ¿Quién sería buen jefe? Decidid qué compañero tiene las características de la lista y, por tanto, sería un buen jefe.

118 ciento dieciocho

Para describir la personalidad se puede:

- Nombrar las cualidades.
  Carmen es seria.
  Paloma parece tranquila. } *Ser/parecer* + adjetivo

  Sergio no tiene paciencia. } *Tener* + sustantivo
  Mario tiene un carácter difícil. } *Tener* + un/una + sustantivo + adjetivo

- Describir las acciones que reflejan la personalidad.
  Se enfada a menudo / Crea buen ambiente / Trata mal a la gente.

- Expresar sus gustos.
  Le gusta el trabajo bien hecho.
  No soporta llegar tarde a los sitios.
  Odia que lo corrijan.

  En este tipo de oraciones, utilizamos el infinitivo cuando los sujetos coinciden, y el subjuntivo cuando los sujetos son distintos.
  (Sergio) *No soporta* (Sergio) *llegar tarde a los sitios.*
  (Sergio) *Odia que* (otras personas) *lo corrijan.*

- Utilizamos *estar* para hablar de situaciones excepcionales y estados de ánimo:
  Es muy alegre pero hoy está serio porque está de mal humor.

5 PERSONAJES

a Observa estas imágenes. Hay tres famosos que no pertenecen al mundo hispano: ¿quiénes son?

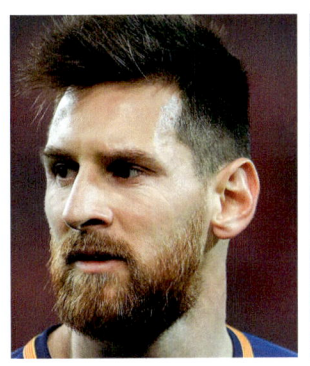

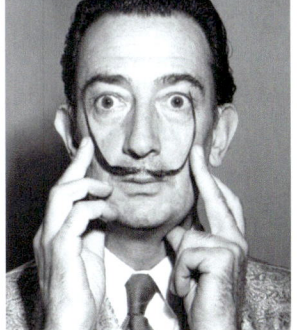

1 .... 2 .... 3 .... 4 ....

5 .... 6 .... 7 .... 8 ....

b Escribe un adjetivo que defina a cada uno de los personajes. Compara y comenta con tu compañero. Puedes utilizar estos adjetivos u otros:

- arrogante
- cuidadoso
- directo
- despistado
- educado
- exigente
- extrovertido
- impulsivo
- inseguro
- justo
- miedoso
- prudente
- reservado
- responsable
- reflexivo
- simpático
- sincero
- valiente
- Otros: ....

6 RELACIONES SENTIMENTALES

a Carolina acaba de mudarse a Granada para estudiar. Lee este correo: ¿a quién escribe?

> Hola, cariño:
> Hace solo dos semanas que me he ido de Oviedo y ya te echo muchísimo de menos. No sé cómo voy a soportar todo el año sin ti...
> El ambiente en la uni es muy bueno, mis compañeros <u>son encantadores</u>, me están ayudando mucho a integrarme. Me llevo muy bien, sobre todo con Esther y Alberto. Esther sale con un chico que se llama Juanjo. Alberto no tiene pareja, aunque las chicas piensan que <u>está muy bueno</u>, pero yo creo que le gusta Esther. <u>Son muy abiertos, despiertos y divertidos.</u>
> Hay otro chico majísimo que se llama Quique. Me ha dicho que cuando vengas a verme podemos quedar con él y con su novia para salir una noche. Parece que Quique no se lleva muy bien con Alberto. Dice que tiene un carácter difícil, que siempre <u>está enfadado</u>.
> Hay otro chico, que se llama Luis, que se lleva muy bien con todo el mundo. No sé mucho de él, pero dicen que tiene mucho éxito con las chicas y que tiene varias novias. A mí me parece que <u>es un poco prepotente y arrogante</u>.
> Bueno, te dejo, que me tengo que ir a clase. Te echo muuuuucho de menos, ven pronto.
> Te quiero con toda mi alma. Bs
> Carolina

b Fíjate en las expresiones subrayadas con *ser* y *estar* y comenta su significado con tu compañero. ¿Las entendéis todas?

c Algunos adjetivos y participios cambian de significado si se usan con *ser* o con *estar*. En parejas tratad de relacionar las expresiones con su significado.

1	Ser bueno / Estar bueno	a	egoísta / tener interés en algo
2	Ser despierto / Estar despierto	b	gracioso / entretenido
3	Ser listo / Estar listo	c	tener mucho dinero / buen sabor
4	Ser rico / Estar rico	d	buena persona / atractivo
5	Ser divertido / Estar divertido	e	de carácter vivo / que no está dormido
6	Ser interesado / Estar interesado	f	inteligente / preparado

d En parejas, ¿podéis poner un ejemplo de cada una? Corregidlos con ayuda de vuestro profesor.

e Ahora contestad al correo de Carolina utilizando alguna de estas expresiones.

f ¿Con qué tipo de personas te llevas mejor? ¿Y peor? Coméntalo con tu compañero.

Me llevo bien con las personas pacientes y tranquilas...

Llevarse bien/mal

Me llevo	muy bien	con Alberto
Te llevas	bien	con Alberto y Esther
Se lleva	regular	con los compañeros
Nos llevamos	mal	con el jefe
Os lleváis	fatal	
Se llevan		

7 EL ARTE DE LA DISCULPA

a ¿Recuerdas la última vez que pediste perdón?

- ¿Qué pasó?
- ¿Con quién?
- ¿Cómo lo dijiste?
- ¿Qué hiciste para disculparte?

b Lee estas situaciones. ¿Pedirías disculpas? Coméntalo con un compañero.

	sí	no
1 Se te olvida el cumpleaños de tu pareja/mejor amigo.		
2 Llegas pronto a una cita o a una reunión.		
3 El profesor pide los deberes y tú no los has hecho.		
4 Un amigo te presta su coche y le das un golpe.		
5 Sin querer, rozas el bolso de una persona en el autobús.		
6 Entras en el ascensor con otra persona.		
7 Estás en un tren. Hay mucha gente y quieres bajar.		
8 Vas a la fiesta de un amigo y llegas cinco minutos tarde.		

c El programa nocturno de radio de Silvia Gerona dedica un día al arte de la disculpa; antes de oírlo, subraya lo que tú haces y coméntalo con tu compañero.

Cuando me disculpo...

- Admito que he hecho algo mal.
- A veces, pido perdón por cosas de las que no me siento culpable.
- No espero, pido perdón inmediatamente.
- Espero a que todo esté tranquilo.
- Acompaño las disculpas de explicaciones.
- No doy explicaciones, porque parecen excusas.
- Si me comprometo a algo en la disculpa, lo cumplo.
- Suelo tener un detalle con la persona afectada: un regalo, unas palabras bonitas, etc.
- Invito a esa persona a cenar.
- Le doy un abrazo.
- Vía que prefiero para pedir disculpas: cara a cara, por correo electrónico, por teléfono.

Pues depende, si tengo que disculparme con un compañero de trabajo prefiero hacerlo cara a cara.

d 🔊 Escucha y comprueba si coincides con las pautas del psicólogo.

8 ACEPTO TUS DISCULPAS

a Lee y recuerda cómo se disculpan Sergio y Luis en el cómic. ¿Cómo responderías a sus disculpas? Coméntalo con tu compañero.

b 🔊 Escucha estas disculpas y completa el cuadro.

¿Acepta la disculpa?	sí	no
1 Un matrimonio en un restaurante		
2 Una dependienta y una clienta en una tienda de ropa		
3 Un alumno y un profesor en el colegio		
4 Dos amigos por teléfono después de un cumpleaños		
5 Un jefe y un empleado en el despacho del primero		
6 Una pareja de novios por teléfono		

PRACTICA

Para pedir disculpas:
- Lo siento, de verdad, (es que)...
- Disculpa/-e, (es que)...
- Perdóname / Perdóneme, (es que)...
- Quiero pedirte disculpas por...
- ¿Me disculpas / Me perdonas?
- Quería pedirte perdón por lo de antes / lo del otro día.

Para reaccionar positivamente:
- No importa.
- No te preocupes.
- No es / pasa nada.
- No tiene importancia.

Para reaccionar negativamente:
- Lo siento, pero no puedo perdonarte / disculparte.
- De acuerdo, pero es la última vez que...
- Tus excusas no me valen.

c Con un compañero, leed estas situaciones y representadlas.

SITUACIÓN 1

ALUMNO A

Eres la madre/padre y tu trabajo es muy estresante y en ocasiones no puedes atender a la familia como te gustaría. Siempre has faltado al festival del cole de tu hijo porque tu trabajo no te lo permitía. Le prometiste que este año, que era el último, irías. Pero tuviste una reunión y se te olvidó completamente. Tu hijo no te habla.

ALUMNO B

Eres el hijo. Tu madre/padre te ha vuelto a fallar. Siempre decía que iría al festival de fin de curso y nunca lo ha cumplido. Este año era el último y pensabas que iría. Pero ni se acordó. Estás muy enfadado. No entiendes por qué el trabajo es lo único que le importa.

SITUACIÓN 2

ALUMNO A

Has quedado con tu pareja en el mejor restaurante de la ciudad para celebrar tu cumpleaños. Piensas que te ha preparado una fiesta sorpresa y que van a venir todos los que consideras importantes. No aparece. Te quedas esperando una hora. Llamas a su móvil y está apagado. Pagas, te vas a casa esperando que aparezca pero nada.
Cuando te despiertas al día siguiente, ves muchas llamadas perdidas y decides llamar.

ALUMNO B

Has quedado con tu pareja en el mejor restaurante de la ciudad para celebrar su cumpleaños. Te has quedado sin batería en el móvil pero no hay problema porque conoces la dirección del restaurante. Has comprado un regalo que no olvidará: un crucero por el Caribe con el que soñaba hace tiempo.
Al salir del trabajo tienes un accidente y, aunque no tienes nada grave, deciden que te quedes en el hospital. Consigues que te dejen un cargador, pero cuando llamas no te lo cogen. Estás preocupado/-a.

SITUACIÓN 3

ALUMNO A

Eres el empleado de una empresa. Llegas al trabajo y tu jefe está muy enfadado porque está obsesionado con la puntualidad. Nunca llegas más de cinco minutos tarde, pero siempre te amenaza con que un día te va a echar por impuntual.
Siempre te quedas hasta más tarde y tienes que llevar a tus hijos al colegio. Es imposible llegar antes y llegar tarde cinco minutos no te parece que sea muy grave. Especialmente cuando nunca tienes hora de salida.

ALUMNO B

Eres el jefe de una empresa. Estás esperando a que llegue tu empleado para que empiece una reunión muy importante.
Siempre llega tarde y tú no sabes qué hacer. Es un buen trabajador, pero has perdido muchos contratos y dinero por la imagen que da de la empresa a nivel internacional por su impuntualidad.
Estáis esperando para negociar un contrato muy importante, y no llega. Cuando aparece hablas muy seriamente con tu empleado.

SITUACIÓN 4

ALUMNO A

Has quedado con un/-a amigo/-a para ir a una cena del gimnasio porque le da vergüenza ir solo/-a. No te apetece mucho pero piensas que así conoces gente nueva y haces un favor a tu amigo/-a.
Media hora antes te llama otra persona y te ofrece un plan que te encanta. Lo sientes, pero no vas a ir a la cena con tu amigo/-a, habrá más cenas así y la otra oportunidad es única.

ALUMNO B

Has quedado con un/-a amigo/-a para ir a una cena del gimnasio porque te da vergüenza ir solo/-a. Menos mal que viene porque, si no, no irías. Es muy importante para ti porque quieres conocer gente nueva. Tu novio/-a te dejó hace dos meses y es la primera vez que te animas a salir. Te llama tu amigo/-a media hora antes de la cena y piensas que ha llegado antes para tomaros algo porque sabe que siempre llegas antes de tiempo.

9 RETRATO DE UN PINTOR

a En el cómic, Paloma y Sergio querían hacerle una entrevista a Antonio López. ¿Qué decían sobre su personalidad?

b Lee el artículo que prepararon finalmente y ayúdales a elegir un título.

Un artista con carácter / El pintor del tiempo pasado / Un hombre tranquilo

"Solo se tiene paciencia con las cosas que amamos"

Antonio López, el pintor español vivo más cotizado, nació y creció en Tomelloso (Ciudad Real), pero lleva muchos años viviendo en Madrid. Es un hombre amable y sencillo, aunque sus cuadros, más fieles a la realidad que una fotografía, esconden una gran dificultad técnica. **1**

Posee una modestia sincera, transparente, y un deseo enorme de comunicar las emociones que la realidad le produce. Cree que algo de talento tiene, pero que, sobre todo, hay mucho trabajo, mucha manualidad.

Tiene una paciencia infinita en su trabajo, como una madre con un hijo, porque "solo se tiene paciencia con las cosas que amamos", dice. Por eso puede tardar años en terminar un cuadro. Puede no terminarlo nunca, dejar pasar el tiempo. Esta es otra cosa que Antonio ama, el tiempo, el que pasa, el que nunca termina. **2**

Antonio López no se parece a esos pintores que se dejan llevar por las modas, él pinta lo que quiere y como quiere. Se siente libre, igual que muchos artistas que no consiguen el éxito. Él sí tiene éxito, pero es tan fiel a su visión del mundo como los otros, aunque con más suerte. **3**

c Aquí tienes algunas ideas para escribir un texto que describa a una persona. Sitúalas en el texto sobre Antonio López.

- a Podemos compararlo con otras personas para establecer similitudes y diferencias. ☐
- b Decimos de quién vamos a hablar. ☐
- c Nombramos sus cualidades. También podemos poner ejemplos de sus actos o decir lo que le gusta o lo que cree. ☐

10 PERSONAS CON CARÁCTER

a Vais a escribir una presentación de un personaje para un blog. Con un compañero, elegid un personaje que os interese por su personalidad y escribid un texto para describirlo. Colgadlo en la pared.

Personas con carácter
RASGOS   EJEMPLOS   BUSCAR

Blog archive
▼ 2011 (8)
▼ abril

Instrucciones:
- No escribáis su nombre.
- Nombrad rasgos de su carácter.
- Poned ejemplos de acciones que lo definen.

b Leed los textos que vuestros compañeros han escrito y escribid en un papel el nombre del personaje.

c Confirmad con los autores los nombres de los personajes y elegid varias descripciones para publicarlas en el blog.

PRACTICA

11 ¿ME CONOCES?

a Escribe en un papel una descripción lo más completa posible de ti mismo.

b A continuación elige a la persona que crees que más te conoce de la clase y pídele que te describa por escrito.

c Compara las descripciones con tu compañero y reflexiona sobre si lo que tú piensas de ti es lo mismo que piensan los demás o proyectas una imagen diferente.

d Entregad las descripciones al profesor, que las leerá en alto. La clase tendrá que adivinar de quién se trata.

12 OBJETOS QUE ME REPRESENTAN

a Prepara en casa tres fotos u objetos para llevar a clase que te representen y con los que te sientas identificado.

- Uno para hablar del pasado, de quién eras o con qué te identificabas en tu niñez/juventud.
- Otro para expresar quién eres ahora, en qué momento te encuentras o con qué te sientes identificado.
- Otro para representar metas/objetivos/sueños que pretendes alcanzar, y explicar quién te gustaría ser en el futuro.

b Expón ante la clase tus tres etapas con ayuda de los objetos o las imágenes.

c Comentad en parejas qué os ha sorprendido más. ¿Realmente os conocéis tan bien cómo pensabais?

13 ¿SER O NO SER?

a En parejas comentad con qué o con quién os identificáis.

Me identifico con la época del Renacimiento, especialmente en Italia. La estética (ropa, peinados, etc.) me parece muy elegante.

• Una época.	• Un famoso.	• Una estación.
• Un color.	• Un animal.	• Un país.
• Un número.	• Un día de la semana.	• Una profesión.

b Añadid tres opciones más y preguntad a vuestro compañero.

| • un planeta | • .... | • .... | • .... |

Me identifico con Saturno, es original como yo, porque es un planeta que tiene anillos.

c Compartid vuestras respuestas con el resto de la clase y buscad a la persona con la que más cosas tengáis en común.

14 ESTA ES MI GENTE

Elige una de las dos situaciones siguientes:

1) Vas a llevar a un compañero a una fiesta donde estarán tus amigos o tu familia.
Antes de ir, explícale cómo es su personalidad, qué relaciones existen en el grupo y con quiénes crees que se llevará mejor.

2) Vas a traer a un amigo o a un familiar a una clase de español.
Antes de venir, explícale cómo es la personalidad de tus compañeros, qué relaciones existen en el grupo y con quiénes crees que se llevará mejor.

PLANIFICA

a Prepara una imagen (foto, diagrama, dibujo, etc.) para acompañar tu descripción.

b Piensa en el carácter de algunas de las personas que estarán en la fiesta o en clase y en las relaciones que tienen entre ellos.

c Busca en la unidad o en un diccionario las palabras que necesitas para describir a esas personas y apunta las que no recuerdes bien.

d ¿Con quién se llevará bien tu compañero/amigo/familiar? Proponle algunos temas sobre los que charlar con esas personas.

ELABORA

e Prepara un esquema de la presentación.

PRESENTA Y COMPARTE

f En parejas haz la presentación que has preparado a tu compañero.

g Escucha la presentación de tu compañero y hazle algunas preguntas sobre el carácter o las relaciones de esas personas.

AMPLÍA

15 SPAIN IS DIFFERENT!

Las diferencias culturales son siempre relativas y, como le gustaba decir a mi abuela, todo depende del cristal con que se mire. Si comparamos las costumbres de españoles, argentinos, chilenos, uruguayos o colombianos con, por ejemplo, las de alemanes, austríacos, suecos o noruegos, nosotros somos extrovertidos y ellos son introvertidos, o abiertos y cerrados, si lo queremos decir de manera sencilla. Tenemos costumbre de contar nuestra vida privada, de hablar de nuestras preocupaciones a nuestros amigos y hasta a nuestros vecinos, aunque los conozcamos poco. Esta característica la podemos encontrar en muchas situaciones: una vez una amiga mía estaba de visita en Londres y cuando subió al metro, su hijo de cuatro años le preguntó: "Mamá ¿aquí está prohibido hablar?".

Si nos comparamos entre los españoles, los habitantes del sur parecen más extrovertidos que los del norte o el centro de la península. Los asturianos, gallegos o vascos tienen fama de ser más reservados y callados que los andaluces, extremeños o murcianos. También podemos comparar las costumbres de la gente de las ciudades con las de la gente del campo: en las ciudades la gente es más extrovertida que en el campo, donde es más reservada.

A pesar de todas estas salvedades, es bastante más habitual que los hispanohablantes seamos más abiertos, hablemos de nuestra vida privada, nos quejemos, les demos consejos a los demás sobre cómo conducir su vida, demos muchas explicaciones sobre lo que hacemos, etc.

a Lee las siguientes opiniones de algunos estudiantes de español sobre aspectos que les han sorprendido después de pasar un tiempo en España. ¿Sobre qué cuestiones opina cada uno de ellos?

Carácter español

NOMBRE   RASGOS   EJEMPLOS   BUSCAR

Una de las cosas que más me sorprende de la gente de este país es que es muy poco reservada. Son capaces de contarte cualquier intimidad aunque no te conozcan. El otro día conocí a una chica en una fiesta. La verdad es que era muy simpática. Me preguntó si tenía novia (eso ya no es muy normal en mi país…), yo no quise preguntarle si ella tenía novio, pero no hizo falta. Enseguida me contó que acababa de romper con su novio, pero no solo eso, también me contó por qué lo habían dejado y muchos más detalles… En Inglaterra no es muy normal que la gente te cuente cosas tan personales, especialmente si no los conoces.

Tom, Leeds (Inglaterra)

Al principio, me resultaba imposible poder decir algo en una conversación. Todo el mundo habla a la vez y si no gritas un poco o interrumpes a alguien, es imposible participar. ¡Es que son muy apasionados cuando defienden sus posturas! Los españoles no soportan el silencio. Si estás con un español en una comida o en una reunión y no dices nada, va a pensar que no tienes interés y que eres una persona aburrida. Eso es algo que no entiendo, creo que también es importante poder estar con alguien sin decir nada.

Olaf, Bergen (Noruega)

A mí, cuando llegué a España, me resultó difícil todo lo relacionado con el contacto físico. Los primeros días me sorprendía mucho la forma que la gente tenía de mirarme. En Japón la gente no mira a los ojos de esa manera tan directa… No solo eso, todos tienen la necesidad de tocarse. Cuando se saludan, cuando se despiden…, siempre hay besos, abrazos o, entre hombres de cierta edad, palmadas en la espalda… Cuando se encuentran a alguien por la calle con un niño, por ejemplo, les encanta pararse y mirar al bebé. Y si pueden tocarlo, ¡lo tocan! En Japón la gente es más reservada en ese aspecto, es una cuestión cultural. Yo ya me he acostumbrado a la forma de ser de la gente española y ¡me encanta!

Fumiko, Osaka (Japón)

Blog archive
▼ 2018 (8)
▶ abril
▶ 2017
▶ 2016
▶ 2015
▶ 2014
▶ 2013

b ¿Has tenido experiencias parecidas? ¿Puedes escribir tú un comentario? ¿Se comporta de la misma manera la gente en tu país?

12 ¡FIESTA!

En esta unidad vamos a aprender:

- A expresar deseos.
- A invitar y a hacer propuestas.
- A pedir y dar permiso.
- A expresarnos con cortesía.
- A reflexionar sobre las justificaciones en español.

1. ¿Qué crees que están celebrando en las imágenes?
2. ¿Has ido a alguna celebración parecida? ¿A cuál te gustaría ir?
3. ¿Te gustan las celebraciones o no participas en ninguna normalmente?

OBSERVA

1 ¡QUÉ FIESTA!

a Se acerca el cumpleaños de tu pareja, un familiar o un amigo, y quieres organizar una gran fiesta. ¿Qué tipo de fiesta elegirías?

■ *Yo haría una fiesta de disfraces de los años 70…*
● *Pues a mí me gustaría una fiesta solo con sus mejores amigos; algo informal, al aire libre.*

b Estas personas nos cuentan sus fiestas más divertidas. Lee y relaciona cada imagen con la fiesta que describen.

> Soy un forofo de la **música de los 70**, así que este año celebré mi cumpleaños con una fiesta de disfraces de esa época: pelucas, pantalones de campana, pista de baile y algunos cubatas… ¡fue genial! Solo puse algo para picar, tortilla, jamón…, porque la idea no era comer, sino bailar.
> Les pedí a mis invitados que, de regalo, trajeran flores, porque me encantan. Por eso a mi fiesta la llamé **"Flower power"**.

> Lo pasé de maravilla en la boda de mi prima. Fue una boda íntima, con poca gente, pero muy elegante. Todos los invitados íbamos vestidos de etiqueta.
> Primero nos ofrecieron aperitivos y cócteles en el jardín, y después pusieron mesas con bufé; hubo barra libre hasta las 5 de la mañana.

> En mi empresa cada año se hace una cena antes de las vacaciones de verano, pero este año nos han invitado a un picnic, ya sabéis, ropa informal, unos sándwiches, saladitos, empanadas y refrescos.
> Hacía un día espectacular, organizaron actividades al aire libre, estuvimos cantando… Fue una buena forma de conocernos mejor y la dirección ha decidido que lo vamos a hacer todos los años.

c Y tú, ¿recuerdas la fiesta más divertida u original en la que has estado? ¿Cómo fue? Coméntalo con tus compañeros.

■ *Yo estuve en una fiesta…*
● *¡Qué divertido!*

2 ¡SORPRESA!

a En la redacción de Agencia ELE están preparando una fiesta sorpresa. Lee el cómic y contesta a las preguntas.

1 ¿Para quién es la fiesta? ¿Qué celebran? ¿Qué tipo de fiesta están preparando?
2 ¿Quiénes van a la fiesta? ¿Quiénes no pueden ir? ¿Por qué?

b 🔊39 Mira la última tira del cómic. Con un compañero, elige la opción más adecuada y completa los bocadillos vacíos. Luego, escucha esa parte y comprueba.

1 a Sí, gracias.
   b Es que soy muy bueno en mi trabajo.
   c En realidad os lo debo a vosotros, yo no he hecho nada.

2 a Es verdad, me queda genial.
   b ¿Tú crees? Lo tengo hace mucho tiempo y lo compré muy barato.
   c Gracias.

> Expresamos **admiración** como muestra de aprecio o amistad. La persona que recibe el halago normalmente muestra humildad.

AL FINAL DE LA UNIDAD…

Vais a organizar la fiesta de fin de curso. Tenéis que decidir el tipo de fiesta, el lugar, la fecha, el protocolo…, y después escribir una invitación.

AGENCIA ELE — Fiesta sorpresa en Agencia ELE

Paloma e Iñaki están organizando una fiesta sorpresa.

3 CUENTO CONTIGO

a Después de leer y completar el cómic, ya sabemos quién va y quién no puede ir a la fiesta. Lee de nuevo el cómic y anota cómo se expresan las siguientes funciones.

Invitar o proponer	Aceptar una invitación o una propuesta	Rechazar una invitación o una propuesta

Mario, no puedes faltar.

Paloma, me temo que no voy a poder, una es que esa semana viajo a Brasil. ¡Es una pena!

b Aquí tenéis más expresiones relacionadas con las invitaciones. Con un compañero, coloca cada una en el lugar correcto de la tabla de **3a**. Ojo, se han colado algunas que no tienen relación.

- Cuento contigo.
- Igualmente.
- Por favor, ven.
- Con mucho gusto.
- Me da igual.
- Me encantaría, pero...
- No pasa nada.
- Preferiría quedarme en casa, gracias.
- ¡Cómo no!
- Eres muy amable, pero es que no puedo.
- Estaría muy bien.
- No puedes faltar.
- ¿Vendrás?
- Tengo que decirte que no porque ya tengo otros planes.
- ¡Qué rabia!
- Me temo que es imposible.
- Lo intentaré, veré qué puedo hacer.
- Lo siento, pero justo ese día tengo un compromiso.
- ¡Ya me gustaría poder ir, pero...!
- ¡No me lo perdería por nada del mundo!
- ¡Cuenta conmigo!
- No me falles.
- Sin ti no sería lo mismo..., ven, por favor.

c 🔊 Germán está llamando a sus amigos para hacer la lista definitiva de invitados para su fiesta. Escucha y señala si aceptan (A) o rechazan (R) la invitación.

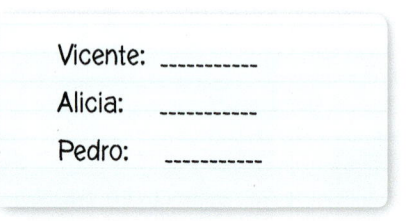

Vicente: _____
Alicia: _____
Pedro: _____

d Vuelve a escuchar las conversaciones y contesta a las preguntas.

1 ¿Qué celebra Germán?
2 ¿Cuándo es la fiesta?
3 ¿Qué tipo de fiesta es?

Recursos para rechazar una invitación o una propuesta.
- Condicional de cortesía: *Me encantaría, pero es que...*
- Futuro simple: *No sé si podré. Lo intentaré, veré qué puedo hacer.*
- Perífrasis de futuro (*ir a* + infinitivo): *Pues va a ser imposible. No sé si voy a poder. Me temo que va a ser difícil porque...*

Es muy frecuente utilizar la siguiente fórmula cuando se piden disculpas y se da una excusa o una explicación:
Lo siento, lo lamento..., (pero) es que/tengo que...

e Imagina que has recibido estas tres invitaciones para ir a una fiesta el próximo sábado y que para todas tienes que ir acompañado. Invita a alguien de la clase y, juntos, decidid a qué fiesta podéis ir.

GRAN INAUGURACIÓN DE TU NUEVA TIENDA
TuEstilo
Contamos contigo
¿Necesitas un asesor de imagen?
¿No sabes cómo maquillarte?
Nuestros expertos te enseñan este **sábado 15 a las 20.30 h** mientras tomamos un cóctel
REGALAMOS un cinturón a tu acompañante.
Avda. Mar, 7. 28014 Madrid

12-3-2018
Encuentra TU MEDIA NARANJA. No te lo puedes perder. Te esperamos el sábado 15 a las 22 h. Trae una pareja y sal con otra. Consumición obligatoria para ti y gratis para tu pareja. CAFÉ AMORÍOS.
C/ Estrecho, 5. 28045 Madrid

Happy User online
¡Hola! Tengo invitaciones para una fiesta con los jugadores del Real Madrid en la discoteca Glamour. Es el próximo sábado a las 23:00. ¿Te apuntas? Puedes traer a un amigo o una amiga. 😊😊

4 ME ENCANTARÍA QUE VINIERAS

a Observa estas viñetas del cómic. ¿En qué situaciones se dicen las frases en negrita? En parejas, ¿podríais proponer algo de manera cortés?, ¿y expresar un deseo? Poned un ejemplo cada uno y reaccionad a la proposición / el deseo de vuestro compañero.

1. ¡Por favor, Miquel, ven! Vamos a estar todos y va a ser muy divertido. **Me encantaría que estuvieras** tú también. ¡No puedes faltar!

2. **Quisiera hacer** un brindis por Luis. Por nuestro querido compañero Luis.
¡Por Luis! Chin, chin…

3. **Ojalá pudiera.** Veré lo que puedo hacer, pero lo veo muy difícil. Si consigo cambiar la cita, te aviso, ¿vale?

El imperfecto de subjuntivo

En las frases anteriores aparece un nuevo tiempo verbal, el **imperfecto de subjuntivo**. Se forma a partir de la 3.ª persona del plural del pretérito indefinido, a la que le quitamos la terminación (-ron).

	hablar	comer	vivir
yo	hablara/hablase	comiera/comiese	viviera/viviese
tú	hablaras/hablases	comieras/comieses	vivieras/vivieses
él/ella/usted	hablara/hablase	comiera/comiese	viviera/viviese
nosotros/-as	habláramos/hablásemos	comiéramos/comiésemos	viviéramos/viviésemos
vosotros/-as	hablarais/hablaseis	comierais/comieseis	vivierais/vivieseis
ellos/ellas/ustedes	hablaran/hablasen	comieran/comiesen	vivieran/viviesen

Se utiliza para:

A. Expresar un deseo:

- Condicional *(me gustaría, me encantaría, sería maravilloso)* + que + imperfecto de subjuntivo.
  Sería maravilloso que Juan pudiera venir.

  Recuerda que el condicional también se puede combinar con un infinitivo.
  Me encantaría ir a la fiesta.

- *Ojalá* + imperfecto de subjuntivo.
  Ojalá pudieras venir.

Los deseos expresados con imperfecto de subjuntivo son difíciles o imposibles de cumplir. Para deseos más fácilmente realizables utilizamos el presente de subjuntivo.
Ojalá puedas venir.

B. Mostrar cortesía:

Usamos de menor a mayor grado de cortesía las siguientes formas.
Quiero/quería/querría/quisiera hacerle una pregunta.

- La forma más habitual es la acabada en **-ra**, aunque las dos (-ra y -se) son intercambiables prácticamente en todos sus usos, excepto para expresar cortesía:
  Quisiera/~~Quisiese~~ hacer un brindis.

- Observa el acento en la primera persona del plural:
  habláramos, comiéramos, viviéramos.

ciento treinta y uno **131**

b En parejas, completad la tabla.

Infinitivo	3.ª persona plural pretérito indefinido	1.ª persona singular imperfecto de subjuntivo
Traer	trajeron	trajera/trajese
Decir		
Querer		
Tener		
Ser/Ir		
Hacer		
Poner		
Estar		
Saber		
Pedir		

c Completa los siguientes diálogos. Ojo, en ocasiones puede haber más de una opción.

1
- Buenos días, ¿qué quería? ¿Puedo ayudarle en algo?
- (Querer) _____ ver esos zapatos de allí.

2
- Ojalá (llegar) _____ papá a tiempo para soplar las velas. (Una hora más tarde).
- Hija, ha llamado papá y no puede venir.
- Lo echo mucho de menos, mamá. ¡Ojalá (estar) _____ aquí!

3
- ¿Es que no estás contenta con el homenaje que te van a dar tus colegas?
- No es eso, pero es que no me gustaría que todo el mundo (estar) _____ pendiente de mí, no me gustaría (ser) _____ el centro de atención.

4
- Bienvenidos todos, y gracias por vuestra presencia en este acto. Si me lo permitís, (querer) _____ decir unas palabras a D.ª Ángeles Mena con motivo de su próxima jubilación.

5
- Miquel, estoy pensando en nuestra boda, ¿cómo te gustaría que lo (celebrar) _____?
- Pues no sé, algo íntimo y muy sencillo. ¿Y a ti?
- A mí me gustaría que (poder, nosotros) _____ celebrarlo al aire libre, me encantaría que (venir) _____ todo el mundo, y sería maravilloso que (haber) _____ una gran orquesta.

d María y Pedro son muy diferentes y están planeando su boda. A María le gustaría hacer una boda sencilla y moderna, pero a Pedro le gustan las bodas más tradicionales y espectaculares. En parejas, imaginad cómo le gustaría celebrarla a cada uno.

1 Boda civil / casarse por la iglesia.
2 Traje sencillo / traje espectacular.
3 Ir de luna de miel por España / al Caribe.
4 Invitar al círculo más íntimo / hacer una fiesta multitudinaria.
5 Celebrar el banquete en un restaurante sencillo o al aire libre / celebrar el banquete en un hotel de cinco estrellas o un gran salón de bodas.
6 Decorar todo con flores y llevar un gran ramo / llevar un ramo pequeño y sencillo.
7 Contratar una limusina o un coche de época / ir en el coche habitual.

- *Yo creo que María preferiría casarse por lo civil en la playa, con sus amigos más cercanos...*
- *Pues a Pedro seguro que le gustaría casarse por la iglesia en una gran catedral con cientos de invitados...*

5 EL INVITADO PESADO

a 🔊 Escucha las conversaciones que esta invitada "pesada" mantiene con el anfitrión. ¿Qué quiere? ¿Lo consigue?

	¿Qué quiere?	¿Lo consigue?
Conversación 1		
Conversación 2		
Conversación 3		
Conversación 4		

b 🔊 Vuelve a escuchar el audio y señala las expresiones que se utilizan para:

Pedir permiso
a ¿Te molesta que + subjuntivo? ___
b ¿Te importa si + indicativo? ___
c ¿Es / sería posible que + subjuntivo? ___
d ¿Te parecería bien que + subjuntivo? ___
e ¿Me das permiso para...? ___

Dar permiso
a Por supuesto/claro (que sí). ___
b ¡Cómo no! ___
c Como/donde/cuando quieras. ___
d Estás en tu casa. ___
e No, no, en absoluto. ___

Denegar permiso
a Me temo que no. ___
b Lo siento, no es posible. ___
c De ninguna manera. ___

Dar permiso con reservas
a Bueeeno. ___
b Bueno, vale. ___
c Pero... ___
d Sí, siempre y cuando... ___
e (Sí, pero) Solo si... ___

c Ahora, en parejas, imaginad que estáis en una fiesta. Seguid las instrucciones.

ALUMNO A

Eres un invitado y pides al anfitrión de la fiesta:
1. Que te ponga algo de beber.
2. Que te presente a ese chico/-a que te parece muy interesante.
3. Que baje un poco la música porque te duele la cabeza.
4. Que te lleve a casa o busque a alguien que te lleve porque te encuentras un poco mal.
5. Que te dé permiso para decir unas palabras en su honor.
6. Que te deje llevar a unos amigos tuyos a la fiesta.

ALUMNO B

Eres el anfitrión de la fiesta y un invitado te pide permiso para varias cosas; contéstale según estas indicaciones:
1. No puedes atender a todos porque hay mucha gente. Indícale que lo haga él.
2. Te encanta presentar a tus amigos, no tienes ningún problema.
3. No puedes bajar la música porque la gente lo está pasando fenomenal, le ofreces unos tapones o algo para el dolor de cabeza.
4. No puedes abandonar la fiesta y dejar la casa llena de gente. Le ofreces una alternativa (llamar a un taxi, que se quede a dormir, etc.).
5. No te gustan nada los brindis ni ser el centro de atención.
6. Te encanta conocer gente nueva.

6 ¡VAYA COMPROMISO!

a Manuel ha recibido cuatro invitaciones para el mismo día. ¿De qué tipo de celebración se trata en cada caso?

- cumpleaños   • bautizo   • jubilación   • inauguración

Mensaje nuevo

Estimado Sr. Gómez:
Con ocasión de la apertura de nuestra tienda Sol y Luna, tenemos el gusto de invitarle a un vino español que tendrá lugar el día 9 a las 22 h en la calle Valencia, 8.
Se ruega puntualidad.
SRC solyluna@smail.com

1

Hola, chicos:
El próximo sábado soy un año más viejo y lo vamos a celebrar de una forma muy original: nos vamos de excursión ¡¡en autobús!!
Está todo preparado: las paradas, el desayuno, las excursiones, los bares… y risas, muchas risas.
No me falléis. Os espero el sábado 9 a las 10 de la mañana en la puerta de mi casa con ropa cómoda y zapatillas de deporte. ¡Ah!, y bocadillos.
Por favor, necesito confirmación lo antes posible para alquilar el autobús.
Besos,
Raúl

2

Laura Pérez Meca

Os invito a mi bautizo que se celebrará el 9 de marzo a las 18 h en la iglesia de San Esteban.
Después del bautizo se servirá una cena fría en el hotel Reina. Alicante, 2012
Lista de bautizo en DeRegalo o n.º cuenta:
3000001232210008
RSVP bautizoLaura@yahoo.es

3

Sería un honor contar con su presencia en la cena homenaje al Sr. Cayetano Ruiz Fernández por sus 25 años de servicio.
La celebración tendrá lugar el sábado 9 de marzo a las 23 h en Jardines de Murcia.
El precio del cubierto será de 100 euros.
Rigurosa etiqueta.

RSVP (pedroruiz@vinoseljardinero.es)

4

b Relaciona cada respuesta con su invitación.

Estimado Sr. Ruiz:
Estaría encantado de acompañarlos en esa noche tan especial para todos los que admiramos a D. Cayetano, pero, lamentablemente, tengo un compromiso familiar que me impide asistir.
Saludos cordiales,
Manuel Gómez

A ○

Queridos Ángel y Lola:
¿Cómo estáis?
Me encantaría pasar este día tan bonito con vosotros, pero me temo que no va a ser posible porque tengo programado desde hace mucho tiempo un viaje para ese día y no puedo cancelarlo.
Saluda a toda la familia de mi parte.
Un fuerte abrazo,
Manuel
P.D.: Os he hecho un ingreso en el n.º de cuenta de Laurita.

B ○

Apreciada Ana:
He recibido vuestra invitación a la inauguración.
Sois muy amables, pero desgraciadamente no me es posible asistir por motivos profesionales.
Os deseo toda la suerte del mundo en esta aventura.
Atentamente,
Manuel

C ○

Hola, Raúl:
Gracias por la invitación.
¡No me lo puedo creer! Cada año me sorprendes más.
Será un placer pasar tu día contigo.
Besos,
Manuel

D ○

c De las tres fiestas a las que Manuel no asiste, elige una a la que irías y otra a la que no. Escribe dos respuestas: una confirmando que asistes y otra para decir que no puedes ir. Después, intercambia tus respuestas con las de tu compañero. ¿A qué fiesta va él?

7 CUMPLEAÑOS FELIZ

a Cada cultura tiene unas costumbres propias a la hora de comportarse en una fiesta. Lee las siguientes frases sobre los cumpleaños y señala qué cosas son iguales (I) o diferentes (D) en tu cultura.

		I	D
1	Se puede llegar media hora más tarde.		
2	Se abren los regalos después de soplar las velas y delante de los invitados.		
3	Los niños tiran de las orejas a la persona que cumple años, una vez por cada año que cumple.		
4	El homenajeado pide deseos al soplar las velas, mientras los invitados cantan el *Cumpleaños feliz*.		
5	Lo normal es que quien cumple años invite a los amigos.		
6	Lo tradicional es celebrarlo en la casa del cumpleañero. Cuando se va a un restaurante, lo normal es que los invitados paguen la comida e inviten al homenajeado.		
7	Si la fiesta se celebra en una casa, no es obligatorio llevar comida o bebida.		
8	Al día siguiente no es necesario llamar por teléfono o escribir a la persona que ha organizado la fiesta para darle las gracias por haber sido invitado.		
9	Puedes llevar a un amigo.		
10	Si eres muy amigo del cumpleañero, es normal llegar antes para ayudarlo en la preparación de todo.		

b Entre todos, poned en común si una fiesta de cumpleaños se celebra de forma distinta en vuestra cultura y en la cultura hispana.

- *Yo una vez tuve que organizar una fiesta para el aniversario de…*
- *Pues a mí una vez me invitaron a una fiesta en España y…*

PRACTICA

8 LAS ÚLTIMAS TENDENCIAS

a ¿Alguna vez has recurrido a un profesional para organizar una fiesta? ¿Lo harías? ¿Por qué? Coméntalo con tus compañeros.

b Cada vez hay más empresas dedicadas a organizar fiestas y eventos. Lee lo que recomienda esta página web como lo último para celebrar cumpleaños y marca con verdadero (V) o falso (F) estas afirmaciones:

1. Toda fiesta debe estar decorada con las cosas típicas de un cumpleaños: guirnaldas, velas, gorros, confetis, piñatas… ☐
2. A los invitados se les puede decir qué tipo de regalo traer. ☐
3. Los invitados sorprenden al homenajeado cantando todos juntos su canción favorita. ☐

Las últimas tendencias en fiestas de cumpleaños

* **CUMPLEAÑOS EN UN AUTOBÚS**
* **UNA FIESTA HAWAIANA CON TUS AMIGOS**
* **UNA FIESTA EN UN BARCO**
* **BARBACOA PARA CUMPLEAÑOS**
* **FIESTA CHILL OUT**

Lo último en ideas originales es decidirte por una temática. Tienes varias opciones. Una de ellas es, en el caso de que los años a cumplir sean una fecha redonda como los 30 o los 40, organizar una fiesta en la que esa cifra sea la protagonista. La decoración a base de guirnaldas con los años, velas, gorros y todo tipo de parafernalia a juego es perfecta si los años que se cumplen no son demasiados. Para edades más maduras, se llevan más los *collages* con fotos que ilustren sus momentos más memorables u objetos que les recuerden los años vividos.

Otra opción que está de moda es la de organizar la fiesta de cumpleaños en torno a un tema que le apasione al homenajeado. Bien sea un forofo de *La guerra de las galaxias*, una enamorada de Betty Boop…, lo importante es que el tema elegido protagonice cada rincón.

Que la fiesta gire en torno a la gastronomía es otra opción. Se trata de elegir su tipo de comida favorita e idear todo tipo de platos fáciles de presentar y de comer en un bufé al aire libre. Puedes escoger una fiesta que imite una cata de vinos, si el homenajeado es un apasionado del tema. Cada invitado puede encargarse de traer una botella de vino en lugar de un regalo y organizar el bufé a base de quesos españoles, galletitas saladas, embutidos ibéricos… Otra opción para golosos es una fiesta de postres, olvidándose de la operación bikini y aligerándola con todo tipo de cócteles exóticos, zumos o sorbetes.

Y si lo que quieres es algo realmente original, además de que sea la última moda, no hay nada como organizar una *yincana*, contratar un espectáculo que tenga que ver con la temática de la fiesta como unos mariachis, un faquir o unas bailarinas que dominen la danza del vientre, o mezclar actores que actúen como camareros falsos y, en un momento dado, que representen alguna farsa con la que sorprender a los asistentes. Lo más *fashion* del momento es organizar con los invitados una actuación musical (un *lip up*), y sorprender al del cumpleaños con un *playback* de su canción favorita que le deje con la boca abierta.

Haz un homenaje inolvidable a un familiar, compañero o amigo.

¡Nosotros te ayudamos!

c Imaginad que trabajáis como organizadores de fiestas profesionales. En pequeños grupos, pensad en una persona que todos conozcáis muy bien (un compañero, vuestro profesor…) y elegid la mejor fiesta para él. Si lo necesitáis, podéis hacerle preguntas para conocer mejor sus gustos.

¿Cuál es tu canción favorita? ¿Qué tipo de comida te gusta?

d Contadle la fiesta que habéis elegido para él. ¿Habéis acertado?

136 ciento treinta y seis

9 LA FIESTA DE FIN DE CURSO

Vais a organizar la fiesta de fin de curso y a enviar invitaciones a vuestros amigos. Vamos a ver quién es más original y consigue más invitados.

PLANIFICA

a En pequeños grupos, tenéis que poneros de acuerdo en el tipo de fiesta que queréis celebrar. Pensad en los siguientes aspectos y tomad nota:

- lugar, fecha, hora
- tipo de fiesta
- tipo de comida/bebida
- número de invitados y cómo vais a invitarlos
- ropa que tienen que llevar los invitados
- decoración de la casa/local
- regalos especiales/sorpresas
- actividades/concursos/juegos

ELABORA

b Escribid la invitación según lo acordado. Recordad que tenéis que incluir los siguientes aspectos:

- Explicar el motivo de la fiesta.
- Detallar bien a los invitados qué tipo de fiesta estáis organizando.
- Invitar.
- Especificar el lugar y la hora.
- Pedir confirmación de asistencia.

COMPARTE

c Mandad las invitaciones a vuestros compañeros. Cada uno tendrá que elegir a qué fiesta va a asistir, pero no podéis elegir vuestra propia fiesta.

d Escribe una nota para confirmar tu asistencia a la mejor fiesta y otra nota al resto de grupos para rechazar la invitación. Recuerda:

- Saludar y despedirte.
- Mostrar sorpresa y agradecimiento por la invitación y halagar al anfitrión.
- Aceptar/rechazar cortésmente la invitación.

e ¿Cuál es la mejor fiesta? ¿Qué grupo ha conseguido más invitados?

10 JUSTIFICACIONES

a ¿En qué situaciones sientes la necesidad de justificarte? Coméntalo con tus compañeros. Después lee el texto sobre cómo lo hacen los hispanohablantes. ¿Haces lo mismo?

Es que...

Si hay algo que nos gusta a los hispanohablantes es dar explicaciones. En muchas situaciones sentimos la necesidad de explicar las razones que nos mueven a actuar. Por ejemplo, cuando tenemos que rechazar una invitación o una propuesta, no nos basta con decir: «No, no puedo, gracias por la invitación». Aunque, en sí misma, la frase es correcta y elegante, no es suficiente para rechazar adecuadamente. De hecho, si alguien rechaza una invitación con estas fórmulas, como a veces sucede con algunos extranjeros que no dominan el español, se interpreta como una falta de sensibilidad y una muestra de indiferencia. Nuestra cultura nos obliga a justificarnos, a lamentarnos y a contar a nuestro interlocutor que no vamos a aceptar su invitación o propuesta por una razón de peso. Se trata de mostrar que no es un acto de voluntad propia, sino que estamos obligados por la situación:

Es que justo es el cumpleaños de mi madre.
Es que hace tres meses que tengo organizada una cena de trabajo a la que no puedo faltar.
Lo siento, me voy de viaje.

Para rechazar una invitación o propuesta, además de dar explicaciones, tenemos que lamentarnos y, en muchas ocasiones, proponer una nueva oportunidad para hacer lo que estamos rechazando.

Es curioso, pero lo mismo hacemos con las disculpas. De nuevo tenemos que dar muchas explicaciones, contar con detalle lo que ha pasado y, siempre, encontrar la razón fuera de la voluntad y el deseo propios:

Lo siento, no ha sonado el despertador.
No llegué a tiempo al metro, disculpa.
Perdón por el retraso, es que había mucho tráfico, más que ningún día.

Damos explicaciones parecidas en muchas situaciones de la vida cotidiana, por ejemplo, cuando alguien nos dice que le gusta la ropa que llevamos:

● *Llevas una camisa preciosa.*
■ *¿Te gusta? La he comprado muy barata en rebajas.*

b Imagina que un amigo te hace las siguientes peticiones o propuestas. Vas a contestar que no puedes hacer lo que te pide. ¿Cómo lo harías en español? ¿Y en tu idioma? ¿Te justificarías también en estas situaciones? Coméntalo con tu compañero.

¿Por qué no quedamos este fin de semana para ir al cine?

¿Puedes acompañarme mañana por la mañana al aeropuerto?

¿Le compramos una camisa a Juan para su cumpleaños?

- **APÉNDICE GRAMATICAL**
- **VERBOS**
- **LÉXICO**
- **TRANSCRIPCIONES**

GRAMÁTICA Y COMUNICACIÓN

Unidad 1

Presentar a otros

Presentación formal
- *Mire, le presento a la señora García Robles.*
  al señor
- *Mucho gusto.*
  Encantado/-a de conocerlo.
  conocerla.

Presentación informal
- *Mira, este es José, un compañero de la oficina.*
- *¡Hola! ¿Qué tal?*
  ¿Cómo estás?

Recursos que se utilizan cuando dos personas se reencuentran

INFORMAL	FORMAL
¿Te acuerdas de mí?	¿Se acuerda de mí?
¡Qué alegría verte otra vez! de nuevo!	¡Qué alegría verlo/-la otra vez! de nuevo!
¡Tanto tiempo sin verte! ¡Cuánto	¡Tanto tiempo sin verlo/-la! ¡Cuánto
¿Eres Juan?	¿Es usted la señora Gómez?
¡Qué sorpresa! ¡Qué casualidad!	

Hablar de la cantidad

- Todos/-as
- La (gran) mayoría de
- Muchísimos/-as
- Muchos/-as
- Bastantes
- Algunos/-as
- Pocos/-as
- Una minoría de
- Poquísimos/-as
- Casi nadie

Hablar del pasado: pretérito imperfecto

Usos
1 Describir personas, lugares y objetos en el pasado.
- Los otros voluntarios eran peruanos.

2 Referirse a acciones habituales en el pasado.
- Pintábamos aulas, arreglábamos techos, reparábamos muebles..., hacíamos de todo.

3 Contrastar el pasado con el presente.
- Antes pensaba que pasar todo un verano descansando era una pérdida de tiempo.

4 Hacer una petición de manera más educada:
- Si tomábamos algo, me hacían pedir a mí, y con miedo decía: "Buenos días, queríamos tomar..."

5 Expresar una acción que no llega a realizarse:
- Iba a ir de vacaciones de aventura cuando me enteré de las vacaciones solidarias.

6 Presentar dos acciones que suceden en el mismo momento:
- Mientras ellos descansaban, yo anotaba todo en una libreta llamada «Escuela».

7 Describir una acción en desarrollo que se ve interrumpida por otra acción (verbo en indefinido):
- Estaba paseando y me encontré con el organizador, que me presentó a todos.

Formación del pretérito imperfecto

Verbos regulares		
practicar	**aprender**	**escribir**
practicaba	aprendía	escribía
practicabas	aprendías	escribías
practicaba	aprendía	escribía
practicábamos	aprendíamos	escribíamos
practicabais	aprendíais	escribíais
practicaban	aprendían	escribían

Verbos irregulares		
ir	**ser**	**ver**
iba	era	veía
ibas	eras	veías
iba	era	veía
íbamos	éramos	veíamos
ibais	erais	veíais
iban	eran	veían

Unidad 2

Perífrasis verbales que señalan continuidad o interrupción

Seguir + **gerundio**: indica una acción o un hábito que continúa en el tiempo.
- Yo sigo viviendo en casa de mis padres.

Dejar de + **infinitivo**: indica una acción o un hábito que se interrumpe y ya no se realiza.
- Dejé de comer carne, ahora soy vegetariano.

	Antes	Ahora
seguir	sí	sí
dejar	sí	no

140 ciento cuarenta

Formación del gerundio

Regulares

Terminación -ar	Terminación -er, -ir
habl-ar → hablando	com-er → comiendo
	viv-ir → viviendo

Algunos gerundios **irregulares** (fíjate que son solo del grupo -er, -ir)

decir → diciendo	oír → oyendo
dormir → durmiendo	poder → pudiendo
ir → yendo	sentir → sintiendo
leer → leyendo	venir → viniendo
morir → muriendo	seguir → siguiendo

Expresar deseos y preferencias

Deseos
- Quiero ser independiente.
- Espero que algún día me den un buen papel.
- Ojalá tengas suerte.

Preferencias
- Prefiero seguir trabajando.
- Prefiero elegir.
- Prefiero que me paguen.

Querer / Esperar / Preferir + infinitivo
La persona expresa deseos y preferencias para sí misma. Por eso el segundo verbo va en infinitivo.
- [Yo] Quiero tener un trabajo fijo.

  misma persona

Querer / Esperar / Preferir + que + (otro sujeto) + presente de subjuntivo
Cuando una persona expresa deseos o preferencias con respecto a otra, el segundo verbo va en presente de subjuntivo.
- [Yo] Quiero que los padres respeten mi trabajo.

  distinta persona

La palabra *ojalá* siempre va con subjuntivo.

Formación del presente de subjuntivo

Verbos regulares		
hablar > e	**comer > a**	**vivir > a**
hable	coma	viva
hables	comas	vivas
hable	coma	viva
hablemos	comamos	vivamos
habléis	comáis	viváis
hablen	coman	vivan

Verbos irregulares		
ser	**saber**	**ir**
sea	sepa	vaya
seas	sepas	vayas
sea	sepa	vaya
seamos	sepamos	vayamos
seáis	sepáis	vayáis
sean	sepan	vayan

Irregulares con diptongo en *yo, tú, él/ella/usted, ellos/ellas/ustedes*			
pensar	**poder**	**querer**	**preferir**
piense	pueda	quiera	prefiera
pienses	puedas	quieras	prefieras
piense	pueda	quiera	prefiera
pensemos	podamos	queramos	prefiramos
penséis	podáis	queráis	prefiráis
piensen	puedan	quieran	prefieran

Expresar porcentajes y números decimales

- Los porcentajes concuerdan con el verbo en singular.
  · El 59% de los jóvenes no tiene experiencia.

- Los números decimales son los formados por números a la derecha de la coma.
  - 0,5 se dice normalmente «y medio»
  · 49,5 → cuarenta y nueve y medio
  - 0,2 se dice normalmente «con dos» o «coma dos»
  · 2,2 → dos con dos; dos coma dos

En México se usa punto en lugar de coma para indicar decimales:
· 3.5 = tres y medio; tres con cinco.

Conectores que contrastan una idea anterior o la matizan

Pero
Sin embargo
Ahora bien
Si bien
No obstante

- El promedio de edad en el que se obtiene el primer trabajo se concentra entre los 17 y los 18 años. Sin embargo, el inicio de la vida laboral se lleva a cabo antes.
- El trabajo me gusta, pero pagan poco

Unidad 3

GRAMÁTICA Y COMUNICACIÓN

Recursos para hablar sobre gustos

Preguntar los gustos de alguien
- ¿Qué películas te gustan más?
- ¿Cuál es tu película favorita?
- ¿Qué actores y actrices te gustan?
- ¿Cuál es tu actor / actriz preferido/-a?
- ¿Cuál ha sido la última película que has visto? ¿Te gustó?

Pedir y dar la opinión (valoración general)
- ¿Qué piensas de la película?
  - Me parece una obra maestra.
  - Me encanta, es una de mis favoritas.
  - No sé, no me gusta mucho.

Pedir y dar la opinión (después de una actividad)
- ¿Te ha gustado?
- ¿Qué te ha parecido?
  - Me ha parecido una obra maestra.
  - Me ha encantado.
  - No sé, no me ha gustado mucho.

Pedir y dar la opinión (aspectos concretos)
- ¿Qué es lo que más te gusta de los musicales?
  - Las canciones, los bailes, toda la parte musical.
- ¿Qué es lo que más te ha gustado de esta película?
  - Los actores, me han parecido fantásticos.

¿Cuál, quién y qué?

¿Cuál | + verbo?
¿Quién |

- ¿Cuál es tu actriz favorita?
- ¿Quién te gusta?

¿Qué + nombre + verbo?
- ¿Qué actriz te gusta más?

Hablar del pasado

- Se usa el **pretérito perfecto** para referirse a acciones, hechos o experiencias que tienen lugar en un momento del pasado que el hablante relaciona con el momento actual. Son marcas de tiempo habituales las que tienen *este/-a*: esta mañana, este año, estos últimos días; también se usa con hoy, últimamente y recientemente.
  - He visto todas las películas que he podido.

- Se usa el **pretérito indefinido** para referirse a acciones, hechos o experiencias que tienen lugar en un momento del pasado que el hablante no relaciona con el momento actual.
  Son marcas de tiempo habituales las que señalan momentos concretos: ayer, el otro día, en 1965, hace... y las expresiones que contienen *pasado/-a*: el mes pasado, la semana pasada.
  - Fui con mi abuelo. Vimos una de Tarzán.

- Se usa el **pretérito imperfecto** para describir las situaciones en las que ocurren acciones o experiencias en el pasado, esto es, para describir el contexto.
  - Sí, claro. Tenía seis años y fui con mi abuelo.

También se utiliza el **pretérito imperfecto** para:
- Describir personas, lugares y objetos en el pasado:
  - Las butacas eran de madera.

- Referirse a acciones habituales en el pasado:
  Son marcas de tiempo: normalmente, con frecuencia, (casi) siempre, a menudo, cada vez, todos los días /años...
  - De joven iba al cine con mucha frecuencia.

- Contrastar el pasado con el presente:
  Es frecuente en oraciones que tienen: antes /en aquella época..., ahora...
  - En aquella época me gustaban mucho los musicales.

Pronombres relativos

- Que es el pronombre más usado y se refiere a personas o a cosas. Es invariable:
  - El chico que está allí es mi hermano.

- Quien y quienes se emplean con personas; no se construyen con artículo y concuerdan con el antecedente en número: La chica a quien está peinando es española. Este relativo se usa en frases hechas y en refranes.
  - "Quien bien te quiere te hará llorar."
  - "A quien mucho tiene, más le viene"

- El/la/los/las cual/-es se usan en contextos formales y equivalen a *que* o a *quien* (cuando se trata de personas) siempre siguen al nombre y concuerdan con él en género y número. Se usan sobre todo tras preposición:
  - El problema contra el cual luchamos no tiene solución.

- Donde es un adverbio relativo que va siempre acompañado de un antecedente que expresa lugar. Puede sustituirse por "en (el) que":
  - Este es el lugar donde nací.

Recursos para contar y escuchar una anécdota

La persona que cuenta:
- Para empezar a contar
  - ¿Sabes lo que me pasó...?
  - ¿Sabías que...?
  - ¿A que no sabes...?
  - Te voy a contar una cosa...
  - Pues a mí una vez...
  - ¿Sabés qué?
- Introducir un elemento nuevo
  - De repente...   · De pronto...   · Entonces...
- Contar el final
  - Total, que...   · Al final...   · Y por eso...

La persona que escucha:
- Para mostrar atención, interés o sorpresa
  - ¡Cuenta, cuenta!
  - ¡No me digas!
  - ¿Ah, sí?
  - ¡Qué bueno!
  - ¿De verdad?
  - ¡Qué gracia!
  - ¿En serio?
  - ¡Hala!
  - ¡No me lo puedo creer!
  - ¡No!
  - ¡¿Sí?!
  - ¡Qué curioso!
  - ¡Qué cosas!
  - ¡No lo sabía!
  - ¡Ah, sí, es verdad!

Unidad 4

Expresar hechos en el futuro

En español tenemos **tres formas de expresar hechos en el futuro**: presente, perífrasis *ir a* + infinitivo y futuro. La elección depende de factores como el tipo de texto (oral o escrito, formal o informal), la seguridad y la distancia temporal.
- Vale, te llamo esta tarde y te cuento.
- Voy a estudiar Derecho.
- En el año 2050 la mayoría de la población vivirá en las ciudades.

1. Presente con valor de futuro
- Indica un futuro inmediato y seguro.
- Se usa con palabras como *hoy, este fin de semana / mes, esta mañana / tarde / noche, luego, ahora (mismo)...*
- Frente al futuro, añade énfasis y seguridad.
- ¿Irás a la reunión del jueves?
- Claro que voy. [énfasis]
- (También): Claro que iré. [neutro]

2. Perífrasis *ir a* + infinitivo
- Es muy habitual en el lenguaje hablado.
- Indica un futuro cercano en el tiempo y es frecuente con decisiones tomadas.
- Voy a estudiar Derecho.

3. Futuro simple
- Se usa cuando el texto es escrito y formal (es el tiempo de los periódicos, las leyes...).
- El próximo lunes se aprobará la nueva ley sobre energías renovables.

- A diferencia del presente y de la perífrasis *ir a* + infinitivo, puede expresar hipótesis o posibilidad, algo que puede no ocurrir.
Hay voluntad o decisión, pero no seguridad completa (depende de otros factores):
- ¿Qué vas a estudiar en la universidad?
- Creo que estudiaré Derecho. (No estoy seguro)
Es un futuro lejano (por eso no es del todo seguro):
- En el año 2050 la mayoría de la población vivirá en las ciudades.

Formación del futuro

| Verbos regulares |||
empezar	volver	prohibir
empezaré	volveré	prohibiré
empezarás	volverás	prohibirás
empezará	volverá	prohibirá
empezaremos	volveremos	prohibiremos
empezaréis	volveréis	prohibiréis
empezarán	volverán	prohibirán

Verbos regulares
Las tres conjugaciones tienen las mismas terminaciones. Añaden al infinitivo:

-é	-emos
-ás	-éis
-á	-án

Fíjate que el acento siempre está en la terminación.

Verbos irregulares
- Cambia la raíz del verbo, pero las terminaciones son las mismas que en los verbos regulares. Aquí tienes la primera persona de singular de algunos verbos irregulares en futuro.

venir → vendré	poner → pondré
haber → habré	salir → saldré
poder → podré	valer → valdré
tener → tendré	decir → diré
hacer → haré	caber → cabré
querer → querré	rehacer → reharé
saber → sabré	componer → compondré

Los formas derivadas de los verbos irregulares tienen sus mismas irregularidades.

Unidad 5

Expresiones de la lengua hablada

Pedir atención
- Mira
- Oye
- ¿Sabes?
- Perdona

Dar una explicación, añadir información
- Además
- Por eso
- Por cierto

Mostrar acuerdo, confirmar
- Por supuesto
- Claro
- Sí, sí
- Vale

Introducir una dificultad
- Sin embargo
- Aunque
- Pero

Recursos para preguntar y contar planes y preferencias

Preguntar
- ¿Qué vas a hacer?
- ¿Qué te apetece hacer?
- ¿Qué planes / intenciones tienes?
- ¿Qué es lo que más te interesa / gusta?

Contar
- Estoy pensando en
- Pienso / Quiero
- Tengo intención de   + infinitivo
- Me gustaría / apetecería
- Prefiero / Me gusta / Me encanta
- Lo que más me gusta / interesa es

GRAMÁTICA Y COMUNICACIÓN

GRAMÁTICA Y COMUNICACIÓN

Recursos para escribir correos formales e informales

Formales
- Estimados señores:
- Apreciados señores:
- Les agradecería que...
- Les solicito que...
- Estaba interesado en...
- El motivo de la presente carta...
- Si necesitan ponerse en contacto conmigo...
- Me dirijo a ustedes...
- Atentamente
- Reciban un saludo muy cordial
- Esperando noticias suyas

Informales
- Querido Jorge:
- Hola, Jorge:
- Te escribo para/porque...
- Escríbeme para...
- Como te he dicho...
- Me interesa...
- Te pido que...
- Por favor...
- Estaría cinco días y...
- Dime si...
- Espero tu respuesta
- Saludos
- Un abrazo

El condicional

El **condicional** expresa cosas que normalmente no se pueden producir en las circunstancias actuales, que dependen de ciertas condiciones poco probables o imposibles de cumplir.
- Yo pasaría una semana en Buenos Aires.
- Me gustaría ir a Iguazú.

También es muy usado en peticiones y consejos.
- ¿Podrías abrir la ventana?
- Yo que tú hablaría con él.

Formación del condicional

Verbos regulares

empezar	volver	prohibir
empezaría	volvería	prohibiría
empezarías	volverías	prohibirías
empezaría	volvería	prohibiría
empezaríamos	volveríamos	prohibiríamos
empezaríais	volveríais	prohibiríais
empezarían	volverían	prohibirían

Las tres conjugaciones tienen las mismas terminaciones. Añaden al infinitivo:

| -ía | -ía | -íais |
| -ías | -íamos | -ían |

Fíjate que el acento siempre está en la terminación.

Verbos irregulares

- Cambia la raíz del verbo, pero las terminaciones son las mismas que en los verbos regulares. Aquí tienes la primera persona de singular de algunos verbos irregulares en condicional.

venir → vendría	valer → valdría
haber → habría	decir → diría
poder → podría	caber → cabría
tener → tendría	rehacer → reharía
hacer → haría	componer → compondría
querer → querría	equivaler → equivaldría
saber → sabría	
poner → pondría	
salir → saldría	

Estos verbos tienen la misma irregularidad que en el futuro.

Oraciones condicionales

- Si tienes tiempo, visita Córdoba.
- Tráeme algún dulce si vas a Argentina.
- Si quieres ir a la playa, tienes que ir en diciembre.

Condición en presente o en futuro →	Resultado en futuro
La condición es un hecho en el presente o el futuro. **Si + presente / ir a**	El resultado se expresa en futuro. **Futuro**
■ Si aumenta la contaminación, →	habrá más enfermedades pulmonares.
■ Si vas a Argentina, →	no te arrepentirás.
	El resultado usa presente para expresar más énfasis o seguridad. **Presente**
■ Si me toca la lotería, →	cambio de coche.
	El resultado es una orden, sugerencia, instrucción... **Imperativo**
■ Si vas a venir a la ciudad, →	llámame.
La condición es un hecho que se repite o es una verdad general. **Si + presente**	El resultado se expresa en presente. **Presente**
■ Si no respetamos las señales de tráfico, →	podemos tener un accidente o causarlo.
■ En verano, si hace sol, →	las playas se llenan de gente.

- Podemos poner la condición al principio o al final de la frase.
- Cuando la condición va antes que el resultado, escribimos coma detrás de la condición:
  - Si bebes, no conduzcas.

Unidad 6

Expresar consejos

Verbos de obligación en indicativo
debes | + infinitivo
tienes que |

- Debes llevar un calzado adecuado para la ocasión.

Presente de indicativo
¿por qué no + presente de indicativo?
- ¿Por qué no vas al médico?

Verbos en condicional
deberías | + infinitivo
tendrías que |
podrías |
yo que tú | + condicional
yo en tu lugar |
si (yo) fuera tú |

- Deberías cuidar tu alimentación.
- Yo que tú haría algún ejercicio suave.

Condicionales con *si*
¿y si...?
si..., imperativo
- ¿Y si te apuntas a un curso de *aquagym*?
- Si vas al gimnasio, apúntate a *aquagym*.

Imperativo
- Duerme mucho.

Ser + adjetivo
es | importante | + infinitivo
   | bueno |
   | conveniente | + que + subjuntivo
lo mejor es

- Es conveniente hervir agua y dejarla enfriar.
- Es conveniente que limpies cada uno por separado.

Relacionar dos hechos del futuro

- Para relacionar una acción futura con otra, usamos frases subordinadas con la estructura cuando + subjuntivo.
- La situación será la misma cuando empiece a trabajar.
  futuro   cuando + subjuntivo

- Cuando cumpla nueve meses llevaré al niño a la guardería.
  cuando + subjuntivo   futuro

- Las frases interrogativas y exclamativas se construyen con cuándo + futuro.
- ¿Cuándo empezaréis la reforma?
- ¡Cuándo acabará este ruido!

Complementos del verbo

Complemento directo (CD)

- Indica la persona o cosa que recibe "directamente" la acción del verbo. No lleva preposición, excepto cuando el complemento es una persona.
- Dedica las sonrisas diarias que puedas.
- El martes vi una película / a Marcos.
- Se sustituye por los siguientes pronombres:

	singular	plural
1.ª persona	me	nos
2.ª persona	te	os
3.ª persona	lo, la, se (refl.)	los, las, se (refl.)

- Dedica las sonrisas / Dedícalas.

Complemento indirecto (CI)

- Normalmente se refiere a personas, e indica el destinatario de la acción del verbo. Lleva delante la preposición *a*.
- Dedica las sonrisas diarias que puedas a la gente que se cruce en tu camino.

- Se sustituye por los siguientes pronombres:
  me, te, le
  nos, os, les
- Dedica las sonrisas a la gente / Dedícale las sonrisas.

le / les + lo / la / los / las = se + lo / la / los / las
- Dedica las sonrisas a la gente / Dedícaselas.

Orden de los elementos
- Cuando el verbo está conjugado:
- ¿Me lo cuentas?
  CI CD Verbo conjugado

- Cuando el verbo está en imperativo:
- Cuéntamelo.
  Imperativo CI CD

- Cuando hay dos verbos, uno conjugado y otro en infinitivo o gerundio.
- ¿Me lo vas a contar?   ¿Vas a contármelo?
  CI CD Verbo conjugado   Verbo conjugado Infinitivo
  Infinitivo   vo CI CD

Los pronombres se escriben de forma independiente con formas conjugadas y en una sola palabra con imperativo, infinitivo y gerundio.

Unidad 7

Recursos para hacer peticiones

- ¿Te importa + infinitivo?
- ¿Te molesta + infinitivo?
- ¿Puedes + infinitivo?
- ¿Te importaría + infinitivo?
- ¿Podrías + infinitivo?
- Necesito que + presente de subjuntivo

- ¿Te importa cerrar la ventana?
- ¿Te molesta prestarme dinero?
- ¿Puedes acompañarme a la rueda de prensa?
- ¿Te importaría venir a mi casa?
- ¿Podrías hacerme un favor?
- Necesito que me hagas un favor.
- Tengo que pedirte una cosa.
- ¿Me haces un favor?

> Cuando pedimos algo normalmente añadimos una justificación. Así, la petición se expresa de manera cortés, más cuanto más detallada es la justificación.

Recursos para aceptar y rechazar una petición

Aceptar una petición
- Sí, ahora mismo.
- Claro que sí.
- Bueno, vale.
- De acuerdo, ¿cuándo?
- Sí, claro, no hay inconveniente

Rechazar una petición
- Es que no podemos.
- No quiero + infinitivo.
- Claro que no.
- No puedo porque...
- Lo siento, pero...
- Me encantaría, pero...
- Sí, pero...

Recursos para transmitir información y peticiones

> Al transmitir las palabras de otros, se pueden producir cambios en los tiempos verbales y en otras palabras que indican tiempo y lugar.

Información en presente
Verbo decir en presente o pretérito perfecto + presente o imperfecto

- Tengo frío. | Dice que tiene frío.
  Ha dicho que tiene/tenía frío.
- Me duele la cabeza. | Dice que le duele la cabeza.
  Ha dicho que le duele/dolía la cabeza.

> Al pretérito perfecto le puede seguir:
> - **presente:** ha dicho que está jugando (ahora) con sus hijos.
> - **imperfecto:** ha dicho que estaba jugando (esta mañana) con sus hijos.

Preguntas en presente
- Con partícula interrogativa → queda igual
- ¿Cuántos años tienes? → Pregunta (que) cuántos años tengo.
- ¿De dónde vienes? → Me ha preguntado (que) de dónde vengo.

- Sin partícula interrogativa → presente / pretérito perfecto + si + pregunta original
- ¿Tienes hambre? → Dice (que) si tienes hambre.

> Recuerda que pueden cambiar todos los elementos que hacen referencia al lugar y al momento (aquí → allí, este → ese, ahora → en aquel momento, etc.).

Petición en presente
- presente/pretérito perfecto + que + subjuntivo
- Pásame la sal, por favor. → Dice que le pases la sal.
- ¿Puedes llamarme más tarde? → Me ha pedido que lo llame más tarde.

> Funcionan igual las instrucciones, consejos y órdenes.

Algunas perífrasis verbales

- **Empezar a** + **infinitivo**: inicio de una actividad.
- Empecé a trabajar con veinticinco años.

- **Seguir** + **gerundio**: continuación de una actividad.
- Después de la baja maternal lo llevamos a la guardería y seguimos trabajando los dos.

- **Dejar de** + **infinitivo**: interrupción de una actividad.
- Dejé de trabajar durante dos años para ocuparme de Jaime.

- **Estar a punto de** + **infinitivo**: momento inmediatamente anterior al inicio de algo.
- ¡Estuvimos a punto de divorciarnos! Por suerte, al final, nos reconciliamos.

- **Volver a** + **infinitivo**: repetición de una actividad.
- Cuando empezó a ir a la guardería volví a trabajar en mi negocio.

- **Llegar a** + **infinitivo**: indica el punto máximo (o mínimo) de una situación.
- Hemos tenido algunos problemas, sobre todo cuando se ponen enfermos; llegas a pensar que estás haciendo algo mal.

Unidad 8

Recursos para expresar la opinión

Pedir la opinión
- ¿Qué te /os parece si...?
- ¿Tú que crees?
- ¿No crees que...?
- Opinión + ¿no creéis?
- Entonces, ¿según tú...?
- ¿Os parece buena idea que...?

- Entonces, según tú, ¿es mejor que nos quedemos quietos?
- ¿Qué os parece si organizamos algo para celebrarlo?

Introducir una información
- ¿Sabes que...?

- ¿Sabes que se controla el acceso a internet en muchos países?

Expresar acuerdo
- Sí, claro.
- Tienes razón.
- Yo pienso igual que tú.
- Sí, puede ser.
- Sí, desde luego.
- Claro, claro.
- Buena idea.
- Sí, es verdad.
- Sí, estoy de acuerdo.
- Sí, yo también creo que...
- Sí, es cierto que...
- Sí, está claro que...
- Estoy de acuerdo con...

- Sí, estoy de acuerdo con Carmen.

Expresar desacuerdo
- Pues no sé, no sé.
- Pues yo no lo veo así.
- Sí, pero...
- No es eso.
- No, no es verdad.
- No, no es verdad /cierto que + presente de subjuntivo
- No, + opinión contraria
- ¡Qué va! ¡Qué va!
- No, no estoy de acuerdo.
- Yo no pienso lo mismo (que tú).

- Pues no sé, no sé. Creo que hay demasiada información y es difícil discriminar.

Valorar un hecho o una opinión
- Indicar veracidad, certeza:

| Está | claro |
| | demostrado |

Es	verdad
	cierto	+ que + verbo en indicativo
	obvio
	evidente

Creo

- Está claro que debe haber un límite.
- Es evidente que la información circula con mucha rapidez.

Cuando van en negativo el verbo va en subjuntivo:
No + ser / estar + adjetivo / adverbio + que + verbo en subjuntivo:
- No es verdad que se pueda decir todo.
- No está claro que sea legal hacer eso.

Valorar un hecho o una opinión, no importa si es verdadero o falso

| Está | bien |
| | mal |

Es	bueno
	preferible
	importante	+ que + verbo en subjuntivo
	mejor
	lógico

- Está bien que defiendan esos derechos.
- Es lógico que tengan interés en saber qué pasa.

Valorar un hecho en general, sin concretar quién lo hace.
- Para valorar en general se usa el infinitivo.
- Está mal publicar este tipo de información.
- Es fácil decir eso.

- Con un sujeto concreto se usa el verbo conjugado.
- Está mal que me digas eso.
- Está claro que no podemos publicarlo todo.

Recursos para organizar un discurso

Ordenar las ideas
- En primer lugar... / en segundo lugar...
- Por una parte... / por otra (parte)...
- Por un lado... / por otro...

Reformular una idea
- Es decir
- O sea

Introducir el final
- En conclusión
- Finalmente
- Para terminar

Presentar una consecuencia o resultado
- En consecuencia
- De modo que
- De manera que
- Así que

Presentar un argumento opuesto
- Sí, pero...
- Sin embargo
- No obstante

GRAMÁTICA Y COMUNICACIÓN

Recursos para no indicar la persona

- *Se* + 3.ª persona del singular / plural
- No se accede libremente a internet.

- 3.ª persona plural
- Te encarcelan sin que sepas por qué.

- 2.ª persona singular
- No puedes salir del país sin permiso del gobierno.

- *Uno* + 3.ª persona singular
- Uno puede ser acosado y perseguido por decir su opinión.

Unidad 9

Dar instrucciones

Recursos
- Imperativo
- Llámame cuando llegues tarde.

  - Se usa *Cuando* + presente de subjuntivo y *Si* + presente de indicativo para explicar qué hacer en situaciones concretas.
  - Cuando llegues tarde, llámame.
  - Si vas al médico, lleva la tarjeta sanitaria.

- *Tener que* + infinitivo
- Si vas al médico, tienes que traer un justificante.

- *Deber* + infinitivo
- Para entrar en el edificio debes traer un permiso.

Características
- El lenguaje es claro y sencillo.
- Se utilizan diferentes formas: el imperativo, *tener que* + infinitivo, *deber* + infinitivo.
- Abre la puerta. / Tienes que encender la luz. / Debes cerrar otra vez la puerta.

- Si se explica un proceso, se describe paso por paso.
- Primero, abre la puerta; luego, enciende la luz; después, cierra otra vez la puerta.

Expresar finalidad

para + infinitivo
- Puedes utilizar el teléfono para llamar a tus amigos.
Verbos con el mismo sujeto: puedes (tú) – llamar (tú)

para + que + subjuntivo
- Puedes utilizar el teléfono para que tus amigos te llamen.
Verbos con distinto sujeto: puedes (tú) – te llamen (tus amigos)

Expresar posesión. Casos específicos

- En español, a diferencia de otras lenguas, cuando expresamos posesión referida a partes del cuerpo (*boca, lengua*, etc.) u objetos de la persona (*chaqueta, cartera*, etc.), utilizamos el artículo (*el, la, los, las*) y no el pronombre posesivo *mi, tu, su*, etc.
- Abre la boca.
- Dame todo el dinero.
- Este uso puede observarse claramente con verbos reflexivos y pronominales: *cortarse las uñas, quemarse la mano, lavarse el pelo*.
- Me he roto el pie.
- Ponte el abrigo.

Unidad 10

Hablar del pasado

El pretérito imperfecto se usa para:
- Describir situaciones, lugares y personas en el pasado.
- El rey era mayor. Le gustaba el ajedrez y montar a caballo.
- Blancanieves era la más hermosa.

- Expresar acciones habituales en el pasado.
- Todas las semanas, la reina se miraba en su espejo mágico.

- Presentar las circunstancias que rodean un hecho.
- Quería una madre para Blancanieves y encontró a una mujer...

El pretérito indefinido se usa para:
- Hablar de acciones y hechos terminados en el pasado.
- Un día, el rey volvió a casarse.

El pretérito pluscuamperfecto se usa para:
- Hablar de un hecho pasado que ha sucedido antes que otro hecho del que ya hemos hablado.
- El hombre se enfadó porque la mujer había pedido una salchicha.

Formación del pretérito pluscuamperfecto
Este tiempo se forma igual en todos los verbos:

Imperfecto del verbo *haber*	Participio
había habías había habíamos habíais habían	+ pensado/creído/vivido/dicho

Participios irregulares
Los principales son:

decir: dicho	imprimir: impreso
hacer: hecho	morir: muerto
satisfacer: satisfecho	poner: puesto
abrir: abierto	resolver: resuelto
cubrir: cubierto	romper: roto
escribir: escrito	ver: visto
freír: frito	volver: vuelto

Hacer comparaciones

Comparar dos o más personas o cosas

| más
menos
mejor
peor
mayor
menor | adjetivo | que... |

- El gato con botas es más astuto que el ogro.
- Este jugador es mejor que el de tu equipo.

Destacar a una persona o cosa entre otras

| el
la
los
las | más
menos

mejor / mejores
peor / peores
mayor / mayores
menor / menores | adjetivo

+ de |

- El gato con botas es el más listo de los animales.
- Este jugador es el mejor de todos.

El superlativo absoluto
- Se utiliza para *destacar* la cualidad de un objeto o persona, pero sin relacionarla con otros objetos o personas de su misma clase.
- Se forma añadiendo *-ísimo/-a* al adjetivo.
- El príncipe azul era altísimo, guapísimo y muy valiente.

- Algunos adjetivos no pueden utilizarse con la terminación *-ísimo* porque ya indican intensidad: *horrible, magnífico, maravilloso, horroroso, exótico.*
- El rey era horrible y lo odiaba todo su pueblo.

Unidad 11

Recursos para describir el carácter

Nombrar las cualidades
- *Ser / parecer* + adjetivo.
- Carmen es seria.
- Paloma parece tranquila.
- *Tener* + sustantivo.
- Sergio no tiene paciencia.

- *Tener* + *un / una* + sustantivo + adjetivo.
- Mario tiene un carácter difícil.

Describir las acciones que reflejan la personalidad
- Se enfada a menudo.
- Crea buen ambiente.
- Trata mal a la gente.

Expresar sus gustos
- Le gusta el trabajo bien hecho.
- No soporta llegar tarde a los sitios.
- Odia que lo corrijan.

En este tipo de oraciones, utilizamos el infinitivo cuando los sujetos coinciden, y el subjuntivo cuando los sujetos son distintos.
(Sergio) *No soporta* (Sergio) *llegar tarde a los sitios.*
(Sergio) *Odia que* (otras personas) *lo corrijan.*

- Utilizamos estar para hablar de situaciones excepcionales y estados de ánimo:
- Es muy alegre pero hoy está serio porque está de mal humor.

Ser y *estar*

El significado de algunos adjetivos y participios cambia si van acompañados de *ser* o de *estar*: *listo, bueno, despierto, rico, divertido, interesado...*
- Alfredo es muy rico, heredó una fortuna de un tío.
- ¡La sopa está muy rica! ¿Qué lleva?

Llevarse bien/mal

| Me llevo
Te llevas
Se lleva
Nos llevamos
Os lleváis
Se llevan | muy bien
bien
regular
mal
fatal | con Alberto.
con Alberto y Esther.
con los compañeros.
con el jefe. |

- Esther se lleva muy bien con Alberto.
- Esther y Alberto se llevan muy bien.

GRAMÁTICA Y COMUNICACIÓN

Recursos para disculparse

Pedir disculpas
- Lo siento, de verdad, (es que)...
- Disculpa/-e, (es que)...
- Perdóname / Perdóneme, (es que)...
- Disculpa por...

Reaccionar positivamente
- No te preocupes.
- No es / pasa nada.
- No tiene importancia.
- No importa.

Reaccionar negativamente
- Lo siento, pero no puedo disculparte.
- De acuerdo, pero es la última vez.
- Tus excusas no me valen.

Unidad 12

Recursos para invitar o proponer: aceptar o rechazar una invitación

Invitar o proponer
- Cuento contigo.
- No puedes faltar.
- Por favor, ven.
- ¿Vendrás?

Aceptar una invitación o una propuesta
- Estaría muy bien.
- Con mucho gusto.
- Será un placer.
- ¡Cómo no!

Rechazar una invitación o una propuesta
- Presente:
  - Eres muy amable, pero es que no puedo.
  - Tengo que decirte que no porque ya tengo otros planes.

- Condicional de cortesía:
  - Me encantaría, pero es que...
  - Preferiría quedarme en casa, gracias.

- Futuro simple:
  - No sé si podré.
  - Lo intentaré. Veré qué puedo hacer.

- Perífrasis de futuro (ir a + infinitivo):
  - No sé si voy a poder.
  - Me temo que no voy a poder.

Expresar deseos

- Condicional (me gustaría, me encantaría, sería maravilloso...) + infinitivo
  - Me encantaría ir a la fiesta.

- Condicional + que + imperfecto de subjuntivo
  - Sería maravilloso que Juan pudiera venir.

- Ojalá + imperfecto de subjuntivo
  - Ojalá pudieras venir.

Los deseos expresados con imperfecto de subjuntivo son difíciles o imposibles de cumplir. Para deseos más fácilmente realizables utilizamos el presente de subjuntivo.
Ojalá puedas venir.

Formación del pretérito imperfecto de subjuntivo

	hablar
yo	hablara/hablase
tú	hablaras/hablases
él/ella/usted	hablara/hablase
nosotros/-as	habláramos/hablásemos
vosotros/-as	hablarais/hablaseis
ellos/ellas/ustedes	hablaran/hablasen

comer	vivir
comiera/comiese	viviera/viviese
comieras/comieses	vivieras/vivieses
comiera/comiese	viviera/viviese
comiéramos/comiésemos	viviéramos/viviésemos
comierais/comieseis	vivierais/vivieseis
comieran/comiesen	vivieran/viviesen

- Se forma a partir de la 3.ª persona del plural del pretérito indefinido, a la que le quitamos la terminación (-ron), y en su lugar añadimos las siguientes terminaciones -ra/-se, -ras/-ses, -ra/-se, -ramos/-semos, -rais/-seis, -ran/-sen.
- La forma más habitual es la acabada en -ra, aunque las dos (-ra y -se) son intercambiables prácticamente en todos sus usos, excepto para expresar cortesía.
  - Quisiera/~~quisiese~~ hacer un brindis.
- Observa el acento en la primera persona del plural: habláramos, comiéramos, viviéramos.

Pedir y dar permiso

Pedir permiso
- ¿Te molesta que + subjuntivo?
- ¿Te importa si + indicativo?
- ¿Es / Sería posible que + subjuntivo?
- ¿Te parecería bien que + subjuntivo?
- ¿Me das permiso para...?

Dar permiso
- Por supuesto / claro (que sí).
- Como / donde / cuando quieras.
- ¡Cómo no!
- Estás en tu casa.

Dar permiso con reservas
- Bueno...
- Bueno, vale...
- Pero...
- Sí, siempre y cuando...
- (Sí, pero) Solo si...

Denegar permiso
- Me temo que no.
- Lo siento, no es posible.
- De ninguna manera.

VERBOS

VERBOS REGULARES

TRABAJAR

Presente ind.	Pret. indefinido	Pret. imperfecto	Futuro	Pret. perfecto
trabajo	trabajé	trabajaba	trabajaré	he trabajado
trabajas	trabajaste	trabajabas	trabajarás	has trabajado
trabaja	trabajó	trabajaba	trabajará	ha trabajado
trabajamos	trabajamos	trabajábamos	trabajaremos	hemos trabajado
trabajáis	trabajasteis	trabajabais	trabajaréis	habéis trabajado
trabajan	trabajaron	trabajaban	trabajarán	han trabajado

Pret. pluscuamperf.	Imperativo afirmativo/negativo	Presente sub.	Pret. imperfecto sub.
había trabajado	trabaja / no trabajes (tú)	trabaje	trabajara / trabajase
habías trabajado	trabaje / no trabaje (usted)	trabajes	trabajaras / trabajases
había trabajado	trabajad / no trabajéis (vosotros)	trabaje	trabajara / trabajase
habíamos trabajado	trabajen / no trabajen (ustedes)	trabajemos	trabajáramos / trabajásemos
habíais trabajado		trabajéis	trabajarais / trabajaseis
habían trabajado		trabajen	trabajaran / trabajasen

COMER

Presente ind.	Pret. indefinido	Pret. imperfecto	Futuro	Pret. perfecto
como	comí	comía	comeré	he comido
comes	comiste	comías	comerás	has comido
come	comió	comía	comerá	ha comido
comemos	comimos	comíamos	comeremos	hemos comido
coméis	comisteis	comíais	comeréis	habéis comido
comen	comieron	comían	comerán	han comido

Pret. pluscuamperf.	Imperativo afirmativo/negativo	Presente sub.	Pret. imperfecto sub.
había comido	come / no comas (tú)	coma	comiera / comiese
habías comido	coma / no coma (usted)	comas	comieras / comieses
había comido	comed / no comáis (vosotros)	coma	comiera / comiese
habíamos comido	coman / no coman (ustedes)	comamos	comiéramos / comiésemos
habíais comido		comáis	comierais / comieseis
habían comido		coman	comieran / comiesen

VIVIR

Presente ind.	Pret. indefinido	Pret. imperfecto	Futuro	Pret. perfecto
vivo	viví	vivía	viviré	he vivido
vives	viviste	vivías	vivirás	has vivido
vive	vivió	vivía	vivirá	ha vivido
vivimos	vivimos	vivíamos	viviremos	hemos vivido
vivís	vivisteis	vivíais	viviréis	habéis vivido
viven	vivieron	vivían	vivirán	han vivido

Pret. pluscuamperf.	Imperativo afirmativo/negativo	Presente sub.	Pret. imperfecto sub.
había vivido	vive / no vivas (tú)	viva	viviera / viviese
habías vivido	viva / no viva (usted)	vivas	vivieras / vivieses
había vivido	vivid / no viváis (vosotros)	viva	viviera / viviese
habíamos vivido	vivan / no vivan (ustedes)	vivamos	viviéramos / viviésemos
habíais vivido		viváis	vivierais / vivieseis
habían vivido		vivan	vivieran / viviesen

ciento cincuenta y uno **151**

VERBOS IRREGULARES

ACORDAR(SE)

Presente ind.	Pret. indef.	Futuro	Imperativo	Presente sub.	Pret. imperfecto sub.
(me) acuerdo	acordé	acordaré	acuerda(te) (tú)	acuerde	acordara / acordase
(te) acuerdas	acordaste	acordarás	acuerde(se) (usted)	acuerdes	acordaras / acordases
(se) acuerda	acordó	acordará	acordad /	acuerde	acordara / acordase
(nos) acordamos	acordamos	acordaremos	acordaos (vosotros)	acordemos	acordáramos / acordásemos
(os) acordáis	acordasteis	acordaréis	acuerden(se) (ustedes)	acordéis	acordarais / acordaseis
(se) acuerdan	acordaron	acordarán		acuerden	acordaran / acordasen

ANDAR

Presente ind.	Pret. indef.	Futuro	Imperativo	Presente sub.	Pret. imperfecto sub.
ando	anduve	andaré	anda (tú)	ande	anduviera / anduviese
andas	anduviste	andarás	ande (usted)	andes	anduvieras / anduvieses
anda	anduvo	andará	andad (vosotros)	ande	anduviera / anduviese
andamos	anduvimos	andaremos	anden (ustedes)	andemos	anduviéramos / anduviésemos
andáis	anduvisteis	andaréis		andéis	anduvierais / anduvieseis
andan	anduvieron	andarán		anden	anduvieran / anduviesen

CERRAR

Presente ind.	Pret. indef.	Futuro	Imperativo	Presente sub.	Pret. imperfecto sub.
cierro	cerré	cerraré	cierra (tú)	cierre	cerrara / cerrase
cierras	cerraste	cerrarás	cierre (usted)	cierres	cerraras / cerrases
cierra	cerró	cerrará	cerrad (vosotros)	cierre	cerrara / cerrase
cerramos	cerramos	cerraremos	cierren (ustedes)	cerremos	cerráramos / cerrásemos
cerráis	cerrasteis	cerraréis		cerréis	cerrarais / cerraseis
cierran	cerraron	cerrarán		cierren	cerraran / cerrasen

CONOCER

Presente ind.	Pret. indef.	Futuro	Imperativo	Presente sub.	Pret. imperfecto sub.
conozco	conocí	conoceré	conoce (tú)	conozca	conociera / conociese
conoces	conociste	conocerás	conozca (usted)	conozcas	conocieras / conocieses
conoce	conoció	conocerá	conoced (vosotros)	conozca	conociera / conociese
conocemos	conocimos	conoceremos	conozcan (ustedes)	conozcamos	conociéramos / conociésemos
conocéis	conocisteis	conoceréis		conozcáis	conocierais / conocieseis
conocen	conocieron	conocerán		conozcan	conocieran / conociesen

DAR

Presente ind.	Pret. indef.	Futuro	Imperativo	Presente sub.	Pret. imperfecto sub.
doy	di	daré	da (tú)	dé	diera / diese
das	diste	darás	dé (usted)	des	dieras / dieses
da	dio	dará	dad (vosotros)	dé	diera / diese
damos	dimos	daremos	den (ustedes)	demos	diéramos / diésemos
dais	disteis	daréis		deis	dierais / dieseis
dan	dieron	darán		den	dieran / diesen

DECIR

Presente ind.	Pret. indef.	Futuro	Imperativo	Presente sub.	Pret. imperfecto sub.
digo	dije	diré	di (tú)	diga	dijera / dijese
dices	dijiste	dirás	diga (usted)	digas	dijeras / dijeses
dice	dijo	dirá	decid (vosotros)	diga	dijera / dijese
decimos	dijimos	diremos	digan (ustedes)	digamos	dijéramos / dijésemos
decís	dijisteis	diréis		digáis	dijerais / dijeseis
dicen	dijeron	dirán		digan	dijeran / dijesen

DORMIR(SE)

Presente ind.	Pret. indef.	Futuro	Imperativo	Presente sub.	Pret. imperfecto sub.
(me) duermo	dormí	dormiré	duerme(te) (tú)	duerma	durmiera / durmiese
(te) duermes	dormiste	dormirás	duerma(se) (usted)	duermas	durmieras / durmieses
(se) duerme	durmió	dormirá	dormid / dormíos (vosotros)	duerma	durmiera / durmiese
(nos) dormimos	dormimos	dormiremos	duerman(se) (ustedes)	durmamos	durmiéramos / durmiésemos
(os) dormís	dormisteis	dormiréis		durmáis	durmierais / durmieseis
(se) duermen	durmieron	dormirán		duerman	durmieran / durmiesen

ESTAR

Presente ind.	Pret. indef.	Futuro	Imperativo	Presente sub.	Pret. imperfecto sub.
estoy	estuve	estaré	está / no estés (tú)	esté	estuviera / estuviese
estás	estuviste	estarás	esté / no esté (usted)	estés	estuvieras / estuvieses
está	estuvo	estará	estad / no estéis (vosotros)	esté	estuviera / estuviese
estamos	estuvimos	estaremos	estén / no estén (ustedes)	estemos	estuviéramos / estuviésemos
estáis	estuvisteis	estaréis		estéis	estuvierais / estuvieseis
están	estuvieron	estarán		estén	estuvieran / estuviesen

HACER

Presente ind.	Pret. indef.	Futuro	Imperativo	Presente sub.	Pret. imperfecto sub.
hago	hice	haré	haz / no hagas (tú)	haga	hiciera / hiciese
haces	hiciste	harás	haga / no haga (usted)	hagas	hicieras / hicieses
hace	hizo	hará	haced / no hagáis (vosotros)	haga	hiciera / hiciese
hacemos	hicimos	haremos	hagan / no hagan (ustedes)	hagamos	hiciéramos / hiciésemos
hacéis	hicisteis	haréis		hagáis	hicierais / hicieseis
hacen	hicieron	harán		hagan	hicieran / hiciesen

HABER

Presente ind.	Pret. indef.	Futuro	Imperativo	Presente sub.	Pret. imperfecto sub.
he	hube	habré	he / no hayas (tú)	haya	hubiera / hubiese
has	hubiste	habrás	haya / no haya (usted)	hayas	hubieras / hubieses
ha	hubo	habrá	habed / no hayáis (vosotros)	haya	hubiera / hubiese
hemos	hubimos	habremos	hayan / no hayan (ustedes)	hayamos	hubiéramos / hubiésemos
habéis	hubisteis	habréis		hayáis	hubierais / hubieseis
han	hubieron	habrán		hayan	hubieran / hubiesen

IR

Presente ind.	Pret. indef.	Futuro	Imperativo	Presente sub.	Pret. imperfecto sub.
voy	fui	iré	ve / no vayas (tú)	vaya	fuera / fuese
vas	fuiste	irás	vaya / no vaya (usted)	vayas	fueras / fueses
va	fue	irá	id / no vayáis (vosotros)	vaya	fuera / fuese
vamos	fuimos	iremos	vayan / no vayan (ustedes)	vayamos	fuéramos / fuésemos
vais	fuisteis	iréis		vayáis	fuerais / fueseis
van	fueron	irán		vayan	fueran / fuesen

JUGAR

Presente ind.	Pret. indef.	Futuro	Imperativo	Presente sub.	Pret. imperfecto sub.
juego	jugué	jugaré	juega / no juegues (tú)	juegue	jugara / jugase
juegas	jugaste	jugarás	juegue / no juegue (usted)	juegues	jugaras / jugases
juega	jugó	jugará	jugad / no juguéis (vosotros)	juegue	jugara / jugase
jugamos	jugamos	jugaremos	jueguen / no jueguen (ustedes)	juguemos	jugáramos / jugásemos
jugáis	jugasteis	jugaréis		juguéis	jugarais / jugaseis
juegan	jugaron	jugarán		jueguen	jugaran / jugasen

LEER

Presente ind.	Pret. indef.	Futuro	Imperativo	Presente sub.	Pret. imperfecto sub.
leo	leí	leeré	lee / no leas (tú)	lea	leyera / leyese
lees	leíste	leerás	lea / no lea (usted)	leas	leyeras / leyeses
lee	leyó	leerá	leed / no leáis (vosotros)	lea	leyera / leyese
leemos	leímos	leeremos	lean / no lean (ustedes)	leamos	leyéramos / leyésemos
leéis	leísteis	leeréis		leáis	leyerais / leyeseis
leen	leyeron	leerán		lean	leyeran / leyesen

OÍR

Presente ind.	Pret. indef.	Futuro	Imperativo	Presente sub.	Pret. imperfecto sub.
oigo	oí	oiré	oye / no oigas (tú)	oiga	oyera / oyese
oyes	oíste	oirás	oiga / no oiga (usted)	oigas	oyeras / oyeses
oye	oyó	oirá	oíd / no oigáis (vosotros)	oiga	oyera / oyese
oímos	oímos	oiremos	oigan / no oigan (ustedes)	oigamos	oyéramos / oyésemos
oís	oísteis	oiréis		oigáis	oyerais / oyeseis
oyen	oyeron	oirán		oigan	oyeran / oyesen

PEDIR

Presente ind.	Pret. indef.	Futuro	Imperativo	Presente sub.	Pret. imperfecto sub.
pido	pedí	pediré	pide / no pidas (tú)	pida	pidiera / pidiese
pides	pediste	pedirás	pida / no pida (usted)	pidas	pidieras / pidieses
pide	pidió	pedirá	pedid / no pidáis (vosotros)	pida	pidiera / pidiese
pedimos	pedimos	pediremos	pidan / no pidan (ustedes)	pidamos	pidiéramos / pidiésemos
pedís	pedisteis	pediréis		pidáis	pidierais / pidieseis
piden	pidieron	pedirán		pidan	pidieran / pidiesen

PODER

Presente ind.	Pret. indef.	Futuro	Imperativo	Presente sub.	Pret. imperfecto sub.
puedo	pude	podré	puede / no puedas (tú)	pueda	pudiera / pudiese
puedes	pudiste	podrás	pueda / no pueda (usted)	puedas	pudieras / pudieses
puede	pudo	podrá	poded / no podáis (vosotros)	pueda	pudiera / pudiese
podemos	pudimos	podremos	puedan / no puedan (ustedes)	podamos	pudiéramos / pudiésemos
podéis	pudisteis	podréis		podáis	pudierais / pudieseis
pueden	pudieron	podrán		puedan	pudieran / pudiesen

PONER

Presente ind.	Pret. indef.	Futuro	Imperativo	Presente sub.	Pret. imperfecto sub.
pongo	puse	pondré	pon / no pongas (tú)	ponga	pusiera / pusiese
pones	pusiste	pondrás	ponga / no ponga (usted)	pongas	pusieras / pusieses
pone	puso	pondrá	poned / no pongáis (vosotros)	ponga	pusiera / pusiese
ponemos	pusimos	pondremos	pongan / no pongan (ustedes)	pongamos	pusiéramos / pusiésemos
ponéis	pusisteis	pondréis		pongáis	pusierais / pusieseis
ponen	pusieron	pondrán		pongan	pusieran / pusiesen

QUERER

Presente ind.	Pret. indef.	Futuro	Imperativo	Presente sub.	Pret. imperfecto sub.
quiero	quise	querré	quiere / no quieras (tú)	quiera	quisiera / quisiese
quieres	quisiste	querrás	quiera / no quiera (usted)	quieras	quisieras / quisieses
quiere	quiso	querrá	quered / no queráis (vosotros)	quiera	quisiera / quisiese
queremos	quisimos	querremos	quieran / no quieran (ustedes)	queramos	quisiéramos / quisiésemos
queréis	quisisteis	querréis		queráis	quisierais / quisieseis
quieren	quisieron	querrán		quieran	quisieran / quisiesen

SABER

Presente ind.	Pret. indef.	Futuro	Imperativo	Presente sub.	Pret. imperfecto sub.
sé	supe	sabré	sabe / no sepas (tú)	sepa	supiera / supiese
sabes	supiste	sabrás	sepa / no sepa (usted)	sepas	supieras / supieses
sabe	supo	sabrá	sabed / no sepáis (vosotros)	sepa	supiera / supiese
sabemos	supimos	sabremos	sepan / no sepan (ustedes)	sepamos	supiéramos / supiésemos
sabéis	supisteis	sabréis		sepáis	supierais / supieseis
saben	supieron	sabrán		sepan	supieran / supiesen

SALIR

Presente ind.	Pret. indef.	Futuro	Imperativo	Presente sub.	Pret. imperfecto sub.
salgo	salí	saldré	sal / no salgas (tú)	salga	saliera / saliese
sales	saliste	saldrás	salga / no salga (usted)	salgas	salieras / salieses
sale	salió	saldrá	salid / no salgáis (vosotros)	salga	saliera / saliese
salimos	salimos	saldremos	salgan / no salgan (ustedes)	salgamos	saliéramos / saliésemos
salís	salisteis	saldréis		salgáis	salierais / salieseis
salen	salieron	saldrán		salgan	salieran / saliesen

SER

Presente ind.	Pret. indef.	Futuro	Imperativo	Presente sub.	Pret. imperfecto sub.
soy	fui	seré	sé / no seas (tú)	sea	fuera / fuese
eres	fuiste	serás	sea / no sea (usted)	seas	fueras / fueses
es	fue	será	sed / no seáis (vosotros)	sea	fuera / fuese
somos	fuimos	seremos	sean / no sean (ustedes)	seamos	fuéramos / fuésemos
sois	fuisteis	seréis		seáis	fuerais / fueseis
son	fueron	serán		sean	fueran / fuesen

TRADUCIR

Presente ind.	Pret. indef.	Futuro	Imperativo	Presente sub.	Pret. imperfecto sub.
traduzco	traduje	traduciré	traduce / no traduzcas (tú)	traduzca	tradujera / tradujese
traduces	tradujiste	traducirás	traduzca / no traduzca (usted)	traduzcas	tradujeras / tradujeses
traduce	tradujo	traducirá	traducid / no traduzcáis (vosotros)	traduzca	tradujera / tradujese
traducimos	tradujimos	traduciremos	traduzcan / no traduzcan (ustedes)	traduzcamos	tradujéramos / tradujésemos
traducís	tradujisteis	traduciréis		traduzcáis	tradujerais / tradujeseis
traducen	tradujeron	traducirán		traduzcan	tradujeran / tradujesen

VENIR

Presente ind.	Pret. indef.	Futuro	Imperativo	Presente sub.	Pret. imperfecto sub.
vengo	vine	vendré	ven / no vengas (tú)	venga	viniera / viniese
vienes	viniste	vendrás	venga / no venga (usted)	vengas	vinieras / vinieses
viene	vino	vendrá	venid / no vengáis (vosotros)	venga	viniera / viniese
venimos	vinimos	vendremos	vengan / no vengan (ustedes)	vengamos	viniéramos / viniésemos
venís	vinisteis	vendréis		vengáis	vinierais / vinieseis
vienen	vinieron	vendrán		vengan	vinieran / viniesen

LÉXICO

UNIDAD 1

Biografía lingüística

acostumbrarse
aprender
apuntarse a un curso
asistir a clase
comunicarse
confundir
descubrir
entenderse con la gente
estar acostumbrado/-a
hablar con naturalidad
hacer | un curso
      | los deberes
irse | a vivir a otro país
     | de Erasmus
perder | el miedo
       | fluidez
prepararse
prestar atención
recordar
resultar difícil
saber un idioma
ser | bilingüe
    | capaz
tener miedo de hablar

Actividades en el aula

anotar
aumentar el vocabulario
contar | acontecimientos
       | experiencias
       | historias
conversar
dar la opinión
entender | entrevistas
         | indicaciones
         | instrucciones
         | recetas
escribir | cuentos
         | mensajes
         | textos
escuchar | audios
         | canciones
         | podcasts
exponer ideas
hacer | preguntas
      | un concurso
jugar
leer | noticias
     | textos
mejorar un idioma
redactar
seguir el manual
ser voluntario/-a
trabajar en grupos

Aprender lenguas

el aprendizaje
la clase particular
la disponibilidad
la experiencia
la exposición
la expresión
el hábito
el interés
la lengua materna
la opinión
la pasión
la práctica
la pronunciación
el testimonio

Estrategias para aprender lenguas

buscar | en el diccionario
       | en internet
cantar
chatear
clasificar palabras
comparar
comprobar
corregir
deducir
elaborar un texto
emplear palabras nuevas
escribir | bien
         | mal
escuchar | con atención
         | una grabación
fijarse en lo que dice otra persona
hablar frente al espejo
hacer un intercambio
inventar un diálogo
leer lecturas graduadas
mirar una imagen
reconocer
recordar
repasar
repetir
seguir las instrucciones
ver películas en versión original
usar una expresión

UNIDAD 2

Generaciones

abandonar un trabajo
la adolescencia
el ascenso
cambiar de empleo
conciliar
criarse
la década
la época
estar | abierto/-a al cambio
      | acostumbrado/-a
      | atado/-a a la rutina
      | cualificado/-a
      | en contra del sistema
      | preparado/-a
la etapa
dominar | las tecnologías
        | un idioma
independizarse
la infancia
nacer
prepararse
recorrer el mundo
salir de noche
vivir el presente

Adjetivos de carácter

abstencionista
audaz
consumista
crítico/-a
idealista
impulsivo/-a
inconformista
independiente
inquieto/-a
optimista
pesimista
realista
responsable
romántico/-a

Empleo

el ambiente
la beca
buscar empleo
cambiar de residencia
la contratación
el currículum
el empleo precario
dar órdenes
dedicarse
la disposición para mudarse
estar en paro
la experiencia laboral
la formación académica
incorporarse a un trabajo
la inserción
la jornada
el mercado laboral
el nivel de estudios
la remuneración
ser | autónomo/-a
       colega
       mileurista
       pluriempleado/-a
el/la subordinado/-a
el sueldo
el teletrabajo
tener | un buen ambiente de trabajo
        un contrato temporal
        un trabajo | estable
                     fijo
                     rutinario
        una entrevista
trabajar | a tiempo completo
           a tiempo parcial
subir el sueldo
valorar un trabajo

UNIDAD 3

Cine

el actor
la actriz
la afición
el aniversario
el argumento
el baile
la canción
el cartel
la censura
el cine hispano
el/la cinéfilo/-a
el diálogo
los dibujos animados
el/la director/-a
dirigir
el doblaje
el escándalo
la escena
estrenarse
el estreno
el/la extra
el homenaje
el festival
ganar un premio
el guion
la obra maestra
el óscar
la película
el personaje
el premio
proyectar
recoger un premio
rodar
la serie
la sinopsis
el subtítulo
la versión | doblada
             original

Géneros de cine

la comedia
el drama
el musical
la película | bélica
              de acción
              de amor
              de aventuras
              de ciencia ficción
              de suspense
              en blanco y negro
              histórica
el *western*

La expresión oral

el acento
acordarse
arriesgar
avanzar
callar
comunicar
la conversación
el desconocimiento
divertirse
dudar
equivocarse
el error
la estrategia
la expresión
la fluidez
imitar
la inseguridad
interactuar
mejorar
el miedo
la mímica
pedir ayuda
ponerse nervioso/-a
practicar
la precisión
la pronunciación
reemplazar
repetir
el ritmo
señalar
la velocidad
la vergüenza
el vocabulario

UNIDAD 4

Urbanismo

el aeropuerto
la altura
el arquitecto
el barrio
la calle
el carril bici
el centro
el/la ciudadano/-a
el colegio de arquitectos
el confort
construir
el crecimiento sostenible
diagonal
el edificio
ejecutar un proyecto
la igualdad
la infraestructura
la manzana
el material
el mercado municipal
la planta
paralelo/-a
el parque
perpendicular
el plan urbanístico
plantar árboles
plantear
el proyecto urbanístico
los servicios
el tráfico | fluido
             seguro

LÉXICO

LÉXICO

el/la urbanista
la zona verde

Prensa

deportes
economía
estar informado/-a
informar
internacional
nacional
la sección
sociedad
el titular

Juegos Olímpicos

el /la atleta
la candidatura
celebrar
la ciudad candidata
el Comité Olímpico Internacional
la competición
la comprensión multicultural
el deporte
la edición
la era moderna
el evento deportivo
las instalaciones
la integración
los juegos | de invierno
            | de verano
            | paralímpicos
el movimiento olímpico
el mundo deportivo
la olimpiada
el/la patrocinador/-a
promover
proyectar
la sede deportiva
la seguridad
la villa olímpica

Diferencias culturales

la broma
la connotación
la costumbre
desconocer
entender
equivocarse
el espacio íntimo
el falso amigo
el gesto
el hábito
hablar con naturalidad
la idiosincrasia
el juicio de valor

la mala educación
el malentendido
malinterpretar
la ofensa
la persona de confianza
querer decir
el signo
la situación incómoda
el tabú
traducir

UNIDAD 5

Vacaciones

el alojamiento
apuntarse
la arquitectura
la aventura
la caminata
la compañía
el deporte náutico
descansar
desconectar
el destino
disfrutar
el ecoturismo
la estancia
la experiencia
ir de vacaciones
el lujo
el/la mochilero/-a
los planes
recomponerse
el régimen
relajarse
el relax
romper con la rutina
la ruta
salir por la noche
la salud
el senderismo
la solidaridad
tocar un viaje
tomar el sol
la tranquilidad
el transporte
el turismo de aventura
la vida nocturna
el visitante

Problemas y soluciones para el futuro

ampliar las reservas naturales
desaparecer una especie animal

encontrar una cura para una enfermedad
evitar la fuga de cerebros
invertir en investigación
reducir la contaminación
respetar los hábitats naturales

Lugares

el bazar
el bosque
el campo | de golf
         | de trabajo
la catedral
el centro de esquí
el cicloturismo
la ciudad
el continente
la cordillera
el glaciar
el hemisferio
la isla
el lago natural
el litoral
la marina
el museo
el paisaje
el parque
la playa
el pueblo
la región
la reserva de la biosfera
las ruinas
el teatro
el turismo | cosmopolita
           | cultural
           | de aventura
           | de ayuda humanitaria
           | de eventos
           | de sol y playa
           | gastronómico
el valle
el yacimiento arqueológico
la zona

Relacionarse

acordarse de alguien
dar recuerdos
echar de menos
enojarse
hacer ilusión
poner mala cara
querer a alguien
tratar de usted
tutear

UNIDAD 6

Tener hijos

atender
aumentar de peso
la baja maternal
el bebé
coger un tiempo de baja
crecer
cuidar
la educación
el embarazo
estar | de unos meses
      | embarazada
la guardería
el insomnio
llorar
la maternidad
nacer
el parto
reducir la jornada
reformar la casa

Consejos

aconsejar
la angustia
animar(se)
amenazar
aprender una lección
el ataque a la intimidad
ayudar
comentar
criticar
dar | un consejo
    | una instrucción
la decisión
dejar a alguien
el dilema
discutir
la duda
estar | de mal humor
      | insoportable
      | preocupado/-a
fallar
hacer una sugerencia
la intromisión
ir volando
meterse en la vida de alguien
el obstáculo
pedir un consejo
la precaución
la preocupación
preocuparse
el problema
quedarse en blanco
quejarse
reaccionar
recibir un consejo
ser un mar de contradicciones
salir | bien algo
      | mal algo
suceder algo | bueno
             | malo
tener fuerza de voluntad
tomar una decisión
tomarse las cosas con calma
tranquilizar
la vida privada

Acontecimientos de la vida

casarse
conseguir un trabajo
cumplir años
entrar en la universidad
ganar un premio
hacer un gran viaje
independizarse
jubilarse
mudarse a otro lugar
tener un hijo

Ser feliz

alcanzar una meta
alejar los malos pensamientos
contagiar
costar trabajo
dejar en paz
disfrutar
el esfuerzo
el estado de ánimo
exhalar
la felicidad
inhalar
liberarse
lograr
luchar
malgastar energía
mantener la mente en blanco
mantenerse | alegre
           | apasionado/-a
           | motivado/-a
perder el sentido
ponerse cómodo/-a
relajarse
reproducir un sentimiento
respirar profundamente
retener el aire
sentirse feliz
ser incapaz
sonreír
la sonrisa
tener | buen humor
      | mal humor
      | éxito
      | un lado | positivo
               | negativo
      | una meta

La casa

la barbacoa
la cocina
el cuarto
el equipo de música
el estudio
la habitación
el jardín
el mueble
la reforma
el salón
el sillón
el sofá
la televisión
la terraza

UNIDAD 7

Salud

encontrarse | bien
            | fatal
            | mal
estar enfermo/-a
meterse en la cama
sentar mal algo
tener | hora con el médico
      | una cita médica
tomar una manzanilla

Trabajo y relaciones

aceptar
apoyar
apreciar
arrepentirse
ayudar
compaginar
compatibilizar los horarios
complacer
considerar una posibilidad
contar con alguien
contratar a alguien
el cuidado de los hijos
cuidar a alguien
cumplir una obligación
defraudar
depender de alguien/algo

LÉXICO

desagradar
descargar
despedir a alguien
devaluarse
discutir
divorciarse
empobrecer
el entorno
estar | agotado/-a
       | en buenas manos
hacerse cargo de alguien
incorporarse al trabajo
ir en contra de los propios intereses
negarse a hacer algo
pedir | un favor
      | una excedencia
el periodo vacacional
poner | los propios intereses por delante
      | presión
quedarse con alguien
rechazar
recurrir
salir perdiendo
sentirse | culpable
         | frustrado/-a
ser | un mal padre
    | una mala madre
el sueldo

UNIDAD 8

Derechos humanos

acusar de delito
apoyar
atacar | la honra
       | la reputación
la alimentación
la asistencia médica
el bienestar
el/la ciudadano/-a
el cumplimiento del deber
la Declaración Universal de los Derechos Humanos
defender
denunciar
el derecho | a la educación
           | a la información
           | a la intimidad
           | a la libertad de pensamiento
           | a la seguridad
           | a la vida
           | al descanso
           | al tiempo libre
           | a un nivel de vida adecuado
           | a vacaciones pagadas
           | laboral
discriminar
la educación | gratuita
             | obligatoria
encarcelar
la enseñanza elemental
estar perseguido/-a
la explotación
el incumplimiento
la intromisión
investigar
ir a la cárcel
la libertad | de conciencia
            | de expresión
            | de opinión
            | de pensamiento
            | de prensa
            | de religión
la limitación de fronteras
el miembro
la ONU
el organismo
perder la vida
la presión
probar la culpabilidad
la protección
quedar por hacer
quedarse quieto/-a
reunirse libremente
la salud
sensibilizar
ser | acosado/-a
    | considerado/-a inocente
los servicios sociales
el vestido
la vida privada
la vivienda
votar

Discriminación e igualdad

la amenaza
el argumento
coartar la libertad
la competencia
la convivencia
el derecho a expresarse
la discriminación
discriminar
disolver tensiones
la diversidad
ensalzar
la forma de vestir
igualar
la igualdad
la imposición
la justificación
minimizar diferencias
mostrarse partidario de algo
la pluralidad
la posición | a favor
            | en contra
la premisa
la rivalidad
sentirse | igual
         | parte de un proyecto
la separación
ser obligatorio
el uniforme
la uniformidad
vestir igual

Opinar

la charla
colaborar
dar la opinión
debatir
la discusión
entusiasmarse
estar enfadado/-a
expresar | acuerdo
         | desacuerdo
la falta de interés
gesticular
el gesto de aprobación
hablar | a la vez
       | alto
       | deprisa
indicar interés
interrumpir
la interrupción
intervenir en una conversación
manifestar atención
mostrar interés
mover las manos
pedir la opinión
polemizar
reformular ideas
ser | expresivo/-a
    | vehemente
el solapamiento
superponerse
transmitir ideas
el turno de palabra

UNIDAD 9

Ofertas de empleo

el candidato
los datos personales
dejar un trabajo
la disponibilidad
el empleo
el estado civil
la experiencia
firmar
mudarse
la profesión
el puesto
rellenar
la solicitud
trabajar en equipo

Instrucciones

almacenar
apagar
apretar
avanzar
conectar
descargar
desconectar
desenchufar
encender
enchufar
encuadrar
grabar
guardar
introducir
manejar
parar
poner
pulsar
reproducir
retirar
retroceder
sacar
visualizar

Aparatos

el altavoz
el archivo
el auricular
el botón
el cable
la cámara
el conector
el dispositivo
la función
la funda
la grabadora
el micrófono
el ordenador
la pantalla
el programa
la tableta
el teléfono inteligente
el USB

Convivencia

asear
caer | bien
      | genial
      | mal
el cambio de vida
la capacidad de adaptación
convivir con alguien
la costumbre
el día a día
el entorno
hacer el desayuno
llevar | al cole
       | la comida
peinar
quedarse
recoger a los niños
sacar al perro a pasear
vestir

UNIDAD 10

Cuentos

aparecer
besar
Blancanieves
el bosque
la bruja
Caperucita Roja
el cazador
Cenicienta
el cerdito
conceder un deseo
contar un cuento
el cuentacuentos
el deseo
enamorarse
engañarse
el espejo mágico
fugarse
el gato con botas
hacer de canguro
el hada
el hechizo
la hermanastra
la infancia
la ira
el juglar
el leñador
el lobo
la madrastra
maltratar
la manzana envenenada
la moraleja
narrar
el ogro
Pinocho
la princesa
la reina
el rey
la sirenita
el veneno

Adjetivos de carácter

atrevido/-a
astuto/-a
bello/-a
bondadoso/-a
bueno/-a
cruel
delicado/-a
desobediente
famoso/-a
hermoso/-a
insoportable
listo/-a
malo/-a
malvado/-a
mentiroso/-a
rebelde
sensible

UNIDAD 11

Cambios

el abismo
amar
la atracción
desconocido/-a
desencadenar
duradero/-a
enfermizo/-a
estático/-a
la experiencia
el/la extraño/-a
el extremo
la ilusión
la incertidumbre
el incidente
la inseguridad

LÉXICO

mantener una relación
el miedo
ocurrir
el placer
el polo
el proceso
reaccionar
la relación
el sentimiento
sentir | atracción
       | miedo
la situación
el terror
la timidez
tratar

Carácter

abierto/-a
aburrido/-a
agradable
amable
antipático/-a
apasionado/-a
arrogante
buen/-a comunicador/-a
callado/-a
cerrado/-a
coherente
cuidadoso/-a
descuidado/-a
directo/-a
educado/-a
encantador/-a
exigente
extrovertido/-a
fiel
generoso/-a
impaciente
impulsivo/-a
impuntual
inseguro/-a
introvertido/-a
justo/-a
libre
majo/-a
miedoso/-a
organizado/-a
paciente
prepotente
prudente
reflexivo/-a
reservado/-a
respetuoso/-a
responsable

sencillo/-a
serio/-a
simpático/-a
sincero/-a
tener | cara de buena persona
      | paciencia
      | un carácter | débil
                   | difícil
                   | fuerte
tranquilo/-a
transmitir | paz
           | tranquilidad
valiente

Discutir

arrepentirse
el colmo
cometer un error
confundirse
la culpa
decir las cosas sin pensarlas
despierto/-a
despistarse
discutir
la discusión
divertido/-a
enfadarse
el enfado
equivocarse
el error
estar | de mal humor
      | enfadado/-a
ocurrir
odiar
pasarse el enfado
pedir perdón
perdonar
preocuparse
reconocer un error
soportar
tener razón
tratar bien/mal

Relaciones

el cariño
dejar | a alguien
      | una relación
echar de menos
llevarse bien
el/la novio/-a
la pareja
quedar con alguien
querer a alguien
romper
salir con alguien

soportar
tener éxito

Disculpas

admitir
animarse
cara a cara
la cita
comprometerse
cumplir
dar | explicaciones
    | un abrazo
    | vergüenza
disculparse
estar preocupado/-a
la excusa
la explicación
fallar
hacer algo mal
importar
invitar
olvidarse
la pareja
pedir perdón
perdonar
preocuparse
prestar algo
la puntualidad
la reunión
tener un detalle

UNIDAD 12

Celebraciones

el acto
el aperitivo
la apertura
atender a los invitados
bailar
el banquete
la barra libre
el bautizo
la boda
el brindis
el bufé
casarse por la iglesia
celebrar
el cóctel
el confeti
el cubierto
el/la cumpleañero/-a
el cumpleaños
decir unas palabras en honor de alguien

decorar
el disfraz
disfrazarse
estar pendiente de alguien
el evento
la fiesta | de disfraces
         | sorpresa
         | temática
la guirnalda
el homenaje
el/la homenajeado/-a
la inauguración
el/la invitado/-a
ir disfrazado/-a
la jubilación
la limusina
llevar a casa
la luna de miel
organizar una fiesta
pasarlo | bien
        | de maravilla
        | fenomenal

picar
el picnic
la piñata
poner algo de beber
presentar a alguien
el ramo
el regalo
el salón de bodas
ser el centro de atención
soplar las velas
el traje
la vela
vestir de etiqueta
el vino español
la *yincana*

Invitaciones

aceptar una invitación
asistir a una fiesta
cancelar
el compromiso
la confirmación de asistencia

contar con alguien
dar explicaciones
la disculpa
faltar
justificarse
pedir confirmación
perderse una fiesta
la presencia
la razón de peso
rechazar una invitación
tener | lugar
      | otros planes

TRANSCRIPCIONES

UNIDAD 1

PISTA 1
Paloma: Sr. García Núñez, ¿se acuerda de mí? Soy Paloma Martín, la fotógrafa de Agencia ELE.
Sr. García Núñez: ¡Ah, sí! Paloma, claro que la recuerdo. ¡Qué alegría verla otra vez!
Paloma: Lo mismo digo. Mire, le presento a Sergio Montero, el reportero de Agencia ELE.
Sergio: Mucho gusto, señor.
Sr. García Núñez: Encantado de conocerlo. ¿Es esta su primera vez en Sevilla? Discúlpenme, los tengo que dejar. ¡Hombre! ¡Santiago Pereyra!
Paloma: Mira, esos que están ahí son los Crespo, los investigadores de los que te he hablado. Son muy majos.
¡Hola, Marta! ¿Qué tal, Pablo? ¿Os acordáis de mí?
Marta: Claro, Paloma. ¿Cómo estás? ¡Me alegro de verte!
Paloma: Mirad, este es Sergio, reportero de la agencia.
Pablo: ¡Hola! ¿Qué tal?
Sergio: ¡Hola! Mucho gusto.
Marta y Pablo: Encantados.
Pablo: Oye, Paloma, ¿qué tal va el congreso?
Paloma: Bien, muy interesante. No soy especialista, pero estoy aprendiendo mucho. Os dejamos, que tenemos una entrevista. Nos vemos...
Pablo: Sí, a ver si hablamos luego.
Paloma: Si no nos volvemos a ver, dale nuestros recuerdos a Rocío, ¿vale?
(Esa noche, en el vestíbulo del hotel).
Paloma: ¿Qué tal el día?
Sergio: Muy bien. Incluso escribí mi biografía lingüística.
Paloma: ¿...?
Sergio: Sí, la historia de mi aprendizaje de idiomas. Mira, aquí tengo una para el reportaje.

PISTA 2
Bernard: Empecé a estudiar español hace seis años en el instituto y, como éramos muchos en clase y estudiaba poco, no avanzaba; tenía muchas dificultades y muy pocas oportunidades para practicar, hasta que la profesora de tercero nos animó a usar las redes sociales y a escribir mensajes por internet con chicos en España. Al principio era difícil, pero era una comunicación real y pronto encontré gente con la que tenía muchas cosas en común, sobre todo, la música. Entonces me di cuenta de que tenía ganas de aprender español para comunicarme bien con ellos. Además de chatear, leía y oía música en español; también me ayudó mucho anotar las palabras más frecuentes en una libreta que luego intentaba usar en el chat.
El año pasado mis amigos Javier y Elena vinieron a Bélgica y pasaron dos semanas conmigo. ¡Pude hablar con ellos en español! Dicen que hablo muy bien, pero yo creo que tengo que seguir practicando. Por eso, ahora también hablamos por Skype.

PISTA 3
Locutora: ¡Hola, queridos radioyentes! estamos en la escuela de idiomas de la universidad, aquí en Barcelona. Es la una y media y vemos a muchos estudiantes saliendo de la escuela. Vamos a entrevistar a algunos. Hola, perdona, ¿tienes unos minutos? Te quiero hacer unas preguntas para un programa de radio.
Yamila: Sí, claro.
Locutora: ¿De dónde eres?
Yamila: Soy de Jordania.
Locutora: ¿Y qué idioma estás estudiando?
Yamila: Estudio español.
Locutora: ¿Puedo preguntarte por qué?
Yamila: ¡Por supuesto! Estoy aquí con una beca. En mi país estoy estudiando relaciones internacionales y tenía que estudiar otro idioma. Por eso elegí el español y, por suerte, conseguí esta beca.
Locutora: ¿Y te consideras una buena estudiante de español?
Yamila: Bueno, tengo mis trucos.
Locutora: ¿Cuáles, por ejemplo?
Yamila: Hago los deberes todos los días, reescribo las conjugaciones, hago un dibujo al lado de cada palabra nueva, no sé..., esas cosas.
Locutora: ¡Pero hablas muy bien español!
Yamila: Gracias.
Locutora: Te deseo mucha suerte, ¡adiós! Perdona, ¿te puedo hacer unas preguntas para un programa de radio?
Marcos: Bueno, pero no tengo mucho tiempo.
Locutora: No te preocupes, será solo un momento. ¿De dónde eres y qué idioma estás estudiando?
Marcos: Soy argentino y estoy estudiando catalán.
Locutora: ¿Puedo preguntarte el motivo?
Marcos: Sí, claro. Mi novia es catalana, nos conocimos en unas vacaciones en Cuba y me vine a vivir a Barcelona. Me di cuenta de que con el español no era suficiente, por eso decidí estudiar catalán.
Locutora: ¿Y te consideras un buen estudiante de catalán?
Marcos: Mirá, yo siempre trato de relacionar lo que aprendo con los otros idiomas que ya sé. Por suerte, leer me cuesta poco, pero tengo dificultad con la pronunciación. Por eso trato de imitar a los nativos. Además, veo mucho la tele en catalán y eso me ayuda.
Locutora: Me parece muy bien. Y dime, ¿cuándo termina el curso? ¿Te queda mucho?
Marcos: No, dura un mes y me queda una semana.
Locutora: Ajá. Bueno, gracias por tu tiempo y ¡mucha suerte!
Discúlpame. Somos de la radio y estamos haciendo entrevistas. ¿Te importaría responder a unas preguntas?
Gianni: ¿Para la radio? Ah, me encanta salir en la radio.
Locutora: Muy bien. ¿De dónde eres y qué idioma estás estudiando?
Gianni: Soy italiano, de Nápoles, y estoy estudiando español.
Locutora: ¿Lo haces por tu trabajo o por placer?
Gianni: En realidad lo estudio por placer. Soy un fanático de la música latina y para mí es muy importante entender la letra de las canciones.
Locutora: ¿Entonces estudias español solo por la música?
Gianni: Sí, empecé por la música, pero poco a poco descubrí la cultura en español.
Locutora: ¡Que es muy rica y variada!
Gianni: Claro...
Locutora: Y dime una cosa, ¿te consideras un buen estudiante de español?

Gianni: Ehhh, ya sabes, muchas palabras del español son parecidas en italiano.
Locutora: Es verdad.
Gianni: Eso me ayuda mucho. Además, como me gusta tanto la música, me encanta aprender y recordar cosas con las canciones. Por ejemplo, es fácil recordar si una palabra es femenina o masculina con una canción. *«La última noche que pasé contigo...»*. Así nunca olvidaré que 'noche' es femenino. O con la canción «Contigo», «*...quiero soñar contigo*», y así recuerdo que 'soñar' va con la preposición 'con'.
Locutora: Eres todo un artista del aprendizaje. Te felicito.
Gianni: ¡Gracias!

UNIDAD 2

PISTA 4

Paloma: Ven, Luis, acerquémonos a esa mesa, parecen simpáticos.
Luis: Sí, vamos.
¡Hola! Somos de Agencia ELE y estamos haciendo un reportaje sobre el empleo juvenil. ¿Podemos haceros unas preguntas?
Chico 1: ¿Empleo? ¿De qué me estás hablando, tío? Hace siete meses que estoy en el paro. No soy la persona indicada. Mejor habla con Ana.
Luis: Hola, Ana. Cuéntanos, ¿tú trabajas?
Chica 1: Sí, pero tengo un trabajo a tiempo parcial. La situación está muy mal, ya sabes, la crisis. Soy la típica mileurista con un empleo precario.
Paloma: ¿Y cómo te las arreglas?
Chica 1: Pues sigo viviendo con mis padres a los 30 años, pero no me gusta que me mantengan. Quiero ser independiente, claro.
Paloma: ¿Y tú?
Chico 2: Yo soy uno de los muchos pluriempleados. Tengo dos trabajos, en ambos tengo un contrato temporal, pero me encanta lo que hago.
Paloma: ¿A qué te dedicas?
Chico 2: Soy actor y trabajo en teatro y en televisión. Mi sueño es hacer cine. Espero que algún día me den un buen papel.
Luis: Ojalá tengas suerte.
Chico 2: Gracias.
Paloma: ¿Tú también trabajas?
Chica 2: Sí, y a mí también me gusta lo que hago.
Paloma: ¿Ah, sí? Cuéntanos. ¿Qué haces?
Chica 2: Soy periodista, como vosotros.
Luis: ¡Pero qué casualidad! Así que somos colegas. ¿Y dónde trabajas?
Chica 2: Soy autónoma y trabajo desde mi casa.
Paloma: ¡El teletrabajo!
Chica 2: Exacto. Escribo para varios medios. Prefiero que me paguen por cada nota o reportaje que hago, así soy realmente independiente. No me gusta que me digan qué debo hacer. Prefiero elegir.
Paloma: ¿Y vives sola?
Chica 2: Sí, claro. Vivo en un estudio muy pequeño, pero creo que el esfuerzo vale la pena.

PISTA 5

Rocío: Buenas tardes, señor Moyano. Mi nombre es Rocío Parra. Muchas gracias por aceptar esta entrevista.
Carlos Moyano: Muy buenas tardes.
Rocío: Usted ha publicado recientemente un estudio sobre la juventud actual. ¿Cuáles son sus características principales?
Carlos Moyano: Es muy difícil responder a esa pregunta de manera precisa: muchos tienen la imagen de que los jóvenes viven el presente, piensan en divertirse, son materialistas y hedonistas... Pero también hay muchos jóvenes generosos, buenos estudiantes, voluntarios de ONG... Los datos que manejamos ofrecen estadísticas, pero hay que ser muy cuidadoso con las conclusiones. Piense que las estadísticas nos dicen que hay un enorme fracaso escolar, pero también que esta es una de las generaciones con mejor formación, más oportunidades educativas y mejor conocimiento de idiomas.
Rocío: Pero usted ha comparado los jóvenes de ahora con los de la década de 1960 y ve diferencias, ¿no es así?
Carlos Moyano: Sí, hemos utilizado los datos que teníamos de los jóvenes de la década de 1960. Muchos de los que eran jóvenes entonces son padres de los chicos de nuestro estudio. El estudio señala, por ejemplo, que la juventud actual está menos interesada en la política y en los temas sociales que sus padres.
Rocío: ¿Y es cierto que son menos idealistas que sus padres?
Carlos Moyano: Parece que sí han dejado de ser idealistas. Recuerde que los años 60 son los años de los Beatles, los *hippies*, las protestas estudiantiles..., era una época de gran movilización social y política.
Rocío: ¿Y en qué se parecen padres e hijos?
Carlos Moyano: Hay cosas que no cambian: como sus padres, los jóvenes de hoy siguen siendo románticos, les gusta divertirse, salir de noche y pasar mucho tiempo fuera de casa. Lo más importante para ellos son los amigos.
Rocío: Pero los padres se quejan de sus hijos, piensan que trabajan menos que ellos, que son más egoístas, que no aprovechan sus oportunidades...
Carlos Moyano: Sí, sí, pero eso ocurre siempre. Los mayores siempre creen que los jóvenes tienen un comportamiento inadecuado... En realidad, es muy parecido al que tenían ellos. Es una percepción de los adultos. La sociedad cree que los jóvenes ven mucha televisión y han dejado de leer, por ejemplo, y no es cierto.
Rocío: ¿Qué más nos puede decir de...?

PISTA 6

En cuanto al grupo de candidatos entre 26 y 35 años que buscan empleo destaca el alto porcentaje de los que poseen estudios universitarios: es un 51 %. Es decir, es el grupo de edad con mayor nivel de estudios. Sin embargo, debido a su edad, tienen poca experiencia laboral: así, el 38 % tiene entre 5 y 10 años de experiencia. Quizá por ello este grupo de edad es muy flexible en cuanto a las condiciones de trabajo, y su disponibilidad: el 49,5 % está dispuesto a cambiar de residencia; el 46 % acepta los viajes como parte del trabajo, y el 34 % es indiferente en cuanto al horario, aunque otro 33 % prefiere jornada completa.
El siguiente grupo, candidatos entre 36 y 45 años, tiene, como es lógico, más años de experiencia laboral: el 67 % tiene más de 10 años acumulados. Tiene menos formación que el grupo anterior: tiene estudios universitarios el 40 % y estudios secundarios el 42 %. En este grupo, que cuenta con más personas con familia, la mayoría prefiere jornada completa: el 35,4 %.

UNIDAD 3

PISTA 7

Mujer: ¡Ah!, esta película está muy bien. ¿Sabes que casi provocó un conflicto diplomático?
Hombre 1: ¡No me digas!, ¿y eso?
Mujer: Pues es que España quedó fuera del Plan Marshall, el programa de ayuda económica para Europa después de la Segunda Guerra Mundial. En realidad, la película aprovecha este plan para criti-

car al gobierno, pero parece que critica al plan. Y cuando se estrenó la película, en la Gran Vía de Madrid había carteles de ¡Bienvenido, Mister Marshall!; en aquella época, llegó un nuevo embajador americano y, cuando los vio, pensó que era una burla contra los Estados Unidos y se quejó al Gobierno.
Hombre 2: ¡Qué bueno!
Hombre 1: Ah, pues, ¿sabéis qué? Cuando la presentaron en el festival de Cannes, la delegación americana también protestó.
Mujer: ¿Ah, sí? ¿Y por qué?
Hombre 1: Pues porque promocionaron la película repartiendo billetes de un dólar con las caras de los actores principales. Casi los expulsan de Cannes.
Hombre 2: ¡No me digas!

PISTA 8
Luis: ¡Buenas tardes! Nos encontramos en Guadalix de la Sierra, el pueblo en el que se rodó ¡Bienvenido, Mister Marshall! Hoy se proyecta la película en homenaje a su director.
Queremos que los invitados nos cuenten cosas relacionadas con esta película y con el cine de la época. ¿Ha visto usted la película?
Mujer 1: Claro, varias veces.
Luis: ¿Y qué es lo que más le gusta?
Mujer 1: Las canciones. De esa época me gustan mucho las películas musicales. Ya no se hacen películas así...
Luis: ¿Y su personaje favorito?
Mujer 1: La maestra, cuando enseña a los habitantes del pueblo los nombres de los trajes andaluces.
(Más tarde).
Luis: Allí vemos algunas caras famosas del cine actual, a ver qué nos cuentan. ¿Y vosotros, qué pensáis de esta película?
Hombre 1: Es una de mis películas favoritas. Además, creo que es importante hacer aquí este homenaje; fue un hecho importante para este pueblo.
Luis: ¿Y cuál es tu personaje favorito?
Hombre 1: Creo que el alcalde. Aún hoy sigue pareciendo un personaje cercano. ¡Y se rodó hace más de 50 años!
Luis: ¿Y los niños? Vamos a ver qué opinan. ¿Qué te ha parecido la película?
Niño: Es que no me gustan mucho las películas en blanco y negro.
Luis: Pero esta es un poco especial, ¿no?
Niño: Sí, está hecha en este pueblo; mira, ¡sale esta fuente!
Luis: ¿Y a ti? ¿Qué es lo que más te gusta de la película?

Hombre 2: A mí me parece impresionante cómo esta película pudo superar la censura, igual que otras del mismo director.
Luis: ¿Y a usted?
Mujer 2: A mí me encanta ver cómo eran antes los pueblos. Fíjese, este pueblo ya no se parece en nada al de la película.
Luis: Bueno, creo que ya tenemos suficiente información. ¿Escribimos el reportaje?

PISTA 9
Locutora: Buenas noches, hoy nos dirigimos a nuestros oyentes para que nos cuenten cosas del cine, cosas curiosas que les han pasado, noticias que han conocido de primera mano...
Hola, ¿desde dónde llama?
Chica: Hola, llamo desde Almería. Verás, supongo que sabes que aquí se rodaron muchas películas del oeste, pero ¿sabías que también se rodó aquí una película de Indiana Jones?
Locutora: ¿Cuál?
Chica: La de la última cruzada.
Locutora: ¡Ah!, pues no lo sabía, no.
Chica: Y muchas otras... También se rodó aquí Conan el Bárbaro, y Doctor Zhivago... Muchos de los habitantes de Tabernas, el pueblo donde estaba el estudio, participaron como extras.
Locutora: ¡Qué curioso! ¡Muchas gracias por llamar! Nuestro segundo participante. ¡Adelante, cuéntenos!
Hombre 1: Quería contar una cosa muy breve... ¿Sabías que Garci, cuando fue a recoger el Óscar, no tenía pajarita y se la pidió a un camarero del hotel?
Locutora: ¿En serio? ¡Qué cosas! ¡Qué poco previsor! ¡Hasta luego y gracias!
Aquí tenemos a nuestro próximo participante. ¡Hola!
Hombre 2: Hola, buenas tardes. ¿Sabes que una de las películas que más Óscar ha ganado es Titanic? ¡Once de catorce nominaciones!
Locutora: Sí, ya lo sabía. Lo leí hace tiempo... Es que Titanic es una de mis películas favoritas. Gracias por llamar.
Y vamos ya con el último participante de esta tarde. Hola, buenas tardes. ¿De quién nos vas a hablar?
Mujer: Pues yo quería contar lo de Trueba, aunque seguro que ya lo sabéis.
Locutora: No sé, a ver, ¿a qué te refieres?
Mujer: Pues que cuando le dieron el Óscar por Belle Epoque dijo que no creía en Dios, solo en Billy Wilder y que por eso se lo agradecía a él.

Locutora: ¡Ah, sí, es verdad! Ahora me acuerdo.
Mujer: Lo que mucha gente no sabe es que al día siguiente lo llamó Billy Wilder y le dijo: «Hola, Fernando, soy Dios».
Locutora: ¡Sí, cierto! Esa es una respuesta muy de Wilder, ¿verdad? Gracias por llamar.

PISTA 10
Chico: Pues yo una vez trabajé en una película de Almodóvar.
Chica: ¿De verdad?
Chico: Sí, estaba en la universidad y unos amigos míos muy modernos frecuentaban la noche madrileña. Entonces se enteraron de que Almodóvar buscaba gente para hacer de figurante en una película.
Chica: ¿Y fuiste?
Chico: Sí. Era una escena en una discoteca. Almodóvar daba instrucciones a todo el mundo. Me encantó verlo dirigir, estaba atento a todos los detalles.
Chica: ¿Y tú qué tenías que hacer?
Chico: Mis amigos y yo teníamos que estar junto a la barra, hablando. Estábamos riéndonos y entonces vino Almodóvar para decirnos que no teníamos que reír, y nos dijo cómo teníamos que coger los vasos de bebida. No le gustaba cómo estábamos.
Chica: ¡No me digas!
Chico: Sí. Lo más gracioso es que, al final, aparecemos menos de un segundo.
Chica: ¡Vaya! Por cierto, ¿qué peli era?
Chico: La película era La ley del deseo.

PISTA 11
Chica 1: ¿Sabes lo que me pasó una vez volviendo a casa?
Chica 2: No, ¿qué te pasó?
Chica 1: Pues verás: era muy tarde y venía de una fiesta lejos de mi casa. La verdad es que tenía mucho, mucho sueño. No bebo nunca, pero, chica, es que estaba conduciendo fatal, probablemente por el cansancio.
Chica 2: ¿De verdad?
Chica 1: Sí, sí, de verdad. Y de pronto, vi unas luces que me decían que tenía que parar. Era un control de alcoholemia de la policía.
Chica 2: ¡No me digas!
Chica 1: Ya lo creo. Me hicieron soplar varias veces porque creían que estaba borracha. Pero, ¡qué va! En absoluto. Al final me dejaron ir sin problemas.
Chica 2: ¡Qué fuerte!

PISTA 12

En España, en la época de la censura, algunas situaciones que no les gustaban a los censores se resolvían en el proceso de doblaje. Por ejemplo, en la película *Mogambo*, el matrimonio que viaja por África se convierte en una pareja de hermanos. Pero, claro, unos hermanos muy cariñosos. Conforme avanza la película, se va desencadenando la tragedia, y no entiendes por qué. Porque, al fin y al cabo, en la versión censurada, tanto Grace, la «hermana», como Clark, el guía, son solteros y libres y no se entiende qué impide la relación. Tampoco se entiende por qué el «hermano» se enfada tanto...

PISTA 13

Mujer 1: ¿Sabes que una vez me encontré con un famoso en un bar?
Hombre 1: ¿Sí? ¿Con quién?
Mujer 1: Con un actor que me encanta: Javier Bardem.
Hombre 1: ¿En serio? A mí también me gusta mucho como actúa.
Mujer 1: Sí, tiene algo especial. Lo vi durante el viaje a Tenerife del año pasado. Yo estaba en la barra, quería pedir un café y de pronto escuché una voz que me sonaba muy familiar diciendo: "¿Me trae la cuenta, por favor?"
Hombre 2: ¿Y era él?
Mujer 1: Pues sí. Al oírlo, me giré y claro, él se dio cuenta.
Hombre 1: Seguro que está acostumbrado.
Mujer 1: Sí, porque me miró sonriendo, parece que le pasa con frecuencia...
Hombre 2: ¡Qué coincidencia! ¿No?
Hombre 1: Uy, pues a mí en Tenerife también me pasó una cosa muy curiosa.
Mujer 1: ¿Sí? ¿Qué te pasó?
Hombre 1: Pues verás, hace tres años estuve allí de viaje con mi familia. Un día, después de una excursión al Teide con varias horas andando por la montaña, decidimos ir a comer algo. Estábamos todos cansadísimos y llevábamos unas pintas horribles.
Hombre 2: No me extraña, después de un día así...
Hombre 1: Total, que mi familia entró a un restaurante y se sentó a una mesa mientras yo hablaba por teléfono con mi jefe. Después entré yo y, cuando iba directamente hacia la mesa, el camarero vino hacia mí y me dio un bocadillo, pero a la vez me dirigía hacia la salida. No me dejaba entrar.
Mujer 2: ¡No me digas! ¿De verdad?
Hombre 1: Sí, se pensaba que entraba a pedir dinero o algo así...
Mujer 1: Jajaja, ¡qué bueno!, ¿y qué hiciste?
Hombre 1: Pues explicarle que iba con los de la mesa, a cenar con ellos y no a pedirles dinero...
Mujer 1: ¡Jo, qué apuro!
Hombre 1: Sí, el pobre camarero no paraba de pedir perdón. Pero creo que yo estaba más avergonzado que él.
Hombre 2: Pues a mí me pasó algo parecido... Un día, cuando estaba aprendiendo a tocar la guitarra.
Hombre 1: ¿Ah, sí? ¿Qué te pasó?
Hombre 2: Pues verás: tenía un rato libre antes de la clase y me senté en un banco del parque. Como me aburría, pues saqué la guitarra y me puse a tocar un rato, para practicar antes de clase. Y cuando estaba ya un rato con mis ejercicios, llegó una señora y me dejó un euro en la funda de la guitarra.
Mujer 1: Jajaja, ¿y qué hiciste?
Hombre 2: Pues la verdad es que me sorprendí tanto que no supe reaccionar. Estuve mirándola un rato, mientras se iba.
Mujer 2: Jajaja, ¿y qué hiciste con el euro?
Hombre 2: Lo llevo en la funda de la guitarra, de amuleto de la buena suerte.

UNIDAD 4

PISTA 14

Carmen: Bueno, chicos, ¿qué habéis pensado?
Sergio: He pensado en cuestiones culturales: cómo serán los museos... o los conciertos.
Carmen: Me parece bien, podemos seguir trabajando con esas ideas. Y tú, Miquel, ¿qué propones?
Miquel: ¿Conocéis el informe Mercer sobre las ciudades donde mejor se vive? Sería interesante un reportaje sobre estas ciudades, presente, pasado y futuro.
Rocío: Serían demasiadas páginas, ¿no? No tenemos tanto espacio.
Miquel: Sí, tienes razón. Mejor una ciudad únicamente, pero ¿cuál?
Mario: ¿Por qué no São Paulo? Podemos hablar del futuro de la ciudad, hablar con el alcalde, empresarios, ciudadanos...
Carmen: Buena idea. ¿Qué más habéis pensado, chicos?
Rocío: Yo he pensado que escribiré un artículo sobre la casa del futuro. A ver, ¿vosotros cómo os la imagináis? ¿Tendrá cocinas y baños como los conocemos?
Paloma: Seguro que no, estará todo informatizado.
Rocío: ¿Estás segura?
Paloma: Segurísima. Yo imagino que en el futuro todo funcionará automáticamente, diremos «luz» y se encenderá la luz.
Miquel: ¡Hala! Tú crees que el futuro será como en las antiguas películas de ciencia ficción. No habrá tantos cambios, seguiremos teniendo problemas de contaminación, de tráfico, de pobreza... Eres muy optimista, Paloma.
Paloma: ¿Por qué no? ¿No pensamos siempre que el futuro será maravilloso?
Carmen: Bueno, seguimos, más propuestas.
Luis: Haré unas entrevistas a arquitectos y urbanistas que vendrán al congreso. Les preguntaré sobre las ciudades del futuro, a ver quién tiene razón, Miquel o Paloma.
Carmen: Perfecto. Quiero también algo menos técnico: cómo viviremos, qué comeremos, cómo será la educación... Pensad en ello. Bien, lo dejamos aquí. Las ideas son buenas, seguimos trabajando sobre ellas y me pasáis un esquema de vuestras propuestas mañana. Y ahora, a trabajar.

PISTA 15

El legado social se relacionará directamente con el deporte y la educación, la salud y el desarrollo de la persona. Una sociedad que practica deporte es una sociedad más sana física y mentalmente. Fomentaremos la participación en actividades deportivas y físicas en todas nuestras comunidades, para todas las edades y colectivos.

Por otro lado, los beneficios económicos son clave para nuestro legado a través de la interacción con la comunidad empresarial. El Ayuntamiento está trabajando para la renovación de la ciudad y de su economía. El objetivo: elevar el perfil de la ciudad a nivel mundial, fomentar las inversiones extranjeras y desarrollar oportunidades comerciales y turísticas.

Este cambio urbano será claramente visible en el medio ambiente, pues una ciudad moderna ha de ser eficiente en el uso de los recursos. Aumentaremos el uso de energías renovables y seremos más eficientes en su utilización, incluido el transporte público. Se crearán nuevos carriles bici y nuevas zonas verdes para proporcionar un modelo urbano que aborde todos los aspectos de la sostenibilidad.

Por último, nuestro programa cultural se fijará tanto en el patrimonio como en la innovación. Estamos convencidos de que el proceso de candidatura generará oportunidades de estrecha colaboración con los jóvenes para promover un mejor uso de las nuevas tecnologías.
Por estas y otras razones que encontrarán en la documentación presentada, sabemos que nuestra ciudad puede ser una elección perfecta para alojar las Olimpiadas...

UNIDAD 5

PISTA 16

Sergio: ¿Tienes un momento? Quería hacerte una pregunta.
Paloma: Por supuesto, cuéntame.
Sergio: ¿Sabes? Estoy pensando en ir de vacaciones a Argentina.
Paloma: ¡A Argentina! Si vas, no te arrepentirás, te lo garantizo.
Sergio: Mi intención es ir este invierno. Bueno, en Argentina será verano, pero tú ya lo sabes...
Paloma: Sí, sí.
Sergio: Y no tengo claro qué hacer.
Paloma: ¿Qué planes tienes? ¿Qué es lo que más te interesa: naturaleza, aventura, cultura, tranquilidad...?
Sergio: Un poco de todo. Lo que más me interesa es Buenos Aires. Pero me gustaría ir a Iguazú, a la Patagonia, a los Andes, a la playa..., incluso viajar a Uruguay.
Paloma: ¡Para, para! No tendrás tiempo para todo. ¿Sabes lo grande que es Argentina?
Sergio: Sí, lo sé. Por eso quiero saber tu opinión.
Paloma: ¿Cuánto tiempo vas a estar?
Sergio: Tres semanas.
Paloma: No está mal. Yo pasaría una semana en Buenos Aires. Mira, Buenos Aires tiene todo lo que te gusta. Tiene restaurantes, teatros, librerías, paseos, edificios impresionantes, cafés, museos... y todo muy bien de precio. Y la gente es extraordinaria. Te encantará Buenos Aires. También podrías ir a Córdoba o Mendoza.
Sergio: ¿Y para ver naturaleza y descansar un poco?
Paloma: Si quieres un espectáculo inigualable, vete a Iguazú. Tendrás una experiencia que no podrás olvidar. Y también puedes ir a una estancia o a un pueblo pequeño y pasar unos días tranquilo en plena naturaleza o junto a la playa.
Sergio: Sí, lo he pensado, pero es tan difícil elegir. No tengo ni idea de por dónde empezar.
Paloma: No te preocupes. Hablaré con mis padres y les pediré que me manden información.
Sergio: Gracias, Paloma. No sabes cuánto te lo agradezco.
Paloma: ¡Qué tontería! ¿Para qué están los amigos? Por cierto, si vas a Buenos Aires, tienes que ir a ver a mis padres. Les gustará conocerte.
Sergio: Dalo por seguro.
Paloma: ¡Las cinco! Tenemos que entrevistar a Pedro Arjona; vámonos o llegaremos tarde.

PISTA 17

Paloma: ¿Has terminado?
Sergio: Sí. A ver, ¿tú crees que las ciudades son buenos lugares para vivir?
Paloma: Pues la verdad es que no.
Sergio: ¿En serio? Pues yo sí.
Paloma: Y creo que cada vez serán peores: habrá más gente, más contaminación, más ruido... Todo será más caro y crecerá la desigualdad.
Sergio: Hija, sí que eres pesimista. Me parece a mí que nuestro entrevistado no estará de acuerdo contigo.
Paloma: Es muy difícil una ciudad muy grande y saludable.
Sergio: Entonces, seguro que pensarás que el tamaño ideal de una ciudad es de menos de cien mil habitantes.
Paloma: Bueno, en realidad no me importaría una entre cien y doscientos cincuenta mil.
Sergio: Para mí, la ciudad ideal necesitaría más de tres millones de habitantes para contar con los servicios que a mí me gustan. Por eso adoro las grandes capitales.
Paloma: ¿Pero qué ventajas encuentras?
Sergio: Mira. Es más fácil encontrar trabajo, buena atención sanitaria, acceso a educación, vivienda y una buena oferta de ocio y cultura. Está claro, ¿no?
Paloma: ¡Uy, sí, clarísimo! Pero en una gran ciudad hay tanta demanda que no puedes acceder a todo eso. Cuanto más grande es una ciudad, más inconvenientes tiene: tráfico, contaminación, inseguridad, desigualdad...
Sergio: Pero algunos de esos problemas tienen solución si hay voluntad política, como el tráfico. Más difícil es el tema de las relaciones humanas.
Paloma: Eso, las ciudades no son buenas para la convivencia.
Sergio: En mi ciudad ideal habría mucha vida en los barrios, eso favorecería la relación entre vecinos.
Paloma: En eso estoy de acuerdo contigo. Si logramos la convivencia en los barrios, las ciudades no se deshumanizarán. Por cierto, ¿qué sugieres para mejorar la vida en la ciudad?
Sergio: Primero, lo que te decía: potenciaría la vida de barrio, así la gente no se sentiría sola en la gran ciudad. Segundo, potenciaría el transporte público y limpio, como las bicicletas, crearía carriles bici en toda la ciudad.
Paloma: Bueno, yo también mejoraría el tráfico, me parece un problema grave: aumenta la contaminación y perdemos mucho tiempo. Luego, invertiría más dinero en las zonas más pobres, para evitar la desigualdad. Y ofrecería más servicios gratuitos para los ciudadanos.
Sergio: Bueno, si nos hacen caso tendremos una gran ciudad, ¿no?
Paloma: Sí, seguro.

PISTA 18

Sergio: Buenos días, señor Arjona, somos de Agencia ELE. Mi nombre es Sergio Montero y esta es mi compañera Paloma.
Sr. Arjona: Mucho gusto, pasen. Pasen y siéntense, por favor.
Sergio: Gracias. Si le parece bien, empezaré ya con las preguntas.
Sr. Arjona: Por supuesto, dispare.
Sergio: En el año 2050 el 70 % de la población mundial vivirá en las ciudades. ¿Tendremos ciudades superpobladas?
Sr. Arjona: Bien, habrá ciudades pequeñas, medianas, grandes y también megaúrbes, ciudades enormes para lo que conocemos ahora, ciudades, o megalópolis, de cincuenta o setenta millones de habitantes.
Sergio: ¿Y no se multiplicarán los problemas actuales: inseguridad, tráfico, deshumanización...?
Sr. Arjona: Bueno, la ventaja es que tenemos previsiones aceptables de la población y podemos tomar decisiones para evitar problemas que, de otra manera, serían graves. Por ejemplo, el tráfico: se está avanzando adecuadamente con los vehículos limpios y pequeños, la circulación por GPS, los transportes públicos, los carriles bici... Y en el futuro veremos otros avances importantes. Por eso creo que si hacemos las cosas bien el futuro será bueno para las ciudades y para los ciudadanos.
Sergio: Entonces, es usted optimista.
Sr. Arjona: Sí, absolutamente. Aunque

también sé que los seres humanos tenemos tendencia a no completar las utopías por motivos... egoístas. Con frecuencia hay intereses contrarios al bien común y el presente no es precisamente utópico.
Sergio: ¿Y por qué la gente quiere vivir en las ciudades? ¿No es más sana la vida en el campo?
Sr. Arjona: Bien, vivir cerca de la naturaleza y en entornos pequeños tiene ventajas, pero también las ciudades tienen las suyas: ofrecen más oportunidades de elección, más oportunidades de trabajo, de cultura, de educación, de ocio... Y la vida en la ciudad no es insana por definición. Precisamente, entre las propuestas de la exposición está el hacer de las ciudades lugares más sanos, tanto por el entorno natural como por otros aspectos como la educación, la vivienda o los espacios de encuentro.
Sergio: Háblenos de la exposición y de sus propuestas. ¿Presenta la exposición una ciudad ideal?
Sr. Arjona: Como le he dicho antes, conozco los problemas y creo que hay soluciones. Lo mismo hace la exposición: presenta los problemas a los que se enfrenta la ciudad del futuro y propone la mejor forma de evitarlos.
Sergio: Vamos, una exposición optimista, como usted.
Sr. Arjona: Sí, sí. Evidentemente. Pero ¿acaso no aspiramos todos a un mundo mejor? ¿No pensamos que futuro es sinónimo de progreso y que el progreso siempre es mejor?
Sergio: Sí, completamente de acuerdo. Entonces, ¿qué encontrará el visitante de la exposición? ¿Una utopía, una ciudad ideal?
Sr. Arjona: No exactamente. Verá cómo son las ciudades y qué están haciendo para ser lugares donde vivir mejor, con más servicios, más salud, más respeto del medio ambiente, más humanas. Una realidad que ya está aquí. Y verá también propuestas de futuro, pero propuestas realistas. No verá ciudades llenas de vehículos voladores, aunque sería una posibilidad.
Sergio: ¿Es una exposición para especialistas?
Sr. Arjona: No, en absoluto. Invito a todo el mundo, de cualquier edad, a que venga a ver la exposición. Estoy convencido de que gustará a todo el mundo.

UNIDAD 6
PISTA 19
(En la oficina de Agencia ELE)
Rocío: Ahora que estamos todos, quería daros una noticia y es que... ¡estoy embarazada!
Miquel: Enhorabuena, Rocío.
Paloma: ¿De cuánto estás?
Rocío: De tres meses.
Sergio: Supongo que todavía no sabes si es niño o niña, ¿no?
Rocío: No, todavía no, pero ya estamos pensando algunos nombres.
Sergio: Es importante que te tomes las cosas con calma.
Paloma: Deberías cuidar tu alimentación, para no aumentar de peso excesivamente.
Luis: Si puedo hacer algo por ti, dímelo.
Miquel: Tendrías que hablar con Teresa, que acaba de tener una niña.
Iñaki: Duerme mucho, el descanso es muy necesario.
Mario: Es muy bueno tomar un poco de sol todos los días, con precaución. Lástima que aquí no tenéis playa.
(El ginecólogo de Rocío...)
Doctor: No fume ni beba. Y no tome medicinas si no se las receto yo.
(La madre de Rocío...)
Madre: Podrías comprarte ropa de embarazada en Dona, tienen ropa muy bonita... Y no trabajes tanto. Y cuídate mucho, hija.
(Mercedes, la hermana de Rocío...)
Mercedes: Yo que tú haría algún ejercicio suave. ¿Y si te apuntas a un curso de *aquagym* para embarazadas?
(Mateo, el marido de Rocío...)
Mateo: No te pongas esos zapatos. Debes llevar un calzado adecuado, de tacón bajo.
Luis: Tendrías que decírselo a Carmen, ¿no?
Rocío: Uff, y esto no ha hecho más que empezar.

PISTA 20
Rocío: Entonces... ¿tú harías el viaje que tenía previsto?
Mercedes: ¡Claro, mujer! Ya estás de tres meses. Ahora entras en el mejor trimestre del embarazo y si hasta ahora has estado bien, seguro que no tendrás problemas.
Rocío: No sé, es que es un viaje de una semana y me da un poco de miedo, la verdad.
Mercedes: Yo que tú iría. Si tienes algún problema, me llamas y voy volando.
Rocío: Sí, claro, a Edimburgo.
Mercedes: Rocío, estás en plena forma. ¿Qué problema vas a tener?
Rocío: Sí, quizá debería ir. Además es un artículo que me interesa mucho.
Mercedes: Pues eso, anímate y no te preocupes. Lo mejor es pensar que todo saldrá bien. Ya verás como es así. Así que ya tenéis casa nueva.
Rocío: Sí.
Mercedes: Uy, no te veo muy entusiasmada.
Rocío: Es que Mateo y yo no estamos del todo de acuerdo. La casa tiene tres habitaciones grandes y Mateo dice que la casa debería tener cuatro habitaciones. Yo prefiero tres grandes y no cuatro pequeñas.
Mercedes: Yo estoy de acuerdo contigo. Y, también, para mí es básico que la casa tenga mucha, mucha luz.
Rocío: Bueno, esta tiene bastante luz. Todavía no la has visto, ¿por qué no vienes?
Mercedes: Perfecto. ¿Y si vamos esta tarde?, la tengo libre.
Rocío: Vale. Podrías traer tu cámara de fotos, nos ayudará para la reforma.
Mercedes: ¿Queréis hacer reformas? ¿No dijiste que la casa estaba muy bien?
Rocío: Sí, pero queremos cambiar la cocina y el baño. Y ya te he dicho que Mateo quiere una habitación más.
Mercedes: ¿Y cuándo empezaréis?
Rocío: Pronto. Porque cuando nazca el niño será más difícil hacer obras.
Mercedes: En eso tienes razón. ¿Qué vas a hacer en el trabajo cuando nazca el niño?
Rocío: Todavía lo estoy pensando. Podría coger tres meses de baja más el mes de vacaciones.
Mercedes: Eso está muy bien. Cuanto más tiempo estés con el bebé, mejor.
Rocío: Bueno, la otra opción que tengo es coger dos meses de baja y los otros dos utilizarlos para tener jornada reducida durante el año.
Mercedes: Pero, ¿ganando lo mismo?
Rocío: Claro, eso es lo bueno.
Mercedes: ¿Y qué horario tendrías?
Rocío: Podría trabajar solo de 9 a 2.
Mercedes: Y con dos meses, ¿con quién dejarías al bebé?
Rocío: Tendría que buscar a alguien. La situación será la misma cuando empiece a trabajar.
Mercedes: ¿No vas a llevar al niño a la guardería?
Rocío: Sí, cuando cumpla nueve meses.

TRANSCRIPCIONES

UNIDAD 7

PISTA 21

Luis: ¿Paloma? Mira, me encuentro fatal, algo me ha sentado mal y no podré llegar a tiempo a la rueda de prensa. He intentado hablar con Carmen, pero comunica. ¿Puedes llamarla tú? Y llama a Sergio para que te acompañe.
Paloma: Claro, yo los llamo, no te preocupes. Tómate una manzanilla y métete en la cama.
¿Sergio? Hola, soy Paloma. ¿Puedes acompañarme mañana a la rueda de prensa del alcalde?
Sergio: Lo siento, pero va a ser difícil. Es que tengo que ir al centro de salud, tengo hora para el médico. ¿No lo iba a hacer Luis?
Paloma: Sí, pero no puede, está enfermo. Me ha dicho que te llame, pero si no puedes llamaré a Rocío. Gracias de todas formas.
Sergio: Vale, suerte.
Paloma: ¿Rocío? Hola, soy Paloma. ¿Te importaría acompañarme a la rueda de prensa del alcalde?
Rocío: Me encantaría, pero es que tengo que llevar a mi perro al veterinario. ¿Se lo has pedido a Sergio?
Paloma: Sí, acabo de llamarlo, pero me ha dicho que tiene una cita médica.
Rocío: Un momento, voy a llamar a Mateo y le pregunto si puede llevar él al perro.
Paloma: Gracias, eres un encanto.
Rocío: Hola, cariño. Necesito que me hagas un favor. Ha llamado Paloma para pedirme que vaya con ella a la rueda de prensa, ¿podrías llevar tú el perro al veterinario?
Mateo: Pues... bueno, vale.
Rocío: De acuerdo, mil gracias, voy a llamar a Paloma.
Hola, Paloma, todo arreglado. Voy contigo.
Paloma: Uf, qué bien, voy a llamar a Carmen para decírselo.
(Más tarde...)
Paloma: Hola, Carmen, ¡por fin has dejado de comunicar! Me acaba de llamar Luis para decirme que está enfermo y que no puede acompañarme a la presentación. Así que he llamado a Sergio y me ha dicho que tampoco puede. He llamado a Rocío y, por suerte... ¡Aquí está!
Carmen: Estupendo, gracias por resolverlo. Por cierto, dile a Rocío que no se olvide de lo que me prometió para esta tarde. ¡Que os vaya bien!

PISTA 22

1.
Hombre: ¿Apagas la televisión? Es tarde y tienes que dormir.
Chico: Ahora no, estoy viendo un programa.
2.
Mujer: ¿Podría venir a mi despacho esta tarde a las cinco?
Hombre: Sí, no hay inconveniente.
3.
Chico: ¿Puedes acompañarme al médico mañana?
Chica: Lo siento, pero mañana tengo un examen.
4.
Hombre: ¿Te importaría ayudarme a terminar este informe?
Mujer: Me encantaría, pero tengo una reunión con el jefe del departamento.

PISTA 23

1.
Chico: Hola, buenos días, ¿Agencia ELE?
Iñaki: Sí, dígame.
Chico: Verá, quería usar una foto que he visto en un periódico y está firmada por ustedes. Es para un ejercicio de clase. ¿Podrían enviármela por correo electrónico?
Iñaki: Tendré que preguntarle a nuestra fotógrafa, pero ahora no está. Le dejaré una nota.
Chico: Muy bien, muchas gracias, muy amable.
2.
Iñaki: Hola, Agencia ELE.
Mujer: Buenas, quería hablar con Rocío, ¿se puede poner?
Iñaki: No está ahora mismo, ¿quiere que le deje una nota?
Mujer: Bueno, vale. Solo quería decirle que la rueda de prensa se ha retrasado hasta las 12.00. Nada más.
Iñaki: Muy bien, yo se lo digo. Adiós.
3.
Mujer: Hola, buenos días, quería hablar con Carmen Torres.
Iñaki: Pues ahora mismo no se puede poner. ¿Qué quería?
Mujer: Miren, quería saber si necesitan algún fotógrafo para los meses de verano. Estoy buscando trabajo aquí en España y me han dado este número.
Iñaki: Ah, pues, deme su número y yo se lo daré.
Mujer: Sí, mire, es el 606498675. Muchas gracias, ¿eh?
Iñaki: De nada, suerte.

UNIDAD 8

PISTA 24

(En la agencia reciben un correo electrónico...)
Carmen: «3 de mayo, Día Mundial de la Libertad de Prensa. Es una oportunidad para defender la independencia de los medios de comunicación y rendir homenaje a los periodistas que han perdido su vida en el cumplimiento de su deber. Diferentes actos se organizarán en todo el mundo...»
Mirad esto. ¿Qué os parece si organizamos algo para celebrarlo?
Iñaki: Buena idea. Me parece que es bueno sensibilizar a la gente. ¿Tú qué crees, Paloma?
Paloma: En mi opinión, estas celebraciones sirven para poco. No creo que hagan mucha falta.
Iñaki: Ya, pero ¿no crees que todavía hay muchos países en los que ser periodista es arriesgado?
Paloma: Pues sí, pero ¿esto mejora la situación?
Rocío: Entonces, según tú, ¿es mejor que nos quedemos quietos? ¿No crees que deberíamos defender el derecho a la información?
Paloma: Pues no sé, no sé. Creo que hay demasiada información y es difícil discriminar.
Rocío: Sí, es fácil decir eso desde aquí. Pero en muchos países puedes ir a la cárcel o perder la vida solo por expresar tu opinión.
Carmen: Sí, es verdad; por eso es tan importante el trabajo de asociaciones como Reporteros Sin Fronteras. Queda mucho por hacer.
Es importante que podamos expresarnos sin presiones: hablar, vestirnos, escribir...
Sergio: Es verdad, no es solo la prensa, también están perseguidas otras formas de expresión.
Paloma: Sí, es evidente que no es un problema exclusivo del periodismo.
(Más tarde...)
Paloma: ¿Sabes que se controla el acceso a internet en muchos países?
Sergio: Sí, por eso estoy de acuerdo con Carmen; es importante que se sepa.
Paloma: Sí, puede ser, quizá tengas razón...
Rocío: Entonces ¿os parece buena idea que organicemos un debate sobre la libertad de prensa?
Paloma: Mejor sobre la libertad de expresión en general, ¿no?
Mario: Y vosotros, ¿qué opináis?

170 ciento setenta

PISTA 25

1.
Mujer: Mira, ¿no te parece que este periódico tiene unas fotos muy malas?
Hombre: Sí, desde luego. Parece que el fotógrafo no se toma mucho interés.

2.
Chico: Yo creo que "Regiones" es el periódico más objetivo de los que se publican hoy día.
Chica: ¡Qué va, qué va! No es más que propaganda.

3.
Hombre: La verdad es que esta noticia está redactada de forma muy confusa.
Mujer: Sí, está claro que no saben escribir muy bien.

4.
Chica: A mí me parece que con tantos blogs, foros, páginas web..., al final no leemos ni una mínima parte de lo que se escribe.
Chico: Claro, claro, es imposible seleccionar lo que a uno le interesa.

5.
Chico: Oye, ¿no te parece que los grafitis son un buen medio de expresión?
Chica: ¿Los grafitis? Yo no lo veo así.

PISTA 26

Locutor: El presidente de la asociación de vecinos de la urbanización Playasol ha hecho las siguientes declaraciones en rueda de prensa.
Hombre: Como todos ustedes saben, el Tribunal Superior de Justicia ha declarado ilegal la construcción del hotel de la playa de levante. En nuestra opinión, esto puede tener varias consecuencias. Por un lado, si se derriba el hotel, todos sabemos que se va a causar más daño a toda la zona. Por otro, si se deja como está, se permite, de alguna manera, que se levanten más construcciones ilegales. Así que nuestra asociación, de momento, no se va a pronunciar ni a favor ni en contra de ninguna de estas opciones. O sea, que no vamos a plantear ningún debate, de momento. Vamos a dejar que la justicia siga su curso y que se tome la mejor solución para el pueblo. Para terminar, quiero dar las gracias a todos los vecinos que nos han apoyado en esta misión.

PISTA 27

Locutora: En nuestro programa de hoy, un tema que ha suscitado polémica al inicio de este curso escolar. Como todos ustedes saben, cada vez son más los colegios públicos que adoptan la norma del uniforme escolar para los alumnos. Aunque algunos le atribuyen muchas ventajas, no todos se muestran de acuerdo sobre este asunto. Con nosotros, un experto y varios afectados: el sociólogo señor Jesús Álvarez, el profesor Antonio Gómez, también padre de hijos en edad escolar, y Alberto Pérez, un estudiante de un colegio donde se acaba de decidir llevar uniforme. Empezamos cediéndole la palabra al Sr. Álvarez. Señor Álvarez ¿usted cree que realmente el uniforme tiene ventajas?
Sr. Álvarez: Indudablemente, las tiene. Hay varios estudios que demuestran que los estudiantes que llevan uniforme tienen un mayor sentimiento de pertenencia a determinado colegio, a determinado grupo, y eso, en una edad como la infancia y la adolescencia es un factor muy importante en el desarrollo de los niños. Otra ventaja es que diferencian el tiempo de ocio del tiempo de trabajo según la ropa que lleven puesta.
Sr. Gómez: Pues yo no lo veo así; bueno, estoy de acuerdo en que diferencian el ocio del colegio, pero no creo que eso tenga ventajas, más bien todo lo contrario.
Sr. Álvarez: ¿No cree que tenga ventajas?
Sr. Gómez: No, creo que no. Creo que es negativo que sientan el colegio como algo tan diferente que tienen que llevar otra ropa. ¿Tú qué opinas, Alberto?
Alberto: A mí esa razón no me convence. Está claro que podemos diferenciar el colegio del tiempo libre, no hace falta cambiar la ropa. En cuanto a lo del grupo, no es un grupo elegido por nosotros, así que tampoco estoy de acuerdo con eso. Yo no le veo ninguna ventaja.
Sr. Álvarez: Todavía hay más razones: parece que el uso del uniforme reduce la violencia, ya que al ir todos iguales no hay burlas entre ellos por causa de la ropa, porque...
Alberto: Pues se burlarán por otra cosa; es evidente que el uso del uniforme no va a hacer que se burlen menos.
Sr. Álvarez: Sí, claro, pero ya tenemos un factor más de igualdad y eso...
Alberto: Pero qué manía con la igualdad. Además, ni siquiera de uniforme vamos iguales.
Sr. Gómez: En el tema de la igualdad por la ropa yo tampoco estoy de acuerdo; es mejor fomentar la individualidad, la creatividad, hacer de los chicos ciudadanos libres, no sometidos a...
Sr. Álvarez: Pero ¿no es la moda una manera de uniformar? ¿Acaso no van ellos agrupándose por gustos? ¿No unifican también las tribus urbanas? Al final van todos iguales.
Alberto: Sí, pero elegido por nosotros, ahí está la diferencia.
Locutora: Profesor, usted es también padre, ¿qué opina de los argumentos de economía y comodidad? ¿Es más barato y más cómodo llevar uniforme, como tanta gente afirma?
Sr. Gómez: No creo que sea más barato. Más cómodo sí es, desde luego. Evita tener que pensar todos los días qué ropa se pone uno, ahorra bastante tiempo, eso sí. Pero no creo que esta ventaja sea suficiente para defenderlo, la verdad. En mi opinión, el uniforme es una manera de atacar la creatividad y la libertad de los chicos a esta edad. La propia palabra lo dice: "uniforme". Y yo creo que es mejor hacerlos diferentes, no iguales, potenciar lo que cada uno tiene que decir, sus diferencias con los demás, sus inquietudes...
Sr. Álvarez: Pero ¿realmente lo que llevan es tan importante? ¿No cree que es más importante potenciar esa individualidad en asuntos más importantes que la ropa, el pensamiento, por ejemplo?
Locutora: Bien, en este punto tan interesante interrumpimos el debate y vamos a publicidad. Volvemos en cinco minutos.

UNIDAD 9

PISTA 28

Diálogo 1
Carmen: Hola, Carlos. ¿Qué tal?
Carlos: Muy bien, gracias.
Carmen: En tu solicitud veo que actualmente vives en Sevilla. El puesto que ofrecemos es para nuestras oficinas de Madrid, ¿tendrías algún problema para trasladarte durante el tiempo del contrato?
Carlos: No, tengo disponibilidad absoluta para vivir en Madrid y para viajar.
Carmen: En Agencia ELE la mayor parte del trabajo se realiza en equipo, me gustaría saber si tienes experiencia para trabajar con otras personas.
Carlos: Sí, de hecho me siento cómodo trabajando con gente. En la agencia anterior todo lo hacíamos en equipo: la planificación, las decisiones...

Diálogo 2
Carmen: Hola, Virginia.
Virginia: Hola.
Carmen: Bueno, hemos analizado tu solicitud y nos gustaría comentar contigo algunas cosas.

Virginia: Perfecto.
Carmen: He visto que no tienes formación específica, ¿tienes pensado hacer estudios especializados de periodismo?
Virginia: Sí, por supuesto. He empezado este mes un máster en Periodismo de cultura y sociedad.
Carmen: Ah, muy bien. Dime, ¿por qué has decidido cambiar de profesión?
Virginia: Empecé a trabajar muy joven en un banco, pero, desde que era pequeña, he querido ser periodista. Por eso, cuando tuve la oportunidad, aunque ya era mayor y me dedicaba a otra cosa, decidí trabajar en lo que realmente me gusta, el periodismo.
Carmen: Otra cosa, ¿cuál es tu estado civil?
Virginia: Estoy casada y no tenemos hijos.

PISTA 29
Carmen: Bueno, primero... Mmm, vamos a ver... el horario. Como sabes es de ocho de la mañana a cuatro de la tarde. La puntualidad es fundamental, así que llámame cuando llegues tarde para que pueda organizar el trabajo por la mañana. También, si vas al médico o estás enfermo, tienes que traer un justificante.
Carlos: De acuerdo.
Carmen: Una cosa muy importante. Todos los periodistas de Agencia ELE seguimos este documento, las normas internas de la empresa. Cuando hagas un trabajo, por favor, asegúrate de que respetas las indicaciones de este documento.
Carlos: Sí, lo voy a leer esta mañana.
Carmen: Más cosas..., toma, tu tarjeta de identificación. Recuerda que para entrar en el edificio debes pasarla por el control, y además tienes que llevarla siempre contigo mientras estés trabajando.
Carlos: ¡Ajá!
Carmen: Y aquí tienes el teléfono de empresa, con un límite de 500 minutos al mes. Si necesitas más tiempo, se puede ampliar. Y la grabadora. Es nueva, pero es muy sencilla de usar. Tiene instrucciones, pero si tienes dudas, pregúntale a Rocío. Ella está utilizando otra muy parecida.

PISTA 30
1.
Mujer 1: A veeerr..., mira, busca "eltiempo.es".
Mujer 2: ¿Tiempo punto es?
Mujer 1: Eso es, mira, ahí está. Pulsa y cuando aparezca esta imagen, pulsa en *ok*.
Mujer 2: ¿Aquí?
Mujer 1: Sí, eso es, ahí.
Mujer 2: Anda, qué guay, con el mapita y todo, como en la tele.
Mujer 1: Sí, está genial. Ahora pulsa en *hoy*... ¿Ves? Aparece el tiempo de todo el día, hora por hora.
Mujer 2: Qué bien.

2.
Mujer 2: Anda que ayer me dieron una sorpresaaaa.
Mujer 1: ¿Qué te pasó?
Mujer 2: Pues que llevaba mucho tiempo queriendo conocer Costa Rica. No sé, era un sueño. Anoche vino mi hermana Nerea con dos billetes de avión para irnos quince días en verano.
Mujer 1: ¿De verdad?
Mujer 2: Sí, estoy muy contenta.
Mujer 1: Jo, qué suerte. ¿Me llevas en la maleta?

3.
Mujer 1: Mira, si es muy fácil, no tiene nada. Primero tienes que poner la harina así, luego tienes que echar un huevo, una pizca de sal y nada más.
Mujer 2: ¿Y ya está?
Mujer 1: Bueno, ahora debes amasar hasta conseguir una bola. Luego, extiende la masa y corta las formas para los raviolis. A ver, ten cuidado, si la masa es muy gruesa, no sirve. Hazla más fina.
Mujer 2: ¿Así?
Mujer 1: Sí, así está muy bien.

4.
Mujer 1: Oye, qué guapa estás hoy, ¿cómo te has pintado los ojos?
Mujer 2: ¿Te gusta? Es una bobada.
Mujer 1: Anda, enséñame.
Mujer 2: Mira, coge la sombra más clarita y ponla cerca de la ceja, así. Luego, esta más oscura la tienes que aplicar así. Después, tienes que utilizar un lápiz oscuro para hacer una línea por debajo del ojo, sin salirte, y al final ponte máscara para las pestañas. ¿Ves?
Mujer 1: Me encanta.

PISTA 31
Médico: Adelante.
Carmen: Buenas tardes.
Médico: Buenas, siéntese, ¿qué le pasa?
Carmen: Mire, es que la niña lleva unos días con mucha tos y con fiebre, con 38 de fiebre.
Médico: Con fiebre, ¿cuánto tiempo?
Carmen: Tres días más o menos.
Médico: Tres días, mmmm, un momento, que le pongamos el termómetro. A ver, quítate la chaqueta. Baja el brazo. Muy bien. Y ¿te duele la garganta?
Inés: Sí, mucho.
Médico: ¿Mucho? Vale. Bueno, pues sí, puede ser un catarro, normal en este tiempo, pero vamos a ver cómo tienes la garganta. A ver, abre la boca y di Aaaaa-aaaaa.
Inés: Aaaaaaaaaaaaa.
Médico: Uy, sí, está muy roja. Y, ¿qué tal los oídos? ¿Cómo tienes los oídos? ¿Te molestan?
Inés: No, los oídos no me duelen.
Médico: Saca la lengua.
Inés: Ummmm.
Médico: Bueno, pues...

PISTA 32
Mujer: Mira, aquí podemos ver algunos comentarios de gente que ha hecho intercambios de casas con esta empresa.
Hombre: Mira este, una pareja que dice: «Hace un año que viajamos con Tu casa por la mía y, aunque al principio desconfiábamos, hablando con otros usuarios, nos dimos cuenta de que era bastante seguro. En el último viaje estuvimos en Atenas.
Mujer: ¡Anda, Atenas, una de nuestras opciones! ¿Y qué más dice?
Hombre: A ver..., por dónde iba... Ah, sí, por aquí: «Lo que más valoro es que pudimos vivir en una casa como la nuestra durante las vacaciones, no como en un hotel, donde todo es bastante impersonal. Entre las cosas que menos nos gustaron, destacaría no conocer a los dueños de la casa (los vimos solo en las fotos). Parecían muy simpáticos, habría estado bien coincidir». Bueno, ¿qué te parece?
Mujer: Suena bien, pero... vamos a leer más opiniones. Mira esta, dice...: «A mí siempre me ha gustado viajar de un modo diferente, siempre he evitado los viajes convencionales. Con Tu casa por la mía ahora puedo hacerlo de un modo muy económico. Lo que más me gusta es poder disfrutar de unas vacaciones distintas y, sobre todo, educativas. He mejorado mucho mi inglés y, en mi último viaje, fui a Múnich, aprendí algo de alemán. De este viaje, lo que menos me gustó..., nada, me gustó todo, fue una experiencia muy positiva». ¡Mira, este está encantado!
Hombre: A ver una opinión más... Estos dicen: «A nosotros Tu casa por la mía nos ha dado la oportunidad de viajar fuera de España. Antes nos resultaba muy caro, pero ya hemos hecho muchos viajes: hemos estado en Budapest, Florencia, Marrakech..., bueno..., en un montón de sitios. El último destino ha sido Lon-

dres. Lo mejor de este viaje fue que pudimos estar dos semanas en una ciudad tan cara como esta. Sin Tu casa por la mía habría sido imposible. Lo que menos nos gustó..., no sé, la verdad es que nos gusta todo. Bueno, quizá que nos costó un poco intercambiar nuestra casa, porque no está en un sitio muy turístico: la gente prefiere la playa, la montaña...».
Mujer: Entonces ¿qué? ¿Nos animamos y hacemos un intercambio?
Hombre: Por mí sí.

UNIDAD 10

PISTA 33

Rocío: Había una vez un matrimonio muy pobre, muy pobre, que no tenía dinero para comer. También era un matrimonio muy bueno, por eso un día apareció un hada y les concedió tres deseos, pero con la siguiente condición: cada uno podía pedir un deseo, pero el tercero tenían que pedirlo los dos.
El matrimonio pensó qué podía pedir: ¿dinero, una casa? Tenemos que pensarlo bien, dijeron.
Se hizo de noche y los dos tenían mucha hambre. La mujer se había olvidado de la visita del hada y dijo: «Me gustaría comer una buena salchicha». Y apareció una salchicha en el plato. Era el primer deseo y lo habían desperdiciado.
El hombre se enfadó mucho y le dijo a su mujer: «¡Cómo es posible! Has desaprovechado un deseo en una estúpida salchicha. Ojalá se te pegue en la nariz, así aprenderás».
Y la salchicha se pegó en la nariz de la mujer. El deseo del hombre fue más estúpido que el de la mujer.
Ahora los dos estaban enfadados. Y quedaba un último deseo que tenía que ser común. El hombre quería pedir mucho dinero, pero la mujer se negó. Imposible vivir con una salchicha en la nariz toda la vida. El hada apareció y preguntó: «¿Habéis decidido vuestro último deseo?». Y la mujer dijo: «Sí, queremos que me quites la salchicha de la nariz». Y eso hizo el hada. Y colorín colorado, este cuento se ha acabado.

PISTA 34

Narrador: Blancanieves vivía feliz en la casa de los siete enanitos. Ellos, por las mañanas, partían hacia las montañas, donde buscaban oro, y regresaban por la noche. Durante todo el día la niña permanecía sola; los enanitos la previnieron:
Enanito: ¡Ten cuidado con tu madrastra; pronto sabrá que estás aquí! ¡No dejes entrar a nadie!
Narrador: Mientras tanto, la malvada reina, que creía muerta a Blancanieves, se puso ante el espejo y dijo:
Madrastra: ¡Espejito, espejito de mi habitación! ¿Quién es la más hermosa de esta región?
Narrador: Entonces el espejo respondió:
Espejo: Mucho más bella que tú es Blancanieves. La hermosísima niña vive ahora en el bosque, en la casa de los siete enanitos.
Narrador: La reina estaba furiosa. Se dirigió entonces a una habitación en la que nadie podía entrar y preparó una manzana envenenada. Exteriormente parecía tan fresca y brillante que tentaba a quien la veía; pero todo el que se comía un trocito, se moría. Después se vistió como una vieja y quedó totalmente irreconocible. Así disfrazada llegó a la casa de los siete enanitos, golpeó la puerta y gritó:
Madrastra: ¡Vendo manzanas! Prueba una manzana, hermosa niña, y verás que son las mejores de todo el reino.
Narrador: Blancanieves confió en la amable vieja, pero apenas mordió la manzana, cayó al suelo.
Por la noche, los siete enanitos regresaron a la casa y se asustaron mucho al ver a Blancanieves en el suelo, inmóvil. Blancanieves parecía dormida, pero ya no tenía vida.
Entonces los enanitos la pusieron en una caja de cristal en el medio del bosque, se sentaron junto a ella y durante tres días y tres noches lloraron amargamente. Los animales del bosque también lloraban.
Así pasó el tiempo, hasta que un día, un príncipe que paseaba por el bosque vio a la hermosa Blancanieves, que parecía dormida. No pudo resistirse, la tomó en brazos y le dio un beso. Entonces el trozo de manzana envenenada que Blancanieves tenía en la boca cayó y la niña despertó.
El príncipe y Blancanieves se enamoraron inmediatamente. El príncipe la llevó a su castillo y allí se casaron y fueron felices para siempre.

PISTA 35

Padre: Érase una vez una niña que se llamaba Caperucita Amarilla.
Niño: ¡No, Roja!
Padre: ¡Ah, sí!, Caperucita Roja. Su mamá la llamó y le dijo: «Escucha, Caperucita Verde...».
Niño: ¡Que no, Roja!
Padre: ¡Ah, sí!, Roja. «Ve a casa de tía Diomira a llevarle estas patatas».
Niño: No: «Ve a casa de la abuelita a llevarle este pastel».
Padre: Bien. La niña se fue al bosque y se encontró a una jirafa.
Niño: ¡Qué lío! Se encontró al lobo, no a una jirafa.
Padre: Y el lobo le preguntó: «¿Cuántas son seis por ocho?».
Niño: ¡Qué va! El lobo le preguntó: «¿Adónde vas?».
Padre: Tienes razón. Y Caperucita Negra respondió...
Niño: ¡Era Caperucita Roja, Roja!
Padre: Sí, y respondió: «Voy al mercado a comprar salsa de tomate».
Niño: ¡Qué va!: «Voy a casa de la abuelita, que está enferma, pero no recuerdo el camino».
Padre: Exacto. Y el caballo dijo...
Niño: ¿Qué caballo? Era un lobo.
Padre: Seguro. Y dijo: «Toma el tranvía número setenta y cinco, baja en la plaza de la catedral, gira a la derecha y encontrarás tres peldaños y una moneda en el suelo; deja los tres peldaños, recoge la moneda y cómprate un chicle».
Niño: Tú no sabes explicar cuentos, papá. Los lías todos. Pero no importa, ¿me compras un chicle?
Padre: Bueno, toma dinero.

UNIDAD 11

PISTA 36

Sergio: Tenemos que elegir las cuatro características más importantes para ser jefe.
Paloma: Bueno, ya está, aquí tengo las mías, vamos a ver... A mí las más importantes me parecen estas: que sea buen comunicador, que sea coherente, ¿qué más? Sí, que sea respetuoso y que sea exigente.
Sergio: Uy, creo que hemos coincidido bastante. A mí también me parece muy importante lo de que sea buen comunicador, pero me parece que no solo para transmitir información o dar órdenes claras, sino que comunicar también es escuchar, así que un jefe debe saber escuchar.
Paloma: Oye, es verdad, lo voy a escribir aquí. Buen comunicador, que sepa hablar y escuchar.
Sergio: Luego, también me parece importante que haga lo que dice, es decir, que sea coherente. En esa estoy totalmente

TRANSCRIPCIONES

de acuerdo también contigo. Y... en la otra también, que sea respetuoso, respetuoso con el trabajo de los otros, con las funciones, con los horarios...
Paloma: Eso, con los horarios también.
Sergio: Lo único diferente es que yo había puesto que sea responsable, en vez de que sea exigente.
Paloma: Aaaah, vaya. Hombre, es importante también, bueno, todas son importantes, pero es que un jefe debe exigir, ¿no? No le puede parecer todo bien.
Sergio: Bueno, yo prefiero no poner eso de exigir, está bien que se exija un poco, pero no continuamente.
Paloma: Sí, como Carmen, que es exigente, pero lo justo. De todos modos, ¿a ti te parece más importante que sea responsable o que sea exigente?
Sergio: Creo que está bien que sea exigente, pero me parece todavía más importante que asuma sus responsabilidades.
Paloma: Sí, es verdad, los jefes tienen que ser responsables, todos tenemos que asumir nuestras responsabilidades, pero que el jefe lo haga es fundamental.
Sergio: Entonces, ¿te parece bien que dejemos que sea responsable?
Paloma: Venga, anda, que me has convencido.
Sergio: ¿Has visto, eh, qué poder de convicción?

PISTA 37
Locutora: Dos de la madrugada y siete minutos, una hora menos si usted nos escucha desde Canarias. Estamos en «Emociones nocturnas», en Radio Nacional de España y les habla, como cada noche, de lunes a viernes, a partir de la una de la madrugada, Silvia Gerona. Esta noche hablamos sobre la disculpa con el psicólogo Enrique Soler. Doctor, ¿por qué nos cuesta tanto pedir perdón?
Psicólogo: Pues sí, Silvia, es cierto que pedir perdón nos cuesta, y es que no es tan fácil. Pedir disculpas es natural, pero es que además es algo que necesitamos para terminar algunas situaciones, situaciones en las que hemos causado algún tipo de daño a otra persona. Aprender a pedir disculpas es fundamental en las relaciones con los demás.
Locutora: Sí, doctor, pero, ¿qué podemos hacer para disculparnos?
Psicólogo: Bueno, pues, primero, algo muy importante es ser sincero. Hay que disculparse cuando estamos seguros de que hemos cometido un error. A veces, para terminar rápidamente con un asunto desagradable, pedimos disculpas, pero en el fondo no creemos que hayamos sido los culpables. Así perdemos sinceridad y, seguramente, el otro note la falta de sinceridad. No es bueno para ninguno de los dos, mejor asumir solo nuestros errores.
Locutora: Entiendo.
Psicólogo: Segundo, algo fundamental, hay que disculparse rápidamente. Si esperas demasiado, la disculpa es difícil de creer y hace que otras personas hablen mal de ti. Así que, Silvia, cuanto más rápido, mejor.
Locutora: Entonces, primero reconocemos y asumimos el error y luego nos disculpamos enseguida.
Psicólogo: Eso es. En tercer lugar, tienes que comprometerte. Decir «lo siento» no es suficiente, estas palabras deben estar acompañadas de un compromiso, por ejemplo: «Voy a mejorar», «no cometeré más ese error», «tendré más cuidado»...
Locutora: Y me imagino que además de comprometerse, habrá que cumplir la promesa.
Psicólogo: Claro, Silvia, tú lo has dicho. Eso es lo último que quería decir, hablar de la actuación. La disculpa no es solo cuestión de palabras, sino una cuestión de compromiso también, que te obliga a actuar. Si no cumples con tus compromisos, nadie te creerá otra vez.
Locutora: Y, Enrique, una cosa muy curiosa, ¿por qué hay personas que no piden disculpas...?

PISTA 38
1.
Marido: Hola, cariño.
Mujer: Llegas 20 minutos tarde.
Marido: Ya, lo siento, de verdad, es que había un atasco horrible...
Mujer: ¿Atasco? Yo no he visto nada...
2.
Clienta: Hola, acabo de comprar esta chaqueta roja.
Dependienta: Sí, ¿qué quería?
Clienta: Es que me la has cobrado dos veces, mira, aquí tengo el tique, aquí está.
Dependienta: Uy, es verdad, perdone. Qué despiste. Ahora mismo le devuelvo el dinero.
Clienta: No es nada. Tranquila, son cosas que pasan.
3.
Alumno: Profe, mi nota no sale en la lista.
Profesor: A veeeer, déjame veeeer. Anda, pues es verdad, ¡qué raro! Voy a mirar en el ordenador, a ver si está bien.
Alumno: Vale.
Profesor: Mira, ya está, se había quedado la copia ahí, ya está corregido. Perdóname, ¿eh? Vaya susto, ¿verdad?
Alumno: Uf, pues sí. Nada, no pasa nada.
4.
Amigo: Alfredo, ¿qué tal?, ¿cómo fue el cumpleaños?
Alfredo: Bien, estuvimos hasta las tantas. Te esperé toda la noche, ¿por qué no viniste?
Amigo: Pues... porque tuve un viaje de trabajo el día anterior y cancelaron el vuelo. Llegué al día siguiente.
Alfredo: Vaya, qué mala suerte.
Amigo: Lo siento muchísimo, tío, me dio mucha rabia.
Alfredo: Nada, no te preocupes. Quedamos otro día y te invito a algo.
5.
Empleado: Hola, ¿quería hablar conmigo?
Jefe: Sí, Rubén, pasa. Siéntate.
Empleado: Dígame.
Jefe: Quería pedirte disculpas por el error que hemos cometido en el último pago.
Empleado: Nada, no es nada, creo que ya está arreglado.
Jefe: Sí, pero bueno, quería explicarte que hemos tenido un problema con la aplicación informática y hemos perdido algunos datos. Lo sentimos realmente.
6.
Novio: Hola, soy yo.
Novia: Dime.
Novio: Es que, yo, mi amor, lo siento muchísimo, quería pedirte perdón. Por favor, Marta, te prometo que no volverá a pasar. Es que Mario me convenció, yo no quería...
Novia: ¿Ah, sí? Tú no querías, pero lo hiciste. Es suficiente, así que adiós.

UNIDAD 12

PISTA 39
Todos: ¡¡SORPRESA!!
Rocío: Enhorabuena, te lo mereces. Eres el mejor periodista.
Luis: En realidad os lo debo a vosotros, yo no he hecho nada.
Miquel: Vas guapísima, este disfraz te queda de maravilla...
Paloma: ¿Tú crees? Lo tengo hace mucho tiempo y lo compré muy barato.
Carmen: Quisiera hacer un brindis por Luis. Por nuestro querido compañero Luis.
Todos: ¡Por Luis!, Chin, chin...

PISTA 40

1.
Germán: Hola, Vicente. ¿Qué tal?
Vicente: Muy bien. Oye, enhorabuena. Ya eres graduado en Derecho, ¿no?
Germán: Sí, muchas gracias. Mira, te llamo precisamente por eso. Estoy preparando una fiesta en mi casa para celebrarlo. ¿Puedes venir?
Vicente: Claro, me encantaría. ¿Hay que llevar algo? ¿Bebida? ¿Comida?
Germán: No, no es necesario, gracias. Estoy preparando una fiesta de los años 70, ven disfrazado y tráete música de los 70 si tienes, ¿vale?

2.
Germán: Hola, Alicia, ya sabes que estoy preparando una fiesta para celebrar que he terminado la carrera y cuento contigo.
Alicia: ¡Cómo no! ¿Cuándo es?
Germán: Dentro de dos fines de semana. El sábado 8.
Alicia: ¿El sábado 8? ¡Qué rabia! No puedo ir, estoy de viaje ese fin de semana.

3.
Germán: ¡Pedro!
Pedro: Hombre, Germán, ¿qué tal?
Germán: Te llamo por lo de mi fiesta del día 8. He invitado a todos los compañeros de clase. Lo vamos a pasar genial. No puedes faltar.
Pedro: Eres muy amable, pero desgraciadamente no voy a poder.
Germán: Por favor, Pedro, ven. Tú no puedes faltar.
Pedro: ¿Va Ana?
Germán: Sí, pero...
Pedro: Lo siento, Germán, me temo que es imposible. No insistas, por favor.

PISTA 41

1.
Pepa: Jorge, ¿te importa si fumo?
Jorge: Bueeeno, vale, pero siempre y cuando a los demás les parezca bien.

2.
Pepa: Jorge, hace un calor horroroso, ¿te molesta que abra la ventana?
Jorge: No, no, en absoluto. Estás en tu casa.

3.
Pepa: Jorge, ¿te parecería bien que cambiara la música? Es que está música no me gusta nada.
Jorge: Claro, Pepa, como quieras.

4.
Pepa: Joooorge...
Jorge: Dime, Pepa, dime.
Pepa: ¿Me das permiso para que cuente mañana en la oficina todo lo que ha pasado en la fiesta?
Jorge: De ninguna manera, Pepa. De ninguna manera.

Fotografías:
UNIDAD 1: págs. 9, 10, 17 y 18: Shutterstock; págs. 13 y 14: Thinkstock. UNIDAD 2: págs.19, 24 (ej. b), 25, 26 y 27: Shutterstock; págs. 23 y 24: Thinkstock. UNIDAD 3: pág. 30: Cordon press, págs. 32, 33, 34, 36, 37, 38 y 39: Shutterstock. UNIDAD 4: págs. 41, 42, 45, 46, 48 y 49: Shutterstock, de las cuales, solo para uso editorial, pág. 49, foto 1: lazyllama / Shutterstock.com, foto 2: Ververidis Vasilis / Shutterstock.com, foto 3: Chris Howey / Shutterstock.com, pág. 49, foto 1: Maxisport / Shutterstock. com, foto 2: Pete Niesen / Shutterstock.com; foto 3: Giannis Papanikos / Shutterstock.com. UNIDAD 5: págs. 51, 52, 54, 55, 56, 57, 58, 60, 61, 62 y 63: Shutterstock, de las cuales, solo para uso editorial: pág. 54: foto1: Tupungato / Shutterstock.com. pág. 58: fotos 3, 4 y 5: Thinkstock. UNIDAD 6: pág. 63: fotos 1, 2, 4: Shutterstock, foto 3: Patricia Coronado; pág. 64: foto de Sara: Thinkstock, resto: Shutterstock; pág. 66: Thinkstock; pág. 68: Shutterstock, págs. 70, 71 y 72: Thinkstock. UNIDAD 7: pág. 73: Shutterstock; pág. 76: Thinkstock; págs. 78, 79, 80, 82: Shutterstock. UNIDAD 8: pág. 83: Shutterstock, de las cuales, solo para uso editorial: foto 1: Marcos del Mazo Valentin / Shutterstock.com; foto 4: Golden Brown / Shutterstock.com; pág. 84: Shutterstock; pág. 87: Thinkstock; pág. 88: Foto 1: Jose Angel Astor Rocha / Shutterstock.com; fotos 2, 3 y 4: Thinkstock, pág. 89: Thinkstock; págs. 90 y 91: Shutterstock. UNIDAD 9: págs. 93, 94, 95, 97, 98, 99, 100, 102, 103 y 104: Shutterstock. UNIDAD 10: pág. 111. Fotos 1 y 4: Cordon Press, Foto 2: Iev radin / Shutterstock.com; foto 3: Alessia Pierdomenico / Shutterstock.com; págs. 113 y 114: Shutterstock. UNIDAD 11: pág. 115: Messi: Ververidis Vasilis / Shutterstock.com, Shakira: Shelly Wall / Shutterstock.com, Dalí: Cordon Press; págs. 116 y 118: Shutterstock, pág. 119: fotos 2, 4, 5, 6 y 7: Cordon Press, foto 1: Ververidis Vasilis / Shutterstock. com, fotos 3: Shelly Wall / Shutterstock.com, foto 8: Featureflash Photo Agency / Shutterstock.com; págs. 120, 121, 124 y 125: Shutterstock. UNIDAD 12: pág. 127: Shutterstock; pág. 126: fotos 1 y 2: Shutterstock, foto 3: Thinkstock; págs. 130, 131, 132, 133,134, 135, 136 y 137: Shutterstock.

Para cumplir con la función educativa del libro se han utilizado algunas imágenes procedentes de internet: págs. 29, 30, 34 y 35 (carteles de películas), pág. 114: Kamishibai de Japón, pág. 123: Antonio López.